"十三五"江苏省高等学校重点教材(编号：2019-1-136)

数据营销

（第二版）

主　编　冯宪伟　段　建
副主编　杨蔚民　刘巧曼　罗晓东
　　　　程玲云
参　编　顾锦江　孙玉娣　李婵娟
　　　　王　爽　白慧萍　安　刚
　　　　吕军青

微信扫码
查看更多资源

南京大学出版社

图书在版编目(CIP)数据

数据营销 / 冯宪伟,段建主编. —— 2 版. —— 南京:南京大学出版社,2024.1
ISBN 978-7-305-26017-9

Ⅰ.①数… Ⅱ.①冯… ②段… Ⅲ.①网络营销 Ⅳ.①F713.365.2

中国版本图书馆 CIP 数据核字(2022)第 143239 号

出版发行	南京大学出版社
社　　址	南京市汉口路 22 号　　邮　编　210093
书　　名	**数据营销**
	SHUJU YINGXIAO
主　　编	冯宪伟　段　建
责任编辑	武　坦　　　　　　编辑热线　025 - 83592315
照　　排	南京开卷文化传媒有限公司
印　　刷	常州市武进第三印刷有限公司
开　　本	787 mm×1092 mm　1/16　印张 13.5　字数 328 千
版　　次	2024 年 1 月第 2 版　2024 年 1 月第 1 次印刷
ISBN	978-7-305-26017-9
定　　价	49.80 元

网　　址:http://www.njupco.com
官方微博:http://weibo.com/njupco
微信服务号:njuyuexue
销售咨询热线:(025)83594756

* 版权所有,侵权必究
* 凡购买南大版图书,如有印装质量问题,请与所购
　图书销售部门联系调换

内容简介

　　《数据营销》教材系江苏经贸职业技术学院与北京博导前程信息技术股份有限公司、上海环鸣信息科技有限公司等联合编写的针对高等职业教育电子商务类网络营销、网店运营、网络编辑等相关专业电子商务学生的校企合作教材,共分六个学习单元,分别以大数据和大数据思维、数据分析部门运营管理、网站数据化营销、淘宝店铺数据化营销、微博数据化营销、微信数据化营销等进行了详细的介绍。本书注重从实际工作过程的角度出发,以企业真实操作的展示来归纳整理出数据营销在企业管理中的实施技巧与步骤,实用性强。同时,侧重实训与实践,帮助学生在学习之余充分了解、熟悉、掌握数据营销的操作规程与业务管理等实际操作技能,对学生毕业后顺利走上社会就业具有特殊意义。

　　本书适合作为职业教育院校电子商务、市场营销及计算机等相关专业在校学生的电子商务教材,也适合企事业单位在职人员阅读参考。

前　言

数据营销是一个全新的行业，目前，越来越多的企业开始重视数据，并期望从中发现问题或新的机会，越来越多的公司试图通过数据驱动业务。

在大数据时代的当下，数据营销已成为网站运营和互联网营销从业者的必备技能。结合互联网行业对人才技能的需求，以及传统教学与行业应用的脱节使得毕业学生无法更好更快地融入企业运作之中这一现实，我们认为这是需要整个教育领域调整的环节，也是每位教育从业者值得挖掘的题材。于是，经过江苏经贸职业技术学院老师与北京博导前程信息技术股份有限公司、上海环鸣信息科技有限公司等企业人员的共同努力，将企业化工作流程引入教学之中，形成了这本《数据营销》。

全书由基础认知开始，系统地描述了大数据与数据营销、数据分析部门运营管理、网站数据化营销、淘宝店铺数据化营销、微博数据化营销、微信数据化营销。全书以数据化营销工作过程为主线，依托企业应用案例串联起每一步的具体操作。

在每章之后，教材还提供给教师及学生互动实训以及学生自我温习的拓展任务，能够协助教师更好地帮助学生提升专业能力。就教材而言，学生能够通过详细的案例解读工作流程，并利用企业案例、相关知识来巩固课堂所学内容。

本书由江苏经贸职业技术学院、北京博导前程信息技术股份有限公司、上海环鸣信息科技有限公司共同策划、编写。江苏经贸职业技术学院数字商务学院副院长冯宪伟、北京博导前程信息技术股份有限公司总裁段建负责全书的设计与统稿；江苏经贸职业技术学院杨蔚民、刘巧曼、罗晓东、程玲云、顾锦江、孙玉娣、李婵娟、王爽、白慧萍老师，北京博导前程信息技术股份有限公司安刚，上海环鸣信息科技有限公司吕军青共同参编。

作为校企合作联合编写教材的尝试，本书还有许多需要改进之处，也需要一个不断完善与提升的过程，敬请广大读者批评指正。校企合作需要一步一个脚印，从细节入手，深入挖掘，才能永葆活力。

编　者

目 录

学习单元一　大数据与数据营销 ································· 001
　　能力目标 ··· 001
　　知识内容 ··· 001
　　任务一　大数据认知 ··· 001
　　任务二　数据营销认知 ·· 013

学习单元二　数据分析部门运营管理 ······················· 019
　　能力目标 ··· 019
　　知识内容 ··· 019
　　任务一　网店数据分析部门的建立 ····························· 019
　　任务二　网店数据分析部门的结构及岗位职责确认 ······· 024
　　任务三　数据分析部门KPI考核表的制定 ··················· 029

学习单元三　网站数据化营销 ··································· 039
　　能力目标 ··· 039
　　知识内容 ··· 039
　　任务一　项目背景和业务分析需求的提出 ··················· 039
　　任务二　网站流量数据分析 ······································ 046
　　任务三　网站内容优化策略制定 ································ 060
　　任务四　网站内容优化策略实施与评估 ······················ 065

学习单元四　淘宝店铺数据化营销 ··························· 080
　　能力目标 ··· 080
　　知识内容 ··· 080
　　任务一　行业数据分析 ·· 080
　　任务二　店铺数据分析 ·· 089
　　任务三　制定工作目标和实施方案 ····························· 096
　　任务四　方案实施与效果评估 ··································· 104

学习单元五　微博数据化营销 ··································· 114
　　能力目标 ··· 114
　　知识内容 ··· 114

任务一　项目背景和业务分析 …………………………………………………… 114
任务二　账号实施方案制定 ……………………………………………………… 121
任务三　微博数据分析 …………………………………………………………… 147
任务四　微博营销优化 …………………………………………………………… 156

学习单元六　微信数据化营销 ………………………………………………………… 164
　　能力目标 …………………………………………………………………………… 164
　　知识内容 …………………………………………………………………………… 164
　　任务一　项目背景和业务分析 …………………………………………………… 164
　　任务二　账号实施方案制定 ……………………………………………………… 168
　　任务三　微信数据分析 …………………………………………………………… 185
　　任务四　微信营销优化 …………………………………………………………… 198

参考文献 …………………………………………………………………………………… 207

学习单元一　大数据与数据营销

能力目标
◇ N1.1 能够利用大数据思维来驱动运营；
◇ N1.2 能够掌握数据营销的流程；
◇ N1.3 能够掌握数据运营的方法。

知识内容
◇ Z1.1 了解大数据相关的知识；
◇ Z1.2 了解大数据思维的方式；
◇ Z1.3 掌握数据运营的相关知识；
◇ Z1.4 了解数据运营的一般步骤。

本项目包含两个学习任务，具体为：
任务一　大数据认知；
任务二　数据营销认知；
以出版业的大数据分析为例带领大家具体认识大数据，了解如何利用大数据思维驱动企业运营，并学会对挖掘出来的有效数据进行用户行为分析，从而做到精准的数据营销。

任务一　大数据认知

 任务引导

世界正变得越来越数字化，大数据正在以这种或那种方式影响着每个人的生活。在以云计算为代表的技术创新大幕的衬托下，原本很难收集和使用的数据开始容易被利用起来，通过各行各业的不断创新，大数据逐步为人类创造更多的价值。大数据的挖掘越来越多地渗透生活的方方面面，改变了很多行业的走势，同时改变了人们的生活方式。

大数据汹涌来袭，正在改变着世界，但对于大多数人而言，大数据依然很神秘。本单元将以出版业的大数据分析为例带领大家具体认知大数据。

任务分析

- 大数据认知。
- 大数据思维认知。
- 数据驱动运营分析。

 任务实施

下面以出版社如何玩转大数据为例,来认知大数据。具体步骤有三个。

步骤1:大数据认知

在当前的互联网领域,大数据的应用已经十分广泛,尤其是企业,已成为大数据应用的主体。随着企业开始利用大数据,我们每天都会看到大数据新的奇妙的应用。大数据的应用已广泛深入我们生活的方方面面,涵盖医疗、交通、体育、金融、零售等各行各业。大数据在各行各业的GDP贡献,如图1-1所示。

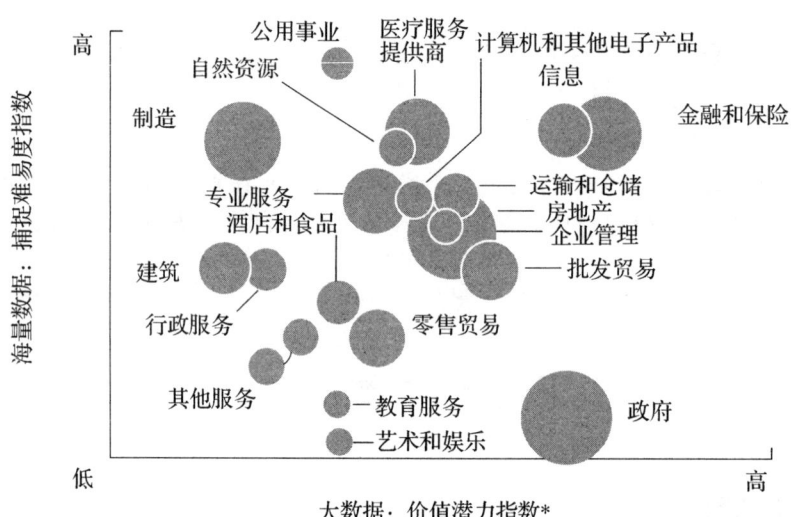

图1-1 大数据在各行各业的应用

简要举例来说,在医院,儿科会记录早产儿和患病婴儿的每一次心跳,然后将这些数据与历史数据相结合来识别模式。基于这些分析,在婴儿表现出任何明显的症状之前,系统就可以检测到感染,这使得医生可以早期干预和治疗。在医疗领域,人们对大数据的应用特别广泛,如图1-2所示。

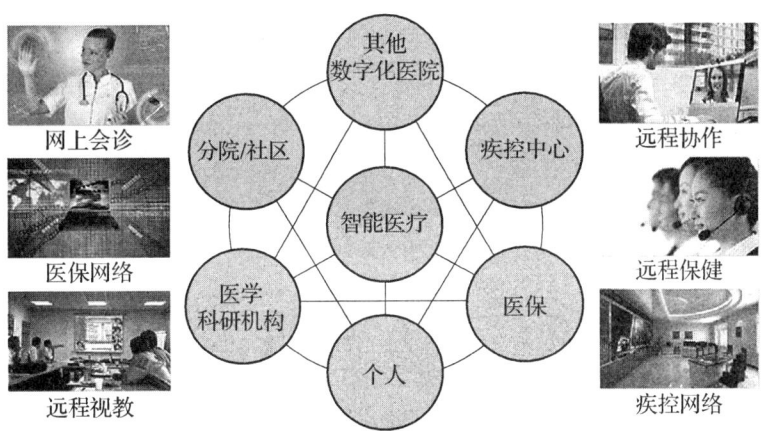

图 1-2 大数据在医疗方面的应用

在学校和大学,流媒体视频课程和数据分析可以帮助教师跟踪学生的学习情况,实行以学生为中心的课堂教学,根据学生的能力水平定制教学内容,预测学生的执行情况,如图 1-3 所示。

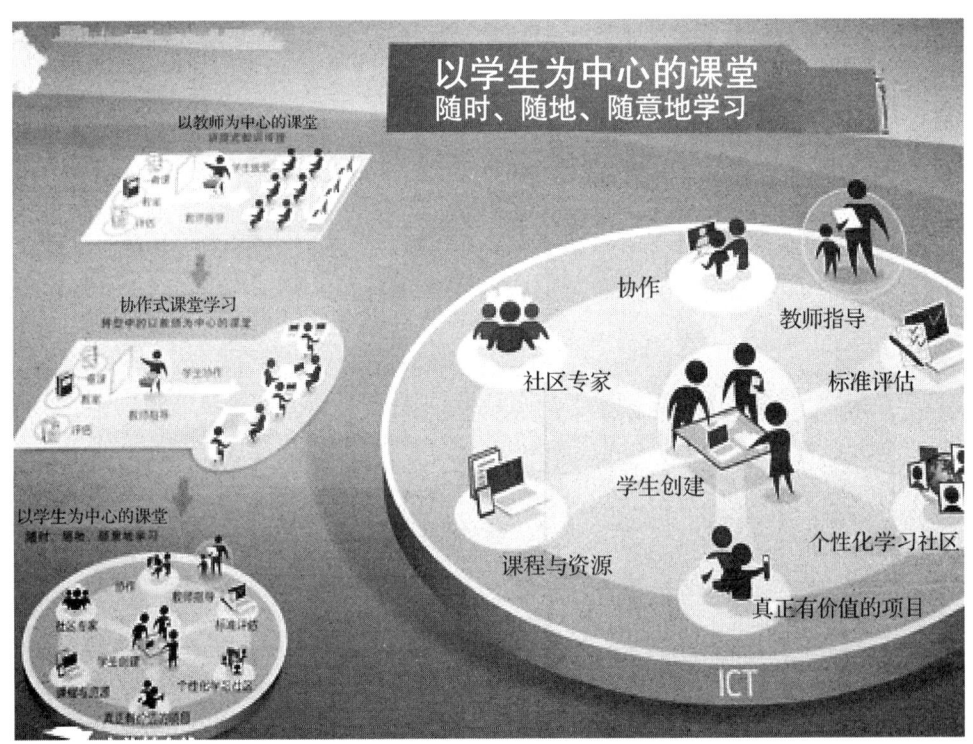

图 1-3 以学生为中心的课堂

当我们去网上购物时,大数据分析系统会结合我们的历史购买记录和社交媒体数据来为我们提供个性化优惠和折扣。例如,图 1-4 就是天猫的"双 11"优惠数据大揭秘,为消费者挑选合适的商品提供了很大的便利。

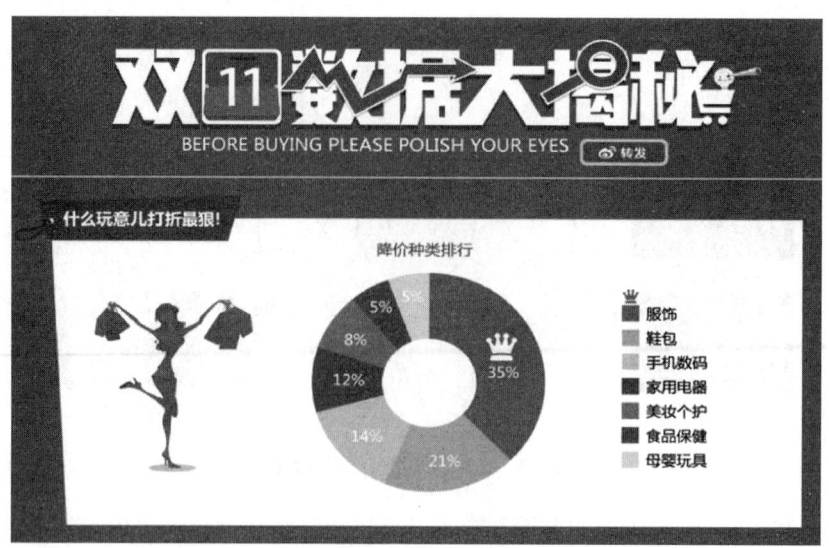

图 1-4 天猫"双 11"优惠数据大揭秘

来自小米的健身腕带可以收集有关我们走路或者慢跑的数据,如图 1-5 所示,如我们走了多少步,每天燃烧了多少卡路里,我们的睡眠模式或者其他数据。我们就可以结合这些数据与健康记录来改善我们的健康状况。

图 1-5 小米手环记录每天的运动数据

上述几个例子是我们在日常生活中很容易感受到的真实的大数据应用,基于这些,不难总结出大数据相比传统数据来说有以下区别,如表 1-1 所示。

表1-1 传统数据和大数据的区别

传统数据	大数据
10亿字节—千兆字节	拍字节PB(千兆字节)—艾字节(1 000 PB)
集中的	分布的
结构化数据	半结构化或者无结构化数据
已知有复杂相关关系的	很少已知的关系

大数据是基于互联网的,是由无数个小数据汇集而成的,如用户电脑中的cookie文件,记录用户的所有浏览及搜索行为,并且会定位用户的地理位置、浏览时间和系统数据。通过对这些数据进行分析,可以给这些用户贴上不同的标签,比如科技迷、读书狂、体育迷等,并依此进行精准营销,这就是大数据营销。

步骤2:大数据思维认知

迎接大数据时代,需要形成"大数据思维"。大数据不仅是一种应用性很强的实用工具,而且是一种重要的思维方法。大数据时代的思维方式是:每天早上起来想一下,这么多数据我能用来干什么,这些价值在哪里可以找到,能不能找到一个别人以前都没有做过的事情。你的想法和思路,是最重要的资产。

出版社的大数据应用从选题策划开始,贯穿整个出版流程。下面说一说出版社在哪些方面运用了大数据的思维方式。

选题、印制、发行、重印、销售、人力、办公,在这里用一棵树来表示,其中销售数据是所有其他数据的源泉。未来,所有环节都应该由销售数据驱动,如图1-6所示。

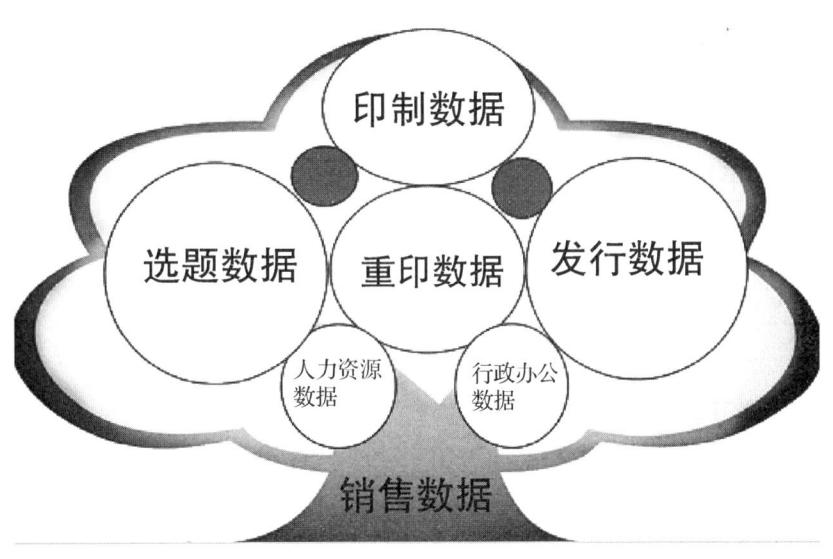

图1-6 销售数据驱动出版社大数据

传统意义上,出版社是从选题策划开始整个流程的,但是现在这个流程应该是循环往复的。从选题策划开始,各环节的数据监控和分析贯穿始终,如图1-7所示。

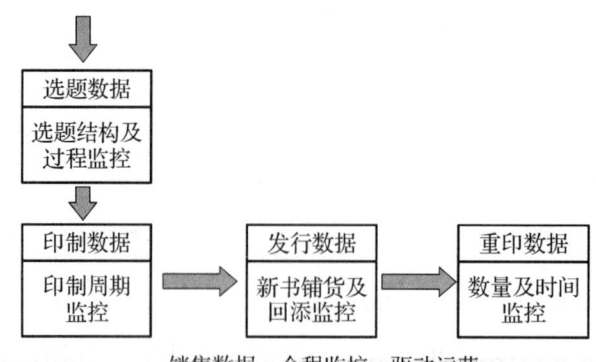

图 1-7　从选题开始便可实现数据驱动运营

在此,收集、整理了许多出版社的核心数据,发现对这些数据主要可以进行三类分析:现状分析、原因分析、预测分析,如图 1-8 所示。其中,现状分析包含阶段性的工作汇报、促销分析、经销商评价、日常添货跟踪、工作量或者说企业关键绩效指标(KPI)的考核等;原因分析包含重点选题为何不能按时出版,好书为什么不是在哪儿都好卖等;预测分析包含重印书预测分析、纸张采购等。这三种分析往往会互相结合,因为任何分析都始于现状分析,比如作者出版效率分析、品类分析(出版社各子品类哪些应该持续投入、哪些维持、哪些放弃)、新书走势及同类书的首印量确定等。

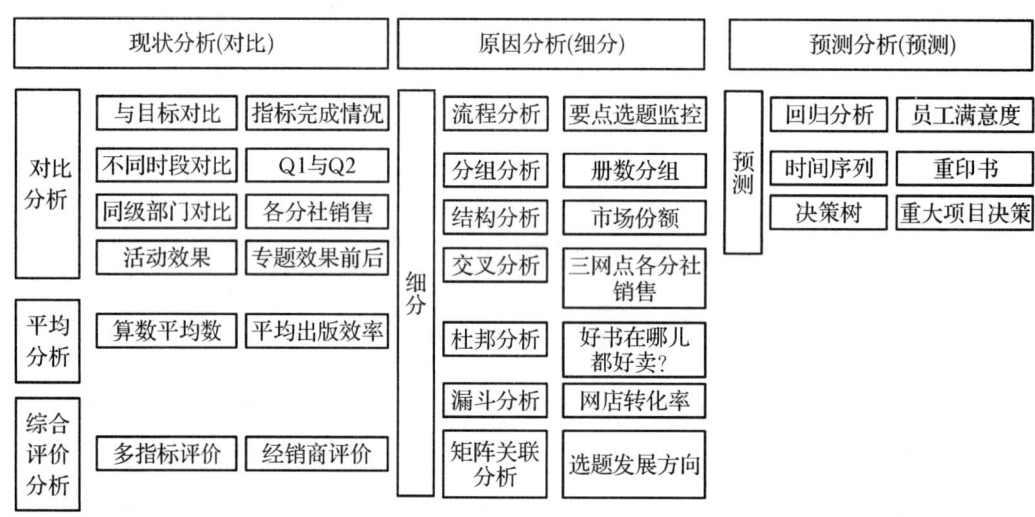

图 1-8　出版社的核心数据

大数据思维主要包括三个方面,即总体样本取代随机样本、对不精确的容忍度增加、相关关系取代因果关系。那么大数据思维下的判断,是如何形成的呢?这里仅以其第一个方面——样本的总体性思维来说。

如图 1-9 所示,涵盖了大数据思维的全部思想。这幅图里外三层、上下结构,看起来比较复杂,思维的过程是自上而下、自外而内的。图的上半部分讲的是大数据的商业功用,就是说有了大数据我们能干什么,怎么赚钱,有哪些好玩的商业模式。

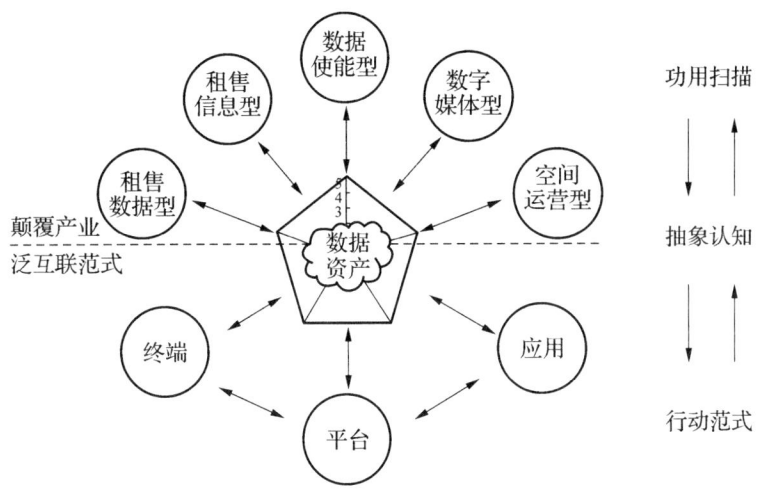

图 1-9 大数据思维

大数据思维不但在商业上被广泛运用,而且可以帮助政府为大家提供更好、更有效的服务。比如我们可以通过建立火灾大数据预警模型来预测分析哪些地方会有火灾。通过对历史火灾数据、环境因素和社会因素等多维数据的综合分析,构建一个有效的预警系统。一旦预警系统发现有火灾的可能性,相关部门可以立即采取措施,加强巡逻、减少火源和加强宣传等,以降低火灾风险和损失。此外还可以与其他技术手段相结合,如人工智能、物联网等。通过将传感器、监控设施等与系统相连接,可以实现对火灾现场的实时监测和数据采集。同时,利用人工智能算法对数据进行分析和处理,系统可以自动进行火灾预测和防控指令的生成,提高火灾预防和灭火的效率和准确性。未来,随着大数据技术和相关技术的不断发展,政府相关部门的决策将更加精准,服务将更加高效。

步骤3:数据驱动运营分析

数据驱动运营即是挖掘数据并进行合理的数据分析,找到数据背后的真实关系,进一步找到真实原因,以此给出对应的具体措施并指导实际的网站运营工作。对于出版社来说,用好大数据,可以让好卖的书变得更好卖。以下我们具体来看看现有数据是如何驱动出版运营的。

1. 查找缺品

在这个图书品种过剩的年代,如何确保畅销书不缺品是出版社工作的重中之重。表1-2是三大网店2023年一季度销量前十名的汇总表,无须任何分析,只要把三个网上书店的数据放在一起,就可以发现问题,第一个问题就是三个网店都有缺品,第二个问题是书店排行榜销售前十位的品种销量差异很大。无论实体店还是网店,零售靠的就是品种,新书发出去只是万里长征的第一步,有针对性地二次甚至多次回添才是销量生生不息的源泉,才是出版社所有运营的原始推动力。针对缺品的问题,出版社可以采取的应对措施,就是每周跟踪前300本及上市3个月内新书的库存及添货比对。

表 1-2 数据监测发现缺品

排 名	图书名称	定价/元	当 当 册数	亚马逊 册数	京 东 册数	合 计 册数
1	A	10	3 082	3 563	638	7 283
2	B	12	2 142	3 840	1 014	6 996
3	C	53	3 832	1 623	349	5 804
4	D	69	2 262	1 412	536	4 210
5	E	188	2 205	⓪	⓪	2 205
6	F	32	1 894	180	⓪	2 074
7	G	48	487	707	397	1 591
8	H	35	660	802	113	1 575
9	I	188	1 563	⓪	⓪	1 563
10	J	30	⓪	841	305	1 146
合 计			18 127	12 968	3 352	34 447

2. 日常添货跟踪

众所周知,网店的系统都比较先进,系统每周都有 1~2 次的逻辑补货,还有和中盘的电子数据交换对接。尽管如此,受出版社印制周期及发货速度的影响,仍会出现不同程度的断货,实体店的二次回添更是个大问题。因此要定期对各零售店进行有针对性的补货,具体到网店可以分成两部分:一是网店整体库存不足的直接生成订单,二是网店各仓之间内配。

3. 经销商评价

出版社每天都与众多经销商打交道,如何科学合理地对其进行评价呢? 假设用信誉度、订货、回款、退货率和账期这 5 个指标来评价,那么出版社首先要汇总各经销商的各项指标数据,把每项数据都进行 0/1 标准化处理。然后,出版社来确定每个指标的权重。有了权重和标准化的数据,就可以进行加权计算了。不过需要注意的就是,退货率和账期这两项是越小越优的指标,因此对于这两个指标要用减法。最后,得出各经销商的综合平均得分。

4. 新书首印量分析

新书首印量的确定不仅关系到出版社的盈利,更关系到成本控制,相对于印少了来说,印多了不仅不能创造预期的利润,更会增加不该有的库存,占用大量资金。因此,对新书首印量的回顾性分析有助于后续新书印数的决策参考。

5. 重印书分析

一般来说,重印书发货码洋占比应该占当年总发货的 50%~80%(视不同类型的出版社而定),重印书更是出版社的利润来源。重印书不同于新书的一点就是,它是"有迹可循"的,在重印之前,出版社掌握着每一本书的印制、发货及销售数据。通过对这些数据进行分析,出版社就可以科学地确定印数及印制计划,从而保证不断货,不多印。

6. 作者出版效率分析

出版效率即品种效率,是出版社衡量一个品种、一个作者、一个策划编辑、一个类别、一个利润中心较为重要的指标,按照这个思路,出版社还可以做出上述各个维度的出版效率线柱图,以供领导决策参考。

7. 品类结构分析及选题发展方向

假设出版社有 A 到 H 共 8 个品类的图书,做出矩阵关联分析图,横坐标代表市场份额,纵坐标代表出版效率,圆形的大小代表每个品类的收益。由图 1-7 可以看出,B 属于出版社的明星产品,出版社应持续投入资源,保持优势;A 和 C 属于现金牛,虽然出版效率比较低,但占据了较高的市场份额,应该维持优势;第二象限的产品属于问题产品,需要优先改进,让其变为明星产品;第三象限的产品出版效率和市场份额都比较低,可以适当放弃,把资源投入其他几个象限的产品中去。

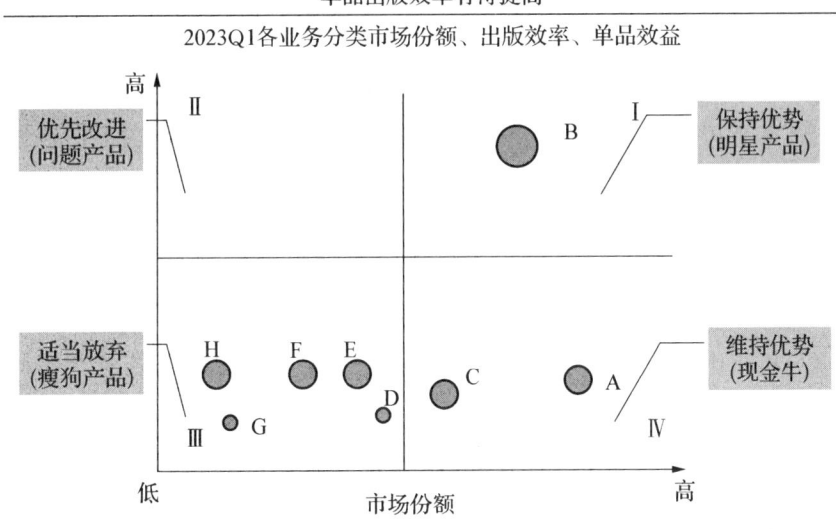

图 1-10 出版物品类结构对比

 支撑知识

1. 大数据的定义

巨量资料(Big Data),或称大数据、海量资料,指的是所涉及的资料量规模巨大到无法通过目前主流软件工具,在合理时间内达到撷取、管理、处理,并整理成为帮助企业进行经营决策的重要资讯。

系统地认知大数据,必须要全面而细致地分解它,具体从三个层面来展开(见图1-11):

第一层面是理论,理论是认知的必经途径,也是被广泛认同和传播的基线。从大数据的特征定义方面理解行业对大数据的整体描绘和定性;通过对大数据价值的探讨来深入解析大数据的珍贵所在;从大数据的现在和未来去洞悉大数据的发展趋势;从大数据隐私

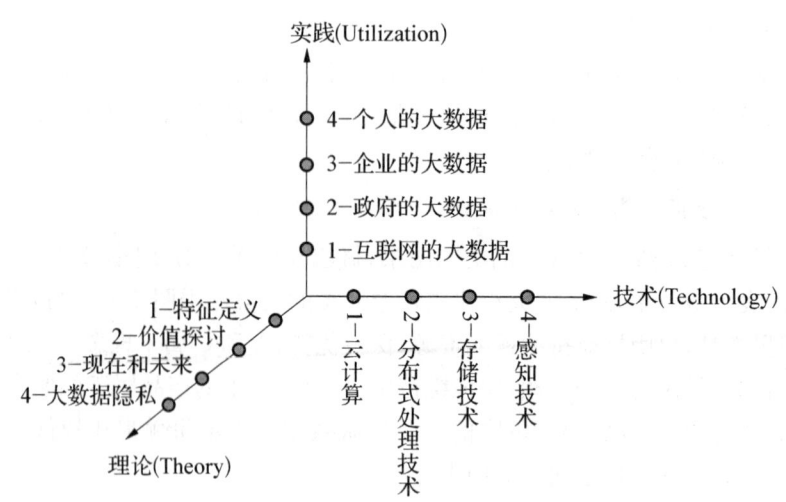

图 1-11 大数据的三个层面

这个特别而重要的视角来审视人和数据之间的长久博弈。

第二层面是技术,技术是大数据价值体现的手段和前进的基石。通过云计算、分布式处理技术、存储技术和感知技术的发展来实现大数据从采集、处理、存储到形成结果的整个过程。

第三层面是实践,实践是大数据的最终价值体现。在互联网的大数据、政府的大数据、企业的大数据和个人的大数据四个方面都体现出了大数据已经展现的美好景象和即将实现的蓝图。

2. 大数据的特点

大数据分析相比于传统的数据仓库应用,具有数据量大、查询分析复杂等特点。《计算机学报》刊登的"架构大数据:挑战、现状与展望"一文列举了大数据分析平台需要具备的几个重要特性,对当前的主流实现平台——并行数据库、MapReduce 及基于两者的混合架构进行了分析归纳,指出了各自的优势及不足,同时也对各个方向的研究现状及作者在大数据分析方面的努力进行了介绍,对未来研究做了展望。

大数据的特点有四个层面:第一,数据体量巨大。从 TB 级别跃升到 PB 级别。第二,数据类型繁多。如网络日志、视频、图片、地理位置信息等。第三,处理速度快。1 秒定律,可从各种类型的数据中快速获得高价值的信息,这一点和传统的数据挖掘技术有着本质的不同。第四,合理利用数据并对其进行正确、准确的分析,将会带来很高的价值回报。业界将其归纳为四个"V"——Volume(大量)、Variety(多样)、Velocity(高速)、Value(价值)。

从某种程度上说,大数据技术是数据分析的前沿技术。简言之,从各种各样类型的数据中快速获得有价值信息的能力,就是大数据技术。明白这一点至关重要,也正是这一点促使该技术具备走向众多企业的潜力。

3. 最核心的价值

大数据最核心的价值在于对海量数据进行存储和分析。相比起现有的其他技术而言,大数据的"廉价、迅速、优化"这三方面的综合成本是最优的。

同步训练

以小组为单位,在实训教师的指导下,以某企业为案例,分析其在哪些方面应用了大数据,取得了怎样成效,加深对大数据的认知。

表 1-3 企业大数据

大数据认知		
企业名称	概　要	
	企业所拥有的大数据	
	大数据的思维方式具体体现	
	企业是如何利用大数据驱动运营的	
总　结		

综合评价

表 1-4 综合评价表

任务编号	020101	任务名称	案例剖析
任务完成方式	□小组协作完成　□个人独立完成		
评价点			分值
对大数据的理解是否正确			25
对企业大数据的应用分析是否全面			30
是否能找到企业大数据的思维方式的具体体现			30
对企业利用大数据驱动运营的分析是否全面			15
本主题学习单元成绩			
自我评价(20%)	小组评价(20%)		教师评价(60%)
存在的主要问题			

拓展任务

以小组为单位,寻找身边的一些企业,详细了解企业在运营过程中运用了哪些大数据。

思政园地

国家出台了一系列政策措施来推动大数据和人工智能的发展。例如,在《"十四五"大数据产业发展规划》中提出了打造数字经济新优势,培育壮大大数据等新兴数字产业的决策部署。积极推进数字产业化、产业数字化,促进数字技术和实体经济深度融合,旨在推动我国大数据产业的高质量发展。

一、背景与意义

随着全球数字化浪潮的推进,数据已成为新时代的重要生产要素,被视为国家基础性战略资源。大数据以其容量大、类型多、速度快、精度准、价值高等特点,成为推动经济转型发展的新动力,也是提升政府治理能力的新途径和重塑国家竞争优势的新机遇。在"十四五"时期,我国工业经济向数字经济迈进,大数据产业迎来了新的发展机遇和挑战。

二、发展目标

《规划》提出,到2025年,我国大数据产业测算规模要突破3万亿元,年均复合增长率保持在25%左右。同时,要基本形成创新力强、附加值高、自主可控的现代化大数据产业体系,并初步建立数据要素价值评估体系。此外,还要在关键核心技术、标准引领、基础设施、全生命周期产业体系等方面取得显著进展。

三、主要任务

为实现上述目标,《规划》明确了六大主要任务:一是加快培育数据要素市场;二是发挥大数据特性优势;三是夯实产业发展基础;四是构建稳定高效产业链;五是打造繁荣有序产业生态;六是筑牢数据安全保障防线。这些任务涵盖了数据资源的采集、处理、应用、安全等多个方面,旨在推动大数据产业的全面发展和优化。

四、实施路径

在实施路径上,《规划》提出了多项具体举措。例如,在原材料、装备制造等工业领域率先实施大数据价值提升行动;在通信、金融等12大行业开展大数据开发利用行动;加强关键核心技术攻关,推动产业链上下游协同创新;加强数据安全管理,提升数据安全保障能力等。这些举措旨在加速大数据技术的创新和应用,推动大数据产业与实体经济的深度融合。

五、总结与展望

《规划》的发布标志着我国大数据产业发展进入了新的阶段。在"十四五"时期,我国将抢抓数字经济发展新机遇,坚定不移实施国家大数据战略,以大数据产业的先发优势带动千行百业整体提升。同时,也要加强国际合作与交流,共同应对数据安全等全球性挑战。展望未来,随着大数据技术的不断创新和应用场景的不断拓展,我国大数据产业将迎来更加广阔的发展前景和更加丰富的应用成果。

任务二　数据营销认知

任务引导

随着大数据时代的来临,越来越多的企业开始玩起数字游戏,从海量的数据中挖掘有效的信息,研究用户消费习惯,利用挖掘出来的有效数据进行用户行为分析,从而做到精准营销。

任务分析

- 常见数据营销案例分析。
- 了解数据营销一般步骤。
- 明确数据营销概念。

任务实施

对数据营销进行认知,具体步骤有三个。

步骤1:常见数据营销案例分析

数据营销让《CXO》赢得了读者的青睐。

经济学人集团属下的《CXO》杂志是服务于企业高层财务管理人士的专业杂志,在全球(特别是美国)大中型企业高级财务管理人士中拥有巨大的影响力。《CXO》进入中国后,为了在2～3年时间内培养起一批忠实的高质量读者群,该杂志社采用数据营销作为其推广方式。

通过对数据的查询和分析,《CXO》杂志社确定了以北京、上海为主的18万名企业高层管理人士为目标读者,采取了直邮宣传和直接赠阅推广方式,共设计了6轮直邮推广和两轮赠阅推广。为了发展更多的订阅读者、保持高的续订率,《CXO》杂志社设计了个性化的读者生日卡项目,同时优化了读者续订的流程,读者可以通过网站注册、电话申请、传真申请等多种方式来完成免费订阅申请和续订。此外,《CXO》杂志社还设计了一个专门的推广项目——鼓励老读者介绍新读者。该项目分为两部分,一是鼓励所有的老读者介绍其他公司的高层管理人员来免费订阅;二是鼓励总经理介绍本公司的高级财务管理人士成为读者。

通过数据营销推广,《CXO》杂志续订率达到83.7%,超过当初设定的目标,推广费用却只用了预算的78%。在前期3个季度的推广中,《CXO》杂志获得了约1.6万名的高质量读者,"介绍新读者"项目也相当成功,通过传真和网上注册,增加了3 916名有效的订阅读者。(案例来源:凤凰博报,必赢网络策划的博客,(必赢)数据库营销让《CXO》赢得读者青睐)

案例分析

《CXO》数据营销的成功,对其他企业来说,很有借鉴意义。接下来,我们分析《CXO》的数据营销具体是怎么做的:

(1)《CXO》作为面向企业高层财务管理人士的杂志,在锁定消费人群采集数据时参照了公共记录的数据,并由业务系统直接导入。

(2)将收集到的数据,以消费者为基本单元,逐一输入电脑或进销存销售管理系统,建立起消费者数据库。

(3)对建立起来的消费者数据库进行处理,对重复及缺失数据进行处理,检查数据逻辑错误,进行数据分列、字段匹配(vlookup函数)等。对不符合规范要求的数据进行上述几个步骤的处理,最终得到一张一维源数据表。以正确的方式做出数据明细表,这个表既要规范又要满足分析所需的维度,这对后面的数据分析起至关重要的作用。

(4)精准地分析目标读者,抓住核心人群。《CXO》杂志社在营销推广时,将大中型企业财务总监、财务副总等财务专业高层管理者作为推广的核心人群,其次是企业的综合管理人士。并以此为原则,确定了以北京、上海为主的18万名企业高层管理人士为目标读者。精准的目标客户数据库,为营销打下了良好的基础。

(5)《CXO》杂志社在客户注册的信息中收集了客户出生日期信息,设计了特别的生日贺卡,在读者生日到来的前一周寄到读者的手中。这种个性化的关怀大大增加了读者的好感,提升了读者对杂志的忠诚度。

(6)对续订流程进行优化,进一步强化了读者的好感,提高了续订率。在"老读者介绍新读者"的推广项目中,杂志社还向每一位参与活动的介绍者寄发了热情洋溢的感谢信,这些都进一步提升了读者对该杂志的信任感和忠诚度。"介绍新读者"项目也相当成功,通过传真和网上注册,增加了3 916名有效的订阅读者,在原始数据库的基础上不断地更新完善,使数据库更加适应企业运营需要。

步骤2:了解数据营销一般步骤

一般数据营销的基本过程为:数据准备→指标分析→找出关键人群→群体洞察→运营策略制定→触达用户→效果分析→优化迭代。具体的流程体现如图1-12所示。

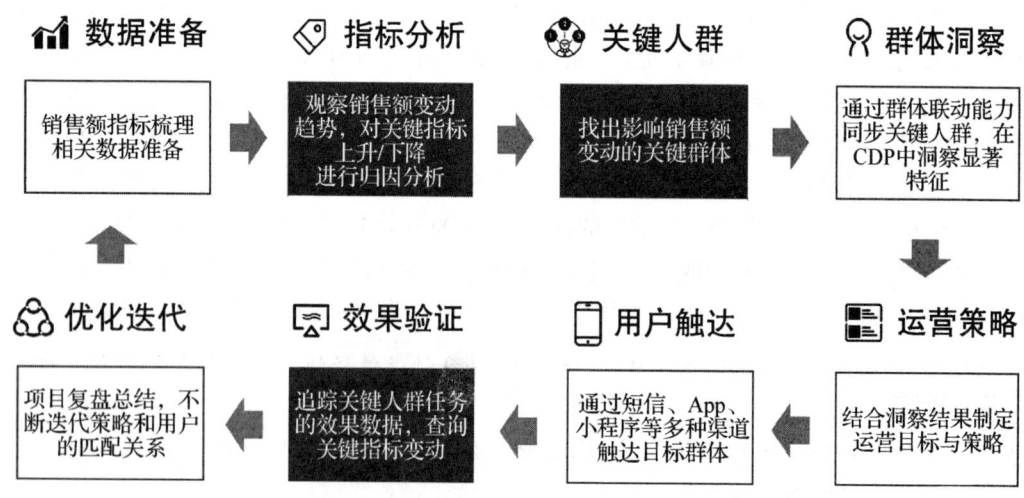

图1-12 数据营销步骤

步骤3:明确数据营销概念

以上对数据营销的具体事例进行了分析,并了解了数据营销的一般步骤,下面我们来具体明确数据营销的概念。

我们在审阅数据的同时可以很清晰地看到很多问题,比如当地消费者对杂志类的需求是什么,我们所做的促销方案的结果如何,我们的消费群体又是哪些,等等。对这些问题的分析,可以给我们的编辑提供一些设计理念,或者我们该如何定位我们的产品,或者下次促销时我们该注意些什么。这些都比较贴近生活,贴近我们的消费者,只有走进我们的消费者,了解了消费者的需求,我们的销售业绩才能轻而易举地提升。

通过对案例的分析总结,可以提炼出数据营销的定义:数据营销是从终端店铺提取或搜集各类有效的数据信息,然后整合为一套完整的数据报表体系,根据数据预测消费者有多大可能去购买某种产品,以及利用这些信息给产品以精确定位,有针对性地制作营销信息以达到说服消费者去购买产品的目的。

 支撑知识

1. **数据营销的特点汇总**

(1) 多平台化数据采集。数据来源通常是多样化的,多平台化的数据采集能使对网民行为的刻画更加全面而准确。多平台包括互联网、移动互联网、广电网、智能电视以及户外智能屏等。

(2) 强调时效性。在网络时代,网民的消费行为极易在短时间内发生变化。在网民需求点最高时及时进行营销非常重要。全球领先的大数据营销企业 AdTime 对此提出了时间营销策略,它通过技术手段充分了解网民的需求,并及时响应每一个网民当前的需求,让其在决定购买的"黄金时间"内及时接收到商品广告。

(3) 个性化营销。在网络时代,广告主的营销理念已从"媒体导向"向"受众导向"转变。以往的营销活动必须以媒体为导向,选择知名度高、浏览量大的媒体进行投放。如今,广告主完全以受众为导向进行广告营销,因为大数据技术可让他们知晓目标受众现在身处何方,正在关注着什么位置的什么屏幕。大数据技术可以做到当不同用户关注同一媒体的相同界面时,广告内容有所不同,大数据营销实现了对网民的个性化营销。

(4) 性价比高。和传统广告"一半的广告费被浪费掉"相比,大数据营销在最大限度上,让广告主的投放做到有的放矢,并可根据实时性的效果反馈,及时对投放策略进行调整。

(5) 关联性。数据营销的一个重要特点在于网民关注的广告与广告之间有关联性。由于大数据在采集过程中可快速得知目标受众目前关注的内容,以及可知晓目前网民身在何处,这些有价值信息可让广告的投放过程产生前所未有的关联性。即网民所看到的上一条广告可与下一条广告进行深度互动。

2. **数据营销的方式**

数据营销有几种运营方式,根据企业所处行业不同、企业产品生命周期不同、企业经营战略与经营策略的不同阶段,可以为企业量身定制一个合适的运营方式。

（1）**基础运营方式**：企业建设自己的数据库营销运营平台,对企业自身已有数据进行集中管理,通过自身网站获取潜在目标客户,通过一系列的数据库营销策略开展数据库营销,与目标客户建立起通向信任与忠诚的互动关系,为企业创造出长期的商业价值。

（2）**数据租赁运营方式**：利用专业的数据库营销公司提供的潜在目标客户数据,向潜在目标客户投递品牌信息或者产品信息广告,实现精准营销的广告投放效果。这种运营方式,也是企业重要的、需要长期执行的数据库营销策略。通过数据租赁这种运营方式,企业可以获取精准的目标客户对企业品牌与产品的关注,为建立客户关系、销售线索挖掘、品牌推广等市场行为提供较好的 ROI。

（3）**数据购买运营方式**：通过一系列的、符合法律程序的形式获取潜在目标客户数据,企业通过自己的数据库营销部门开展数据库营销。这种运营方式一般要和基础运营方式匹配使用。这种方式的效果,很大程度上要依赖两个因素：一是基础运营方式中是否搭建适合企业的数据库营销平台；二是企业是否已经建立了数据库营销运营机制以及是否已经具备了数据库营销所要求的人力资源条件。

总之,三种数据库营销方式的配合使用,是通向成功的最为重要的数据库营销策略。

3. 数据营销的作用

数据营销缩短了商业企业与顾客之间的距离,有利于培养和识别顾客忠诚,与顾客建立长期关系,也为开发关系营销和"一对一"营销创造了条件。具体表现在以下几点：

（1）更加充分地了解顾客的需要。

（2）为顾客提供更好的服务。顾客数据库中的资料是个性化营销和顾客关系管理的重要基础。

（3）对顾客的价值进行评估。通过区分高价值顾客和一般顾客,对各类顾客采取相应的营销策略。

（4）了解顾客的价值。利用数据库的资料,可以计算顾客生命周期的价值,以及顾客的价值周期。

（5）分析顾客需求行为。根据顾客的历史资料不仅可以预测需求趋势,还可以评估需求倾向的改变。

（6）市场调查和预测。数据库为市场调查提供了丰富的资料,根据顾客的资料可以分析潜在的目标市场。

 **同步训练**

以小组为单位,在实训教师的指导下,以某企业为案例,分析其运用的是何种数据运营方式,取得了怎样的成果。根据企业运营现状提出自己的数据营销策略,加深对数据营销的认知。

表1-5 数据营销认知

数据营销认知		
企业名称	概　　要	
	企业运用的数据营销的方式	
	数据营销取得的成果	
	数据营销策略	
企业数据营销流程图		
总　　结		

综合评价

表1-6 综合评价表

任务编号	020102	任务名称	网站项目策划
任务完成方式	□小组协作完成　□个人独立完成		
评价点			分值
对企业的数据营销分析是否得当			20
运用的数据营销的方式是否得当			30
是否提出有效的数据营销策略			30
对企业数据营销的步骤安排是否严谨			20
本主题学习单元成绩			
自我 评价(20%)	小组 评价(20%)		教师 评价(60%)
存在的主要问题			

拓展任务

以小组为单位,从数据营销角度分析某企业营销案例。

思政园地

以人为本的商业思路是可持续发展的路线。

坚持以人为本,这是科学发展观的本质和核心。以人为本,就是要把人民的利益作为一切工作的出发点和落脚点,不断满足人们的多方面需求和促进人的全面发展。具体地说,就是在经济发展的基础上,不断提高人民群众的物质文化生活水平和健康水平;就是要尊重和保障人权,包括公民的政治、经济、文化权利;就是要不断提高人们的思想道德素质、科学文化素质和健康素质;就是要创造人们平等发展、充分发挥聪明才智的社会环境。以人为本,体现了马克思主义的基本观点。马克思说过,未来的新社会是"以每个人的全面而自由的发展为基本原则的社会形式"。我们从事的是建设中国特色社会主义的伟大事业,理所当然地必须坚持以人为本,一切为了人民,一切依靠人民。

坚持以人为本,既是经济社会发展的长远指导方针,也是实际工作中必须坚持的重要原则。从全社会范围来看,要比较充分地满足人们多方面需求和实现人的全面发展,必须有相应的物质基础和社会条件,这只能是一个不断发展和进步的过程,不能操之过急。现在我国还处于社会主义初级阶段,无论生产力发展和物质财富的积累,还是生产关系和上层建筑的完善,还不可能完全做到满足人们的多方面需求和实现人的全面发展。要注意处理好人民群众根本利益和具体利益、长远利益和眼前利益的关系。同时也要看到,以人为本是我们的执政理念和要求,应当从现在的具体事情做起,将以人为本贯穿于经济社会发展的各个方面,贯穿于我们的各项工作中去。

学习单元二　数据分析部门运营管理

能力目标
- N1.1 确认数据分析部门的结构；
- N1.2 确认数据分析部门职能要求；
- N1.3 确认数据分析部门工作流程。

知识内容
- Z1.1 了解数据分析部门构建原因及目的；
- Z1.2 了解数据分析部门构建的重要性；
- Z1.3 了解该部门 KPI 考核表的制定。

本项目包含 4 个学习任务，具体为：
任务一　网店数据分析部门的建立；
任务二　网店数据分析部门的结构及岗位职责确认；
任务三　数据分析部门 KPI 考核表的制定。
对网店数据分析部门的整个运营做一个系统的了解，从部门的建立背景、原因、目的、数据分析工作流程的简介、部门 KPI 的考核等方面深入学习。

任务一　网店数据分析部门的建立

任务引导

随着电子商务的迅速发展，许多企业在通过互联网建立网站的同时也会通过第三方平台来展示自己销售的产品，末也不例外，它通过淘宝网开设自己的"城市对接农村"淘宝店铺，随之而来的问题是对网店的数据分析，于是通过领导的会议协商建立网站数据分析部门，小刘很荣幸被选为该部门的负责人。

任务分析

为实现本任务，主要做以下任务分析：
◆ 了解构建网店数据分析部门的构建背景。
◆ 了解构建网店数据分析部门的构建原因。

◆ 了解构建网店数据分析部门的构建目的。

 **任务实施**

步骤1：构建背景

末是中国最大的农产品分类信息网，是针对农村网民和农产品生意人的供求信息发布平台，全国所有网民都可以免费发布各种水果、蔬菜、畜牧业、水产、林业以及花卉苗木等农产品相关供求信息。为了促进中国新农村发展，帮助农民创造幸福生活，末携手全国各地政府，为全国农村地区免费做推广，包括地方风情、投资环境、农产品、特色物产等的图文介绍，以让外面了解该地，促进该地物产流通和招商进程，从而促进地方经济发展。

目前，末通过互联网各种渠道进行宣传及营销活动，如建立官方平台、开通微博、微信公共号、淘宝店铺等。

步骤2：构建原因

末构建数据分析部门的原因可以分为两个部分，内部原因和外部原因。

1. 内部原因

随着业务的发展，开通的项目越来越多，同时会产生相应的数据，如销售部的销售数据，网站、淘宝店铺的访问数据和成交数据等，末需要对各方面数据进行统计综合，分析出问题所在，从而解决问题。

就网店数据而言，加强店铺营销数据的采集，并进行合理、正确、有效的实时性分析与管理，有助于品牌和店铺逐渐克服经验局限性或对经验的过度依赖性，形成科学营销的新理念，提升品牌和店铺的市场认识、管理和适应能力。店铺最新的营销数据对于制定准确的销售策略、促销及补货有着极其重要的意义，可谓店铺的"晴雨表"。

2. 外部原因

阿里巴巴推出的数据门户网站http://index.1688.com/，根据6 500万中小企业用户的搜索、询单、交易等电子商务行为进行数据分析和挖掘，为中小企业以及电子商务从业人士等第三方提供综合数据服务。

目前正式开放的部分为面向全体用户的宏观行业研究模块，由行业搜索动态趋势图、专业化行业分析报告、细分行业和地区的内贸分析和针对行业各级产品的热点分析，以及实时行业热点资讯等部分构成，并且为免费提供。

步骤3：构建目的

末淘宝店铺构建数据分析部门的目的可以分为两个方面：一方面，面对问题，找到问题产生的根源，通过切实可行的办法解决存在的问题；另一方面，基于以往的数据分析，总结发展趋势，为数据营销决策提供支持。

 **支撑知识**

1. 基于淘宝的大数据时代

大数据时代正处于快速成长的阶段,随着大数据的普及,各个行业会出现一批,淘汰一批,如何抓住机会发展自己,有效利用大数据成为企业目前极为重要的大事。

接下来将从三个方面分析大数据在淘宝的利用。

第一块,店铺运营,其中主要是店铺的内功方面。与店铺内功相关的几个重要数据是访问深度、停留时间、宝贝转化率、跳失率等。店家可以将自己认为重要的数据拉出来,比如这里跳失率和转化率比较重要,店家就可以将这两个数据拉出来,然后建立数学模型。如果不是进行较深入的分析,可以单单通过均值、方差等坐标图进行对比,因为图表能够较直观地表达,每个有经验的运营商一眼就能看出问题了。很多小规模的商家总是在抱怨不知道该把时间花在何处,每天也没有明确的目标和事情做。如果店家是这种状态,说明店家不了解淘宝。淘宝可以看作一个大的生态系统,通过淘宝生态中的每件事物都可以了解进化论的重要性。所以,在这样一个生态系统里,一定要学会提升自己,让自己的潜力得到足够的发挥。

第二块,结合推广来谈谈大数据的应用。推广的工作本质很简单,让足够多的消费者知道店铺的存在。这是一句很简单的话,但是引申出来的内涵千姿百态。首先,客户要足够多,这应该是一定规模后的商家需要考虑的事情;其次,店家需要了解消费者的需求是怎样的。自从淘宝推出个性化定制以后,有好的反响,也有差的反响,反响好的消费者普遍认为淘宝推荐的商品确实是他们需要和喜欢的,也让他们在购物的过程中节省了很多时间;反响差的认为每次浏览淘宝,总是被定向了,而且定向的内容并不是自己喜欢的,纯粹浪费了消费者的时间。一样作品总是在赞美和批判中成长,希望淘宝的智能推荐可以做得更好。

在推广的过程中,店家要结合店铺现有的客户购买习惯进行分析和总结,其中包括客户的性别、年龄、购物浏览习惯、购物频率等。这些数据都是公开透明的,很多商家不重视这块,每天盯着花费和销售业绩是没有用的,要将每块工作落实,花费会自然小很多,业绩也肯定会上去。通过上面客户分析,店家可以更加精确地开展推广工作,将钱花在和店铺相关性最高的客户群体上,以避免不必要的浪费。

第三块,客户维护。隔行如隔山,隔行不隔理。在客户维护这块,还是坚持数据的挖掘和分析,还是要通过一定的结论才能做出更多有效维护。

2. 大数据如何助力淘宝商家营销

许多企业主重视市场调查,但传统的电话、邮件、信函等抽样调查方式旷日持久、花费高昂,且调查误差较大。淘宝网采用的则是构建于云平台之上的在线分析系统,能够实时处理数千万甚至上亿条客户的购买记录,并在若干秒之内根据客户提供的限制条件给出结果。

这些限制条件包括购买这一产品的人群的性别、年龄、地域、星座、消费层级,以及产品的查询、购买均价等基本信息。

商品之间常常存在内在的关联关系,比如买了奶粉的客户,很可能会买奶嘴等婴儿用品。过去人们更多依靠逻辑分析和抽样统计来发现这些关联关系。现在凭借大数据及其分析处理系统,人们可以更加清晰和准确地获取商品之间的内在关联。

例如,根据在淘宝指数中查询"花露水"的结果可知,如果消费者决定在淘宝上购买花露水,他很有可能会购买驱蚊液、痱子粉,而很少会去考虑其他驱蚊产品。

再如,买"鲜花速递"服务的客户,直觉是男性买家居多,女性买家也应该有一定比例,淘宝网数据平台证实了这一点。统计发现,这些客户买"居家日用"的比例最大,其次是买"女士内衣""美容护肤""箱包皮具",再次是买"彩妆""女鞋""服饰配件"等。这也许说明,购买"鲜花速递"类商品的消费者多是为女朋友买礼物的"贴心男友",或者爱美的女性。

淘宝网上述研究人员称,类似信息有多种用途,如商家扩大或缩小经营范围时,可以借此来选择扩大或缩小商品的类别;搞促销活动时,可以借此选择促销的范围乃至不同商品的促销力度等。

 同步训练

学生以小组为单位在老师的带领下通过互联网找到一家旅游网站,确定该网站数据分析部门建设前期构建背景、构建原因、构建目的。

 同步训练任务书

表2-1 数据分析部门构建

任务名称	建立网站数据分析部门
网站名称	找到的旅游网站名称
构建背景的确定	分析网站目前的状况和所属地区,进行数据分析部门构建背景的确定
构建原因的确定	根据该旅游网站的规模大小,利用站长工具查询网站访问数据,确定构建原因
构建目的的确定	确定该旅游网站构建该部门想要达到什么样的效果
网站首页截图	
小组成员	
小组成员分工	

综合评价

表2-2 综合评价表

任务编号	020103	任务名称	建立网站数据分析部门
任务完成方式	□小组协作完成　□个人独立完成		
评价点			分值
数据分析部门构建背景的阐释是否准确			40
数据分析部门构建原因的阐释是否正确			30
确定数据分析部门构建目的是否到位			30
本主题学习单元成绩			
自我评价（20%）	小组评价（20%）	教师评价（60%）	
存在的主要问题			

拓展任务

以小组为单位，讨论数据分析部门都要分析那些数据。

思政园地

2018年，中国国际大数据产业博览会于5月26日在贵阳开幕，国家主席习近平向会议致贺信。习主席在贺信中指出，中国高度重视大数据发展。"我们秉持创新、协调、绿色、开放、共享的发展理念，围绕建设网络强国、数字中国、智慧社会，全面实施国家大数据战略，助力中国经济从高速增长转向高质量发展。"习主席在贺信中，强调了国家大数据战略对于中国经济社会发展的重要地位和时代意义，指明了中国大数据发展的科学理念和战略布局，充分表达了我国与各国积极合作共同推进大数据技术和产业发展的真诚意愿和大国担当。人类文明的进步总是以科技的突破性成就为标志。19世纪，蒸汽机引领世界；20世纪，石油和电力担当主角；21世纪，伴随着信息技术和互联网的爆发式发展，人类进入大数据时代，数据已然成为当今世界的基础性战略资源。作为世界上最大的互联网市场，我国的大数据发展日新月异。党的十八大以来，在习近平网络强国战略思想的指导下，党中央审时度势，精心谋划，进行了一系列超前布局，大数据产业取得突破性发展。2015年，十八届五中全会首次提出"国家大数据战略"，《促进大数据发展行动纲要》发布；2016年，《政务信息资源共享管理暂行办法》出台；2017年，《大数据产业发展规划（2016—2020年）》实施；按照规划，我国将建成国家政府数据统一开放平台……2018年4月召开的全国网络安全和信息化工作会议，对包括大数据产业在内的信息化发展战略进行全面部署；2024年4月召开的全国数据工作会议，提出要提升数据资源开发利用水平，发挥公共数据资源开发利用的示范效应，持续探索企业数据、个人数据开发利用新路径，更好发挥数字化在中国式现代化中的驱动引领作用。在信息化时代，数据已经成为重要的生产要素和社会财富，甚至是国家间竞争的关键资源。从某种意义上说，谁能下好大数据这盘先手棋，谁就能在未来的竞争中占据优势，掌握主动权。习近平主席指出，核心技术是国之重器。要下定决心、保持恒心、找准重心，加速推动信息领域核心技术突破。要抓产业体系建设，在技术、产业、政策上共同发力。信息化为中华民族带来了千载难逢的机遇。能不能抓住机遇实现突破，关键是要规划落实好国家大数据战略，下决心突破核心技术，不断推动大数据技术产业创新发展，构建以数据为关键要素的数字经济，夯实网络强国的基础，培育中国经济发展的新引擎，更好服务我国经济社会发展和人民生活改善。今天，我国已具备实现从网络大国向网络强国华丽转身的诸多条件。我们要以习近平网络强国战略思想武装头脑、指导实践，全面实施国家大数据战略，将推进经济数字化作为实现创新发展的重要动能，奋力引领大数据革命浪潮。

（资料来源：央视网，http://news.cctv.com）

任务二　网店数据分析部门的结构及岗位职责确认

 任务引导

了解了数据分析部门建立的背景、原因和目的后，接下来的工作就是针对该部门组织部门结构，确定部门人员的职责。确认部门结构是建立在企业战略规划基础上的一项工作，涉及岗位设置、人力资源规划、人员编制等工作。

 任务分析

为实现本任务，主要做以下任务分析：
◆ 部门结构确认。
◆ 岗位职责确认。

 任务实施

步骤1：部门结构及职责确认

末淘宝店铺是比较重视数据分析的，在本次任务中，将对末淘宝店铺数据分析部门的部门结构进行深度解析。

1. 确定直属部门

末最初制定数据分析部门直属部门时制定了两个方案,并进行对比:

(1) 将该部分划分到技术部,负责对公司产品实行技术指导、规范工艺流程、制定技术标准,抓好技术管理,实施技术监督和协调的专职管理部门。放在该部门的优势在于离数据源近、提数方便、分析自主性强,且能够方便地支持数据开发做需求接口;缺点在于离营销目标较远,不能直接了解市场动态。

(2) 放在营销中心,营销中心是企业中负责产品营销工作的部门或组织,负责管理发现消费需求、产品定位、主导产品开发、价格策略与竞争、通路管理、推广、组织和部门日常管理、营销战略规划和策略执行等系列工作。放在该部门的优势在于离数据源近,并且能及时了解市场动态和产品动态;缺点在于该部门工作内容较多,不仔细容易出现错误。

末通过对数据分析部门的工作内容分析最终确定将该部门划分到营销中心并取名为数据营销中心。

不同的企业对数据部门的组织架构安排会因为自身的需求不同而不同,因此对于结构的评判标准也不同。对于中小型企业而言,综合模型对数据示范中心部门要求太高,要了解其他部门的运作,给出报告太难;而对于分散式和示范中心模型,不同的部门因为KPI利益关系,往往会出现指标打架、目标不一的情况,最后往往是谁强势谁权利大听谁的。对于数据分析部门组织架构的定属各方看法不一。

2. 部门结构确认

如图2-1所示,是末淘宝店铺数据分析部门结构图,公司的数据营销中心分为数据分析部和数据营销部两部分;其中数据分析部门又划分为数据分析、报表分析、数据库维护三块。其中数据分析是核心,主要承担下列5个工作模块:

(1) 市场调研/顾客满意数据分析;
(2) 营销工具/营销平台数据分析;
(3) 顾客消费行为数据分析;
(4) 类目/产品数据分析;
(5) 基础数据分析。

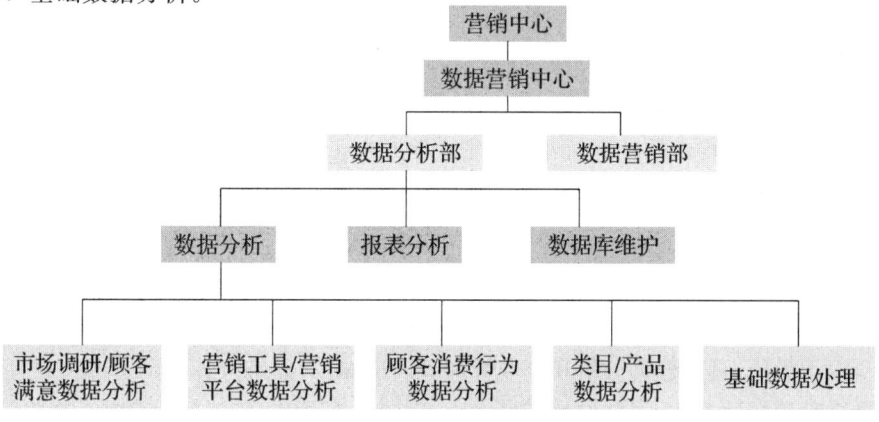

图2-1 数据分析部门结构图

3. 确定部门职责

(1) 负责现有市场分析和未来市场预测；

(2) 建立和维护营销信息库；

(3) 负责消费者心理和行为调查；

(4) 预测消费趋势，并制定相应的解决方案，引导消费；

(5) 分析与监控竞争对手情况；

(6) 负责市场通路的调研；

(7) 会同企划部制定营销、产品、促销、形象等企划案，并与销售部、客户部共同实施；

(8) 负责对现有产品研究和新产品市场预测；

(9) 负责为企业新产品开发提供市场资料；

(10) 其他相关职责。

步骤 2：岗位设置及岗位职责确认

1. 岗位设置

末在确定部门结构后对该部门的岗位职责也进行了确认。末在确定部门岗位职责时首先考虑的是部门职责(部门职责在步骤 1 中有提及)以及部门的工作流程。末将数据分析部门的工作流程设置为需求对接、需求整理、数据提取、数据分析、撰写报告、评估反馈等几个步骤。

末根据以上信息确定部门岗位为部门经理、高级数据挖掘师、数据分析师和数据分析专员，如图 2-2 所示。

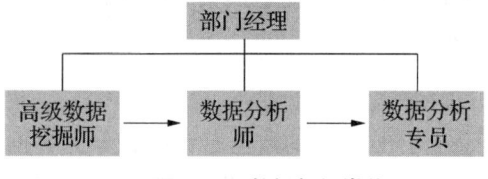

图 2-2 数据部门岗位

2. 岗位职责确认

末根据部门工作内容对该部门经理的职责要求为应具备团队管理能力和团队协作能力，在对部门其他员工管理的同时积极和其他部门进行沟通，确定整个部门的工作进度和监督工作进展，针对部门的发展计划，组织审定部门数据分析工作流程、各项考核标准，引导部门人员确立个人目标及达成计划(由月目标分解细化为周计划、日计划)。

高级数据挖掘师是末数据分析部门除经理外最高级别的岗位，其工作职能是根据相应的数据分析报告，结合公司业务，给出深度挖掘报告及整合出一份相应的数据战略支持。对于数据挖掘师，末的招聘标准是：统计学或电子商务专业本科以上学历，具备数据分析和数据存储及淘宝运营和企业管理等理论知识，熟练操作 Office 办公软件及数据分析软件和数据存储系统，有良好的领导能力、沟通能力、团队意识和数据安全意识。

数据分析师的主要工作内容是根据数据分析员提供的分析字段，形成数据分析报告提供给相关业务部门进行数据支持。对于数据分析师，末的招聘标准是：统计学或电子商务等专业本科以上学历，具备数据分析和企业管理等理论知识，熟练操作 Office 办公软件及数据分析软件和数据存储系统，有良好的领导能力、沟通能力、团队意识和数据安全意识。

数据分析专员是末数据分析部门最基层的岗位,这个岗位的工作人员主要面对的是海量数据,按照相应的规则,提取相应的字段数据,并进行基础数据的收集、整理和存档,给出有字段的基础数据。末对于数据分析专员的招聘标准是:大专以上学历,了解并喜欢电子商务,熟练操作 Office 办公软件。

 支撑知识

1. 数据分析师

更加注意对数据、数据指标的解读,通过对数据的分析来解决商业问题。主要有以下几个次层次:

(1) 业务监控:诊断当前业务是否正常,是否存在问题;业务发展是否达到预期(KPI),如果没有达到预期,主要问题在哪,是什么原因引起的。

(2) 建立分析体系:这些数据分析师已经对业务有一定的理解,对业务也相对比较熟悉,更多的是帮助业务方建立一套分析体系,或者更高级的是做成数据产品。以营销活动为例,分析师会告诉业务方,在活动前应该分析哪些数据,从而制订恰当的营销计划;在营销过程中,应该看哪些数据,从而及时做出营销活动调整;在营销活动后,应该如何进行活动效果评估。

(3) 行业未来发展的趋势分析:这应该由最高级别数据分析师,有的公司叫战略分析师/商业分析师来进行。这个层次的数据分析师站得更高,在行业、宏观的层面进行业务分析,预测未来行业的发展、竞争对手的业务构成,帮助公司制订战略发展计划,并及时跟踪、分析市场动态,从而及时地对战略进行不断优化。

主要技能要求:

具备数据库知识(至少要熟悉 SQL)、基本的统计分析知识,要相当熟悉 Excel,对 SPSS 或 SAS 有一定的了解,对于与网站相关的业务还可能要求掌握 GA 等网站分析工具的运用技能,当然 PPT 的相关技能也是必备的。

2. 数据挖掘工程师

更多是通过对海量数据进行挖掘,寻找数据的存在模式或者说规律,从而通过数据挖掘来解决具体问题。数据挖掘更多是针对某一个具体的问题,是以解决具体问题为导向的。例如,聚类分析,通过对会员消费数据、行为数据进行分析,对会员进行分类,对不同类型的会员建立相应的画像,从而更好地理解会员,知道公司高、中、低价值的会员构成,既可以为后期各种会员的运营提供指导,提高活动效率,又可以指导公司的营销,如广告的投放策略,以及用于公司各种战略的制定。

主要技能要求:

(1) 必须精通数据库。很多时候,模型的数据预处理,可能在数据库里完成,用到的数据库技巧更高。

(2) 必须要能够熟练运用数据挖掘工具、数据挖掘算法,如 SPSS、CELEMENTINE、SAS、EM 等。当然,如果能够熟练运用一两款开源软件,并会写一些程序代码那是最好的。大公司都喜欢用开源的软件,如 R、WEKA。

同步训练

结合以上所学内容,以任务一中选择的网站为例,构建数据分析部门,制定出部门结构图,确定部门中都需要哪些岗位,了解整个部门的结构与岗位分工,并完成下列表格。

表 2-3 部门基本情况

基本情况			
部门名称		部门编号	
主管上级		部门定编	
部门岗位			
部门职能			
负责完成工作			
协助完成工作			
修订信息	修订时间	修订者	审核者	审批者	修订内容

综合评价

表 2-4 综合评价表

任务编号	020104	任务名称	数据分析部门结构及岗位确定
任务完成方式	□小组协作完成 □个人独立完成		
评价点			分值
确定数据分析部门在整个公司中的位置			25
数据分析部门的结构划分			25
数据分析部门岗位确定			25
数据分析部门岗位职责确定			25
本主题学习单元成绩			
自我评价(20%)	小组评价(20%)		教师评价(60%)
存在的主要问题			

拓展任务

在班级内讨论数据分析部门想要完成一项工作需要注意哪些事项。

职场直通车

数据运营岗位职责：
(1) 负责业务数据的初始化；
(2) 负责运营类数据的统计、监控、分析，建立运营数据分析模型，为业务决策提供数据支撑；
(3) 能独立完成各项业务数据分析，根据数据分析结果撰写相应分析报告；
(4) 基于数据分析用户行为、建立用户画像，持续完善用户识别数据体系；
(5) 熟悉Tableau、帆软等场景大数据可视化工具，协助数据产品经理对接业务部门的数据需求。

任务三　数据分析部门KPI考核表的制定

任务引导

任何一个成功的企业都必须具有以业绩为导向的企业文化和有效部门考核、奖励优良业绩的管理体系，因此，如何建立积极向上的部门业绩文化和公正、有效的绩效测评体系是末向一流的管理水平迈进的重要一步。

任务分析

为实现本任务，主要做以下任务分析：
◆ 部门KPI考核表的制定。
◆ 不同岗位KPI考核表的制定。

任务实施

末在设定部门KPI时主要分为两个部分，部门KPI考核和岗位KPI考核，其中根据工作内容设定相应指标、得分（优、良、中、差）和权重。考核指标明确、具体，有挑战性，同时又是现实可行的，并且要切合公司的战略目标，综合平衡短期目标与长期目标的关系。

步骤1：部门KPI考核表的制定

末将数据分析部门KPI考核表的制定通过以下步骤完成。

1. 数据分析部门考核指标设定

末针对数据分析部门绩效考核指标的确定是根据部门的工作计划和岗位职责将该部

门的指标定为以下几个方面：

（1）项目开设前对接。根据项目要求设计数据分析方案，方案中要设计具体任务步骤、每个步骤所需时间，并积极与所需数据部门进行沟通，确保本次项目数据分析的准确性。

（2）财务控制。确定该部门在完成任务中所需经费。

（3）部门内部管理。确定部门内部严格遵守公司的各项规章制度，确定员工工作饱和度及数据管理是否混乱。

（4）外部关系资源的管理。确定外部管理能力是否良好，能否使公司的业务保持连续性。

（5）内部满意度。数据分析部门是否与其他部门保持良好的沟通，不与其产生矛盾，尤其是所需数据支持的部门。

2. 评分等级设定

末在评分等级设定上根据工作指标分为优、良、中、差四个等级，同时针对四个等级设定不同分数，小于60分为差，大于等于60分小于80分为中，大于等于80分小于90分为良，大于等于90分小于等于100分为优。分数是由上级领导及其他部门经理或负责人打分，由行政部门统计并计算出平均分，最终以平均分为准。

3. 权重划分

末是根据部门具体指标的重要性划分权重的，如项目开设前对接的权重为30%。

4. 资料来源

针对考核而言，数据分析部门的资料大多来源于部门经理，经费来源于财务，内部满意度则来源于其他部门。

末根据以上内容制定数据分析部门的KPI考核表，如表2-5所示。

表2-5 数据分析部门KPI考核表

指标	等级划分及得分				权重	资料来源
	优	良	中	差		
	90≤值≤100	80≤值<90	60≤值<80	值<60		
项目开设前对接	设计方案合理，符合工作需要，工作任务能提前完成	设计方案合理，在规定时间内完成工作	设计方案延迟，影响项目进度	设计方案不合理，严重影响项目进度	30%	总经理
财务控制	管理费用、人力成本控制得力，节省大量成本费用	费用控制较好，能结余一部分费用（节约的成本在预算中占5%以下）	管理费用、人力成本与部门预算基本持平，无节约	管理费用、人力成本超出部门预算，严重透支	30%	财务总监

续 表

指　　标	等级划分及得分				权重	资料来源
	优	良	中	差		
	90≤值≤100	80≤值<90	60≤值<80	值<60		
部门内部管理	内部严格按照公司章程办事,部门员工工作能力强,工作饱满度高,有完整的数据管理程序	内部管理较好,基本按照公司的章程办事,员工工作、数据管理等思路清晰,目标明确	内部管理正常,按制度操作,员工工作内容、数据管理无失误	部门制度不健全,数据管理混乱,员工工作懒散,没有一定的工作流程,内部管理混乱	20%	总经理
外部关系资源的管理	外部关系管理能力较强,不管在什么情况下都能保证公司业务正常运行	外部关系管理能力较好,保证公司业务能够有效地连续进行	外部关系管理能力一般,与公司业务的完成关系不大	外部关系管理能力较差,管理混乱,导致公司业务不能正常运行	10%	总经理
内部满意度	与其他部门保持密切合作关系,提出合理化建议,提高工作绩效	重视协调与沟通能力,能从大局出发考虑问题,确保部门间及部门内运作良好	合作意识与大局观较弱,有时会影响部门间及内部的正常运作	经常与其他部门或部门内部员工发生矛盾,严重影响正常工作	10%	各部门

步骤 2：不同岗位 KPI 考核表的制定

因为不同岗位的工作内容和所负责的部分不同,所以 KPI 指标确定方法也是不一样的。末针对岗位的不同制定了不同的考核标准(评分规则在步骤1中有详细介绍)。

1. 部门总经理考核标准

末根据数据分析部门总经理的职责将考核标准分为下列几项：

(1) 项目运营指标。在整个部门确定好项目指标后,经理是否能按照预定达到公司要求。权重为 20%,工作评分由末营销中心总负责人确定。

(2) 团队建设、企业文化。确定总经理在部门团队建设、企业文化建设中是否起到带头作用,使整个部门能够良好地运行。权重为 20%,工作评分由末营销中心总负责人确定。

(3) 数据分析部门工作流程。确定部门总经理是否能够制定整个部门的工作流程及工作计划。权重占整个工作的 30%,工作评分由末营销中心总负责人确定。

(4) 部门日常管理。确定员工日常工作分配是否合理,员工工作饱和度以及内部日常固定工作的安排。权重为 15%,工作评分由末行政部确定。

(5) 内部满意度。确定部门经理是否经常与其他部门进行沟通并保持密切的合作关系,提出建设性意见以提高公共业绩。权重为 15%,工作评分由末各部门负责人统一确定。

末根据以上内容制定数据分析部门总经理的 KPI 考核表,如表 2-6 所示。

表 2-6 部门经理 KPI 考核表

指标	等级划分及得分				权重	资料来源
	优 90≤值≤100	良 80≤值<90	中 60≤值<80	差 值<60		
项目运营指标	各项目运营指标均达标,并提前完成	各项目运营指标按规定时间段完成	各项目运营指标顺利完成,但超出预定时间	各项目运营指标未完成,给公司造成损失	20%	总经理
团队建设、企业文化	团队的核心技能最佳,具有良好的凝聚力和战斗力,员工对公司文化极为认同	团队有基本的凝聚力和战斗力,员工对企业文化较为认同	团队核心技能的传递较差,员工对公司价值观持不同意见	团队凝聚力差,核心技能较弱,员工对公司价值观极不认同	20%	总经理
数据分析部门工作流程	对部门数据分析工作制定了良好的工作流程,思路清晰并能提前完成工作计划	对部门数据分析工作安排有序,思路清晰,员工工作目标明确	内部数据分析工作安排流程较杂乱,工作任务顺利完成	部门数据分析工作安排混乱,员工工作目标不明确	30%	总经理
部门日常管理	部门日常管理非常完善,员工之间善于沟通,和其他部门员工相处十分和谐	部门日常管理较为完善,员工之间团结友爱	部门日常管理较为混乱,和其他部门员工有时会起争执	部门日常管理很混乱,员工之间经常起争执,和其他部门员工不友善	15%	行政总监
内部满意度	与同事保持密切合作关系,提出合理建议,帮助解决问题,提高工作绩效	忠实协作与沟通,可以从大局出发考虑问题,确保解决问题,提高工作绩效	合作意识与大局观较弱,有时会影响工作开展	合作意识与大局观较差,常与其他部门成员发生矛盾,严重影响正常工作	15%	各部门

2. 高级数据挖掘师考核标准

末根据数据分析部门高级数据挖掘师的职责将考核标准分为下列几项:

(1) 工作责任心。确定高级数据挖掘师在工作中是否有强烈的工作责任感,能否顺利完成数据挖掘的工作。权重为 30%,评分由部门经理确定。

(2) 团队意识。确定高级数据挖掘师在工作中是否具有团队意识。权重占整个职位的20%,评分由部门经理确定。

(3) 专业技能。确定高级数据挖掘师是否具有良好的专业技能,能否按照末目前的数据需要挖掘合理的数据。权重为30%,评分由部门经理确定。

(4) 内部满意度。确定高级数据挖掘师是否经常与其他员工保持密切合作关系,提高工作绩效。权重为20%,工作评分由部门经理确定。

末根据以上内容制定数据分析部门高级数据挖掘师的KPI考核表,如表2-7所示。

表2-7 高级数据挖掘师KPI考核表

指标	等级划分及得分				权重	资料来源
	优	良	中	差		
	90≤值≤100	80≤值<90	60≤值<80	值<60		
工作责任心	具有强烈的工作责任感,并提前完成工作任务,节约工作成本	具有较强的工作责任感,按时完成工作任务	工作责任感较弱,不能按时完成工作任务	工作责任感较差,拖延工作时间,并没有完成工作任务	30%	总经理
团队意识	团队意识很强,积极配合其他员工完成工作任务并对工作提出建设性意见,提高工作绩效	团队意识较强,能配合其他员工完成工作任务	团队意识较弱,偶尔主动联系其他工作人员	基本没有团队意识,特立独行,不能很好地配合其他员工完成工作	20%	总经理
专业技能	能针对不同的业务需求使用不同的工具,有自己的见解	专业技能较强,能顺利完成领导布置的数据挖掘工作	逻辑分析能力及数据挖掘工具使用技能较弱	分析问题和解决问题的能力较弱,数据挖掘工作混乱	30%	总经理
内部满意度	与部门同事保持密切合作关系,并能在工作中提出建设性意见,同时提高工作绩效	善于沟通,能在工作中及时与同事沟通,并顺利完成工作	与部门内部员工合作意识较差,有时会影响工作开展	与部门内部人员合作意识较差,严重影响正常工作	20%	总经理

3. 数据分析师考核标准

末根据数据分析部门数据分析师的职责将考核标准分为下列几项:

(1) 工作积极性。确定数据分析师在工作中是否保持工作积极性,明确个人或集体的工作目标,在执行计划和实现目标过程中能否克服障碍积极完成工作。权重为30%,评分由部门经理确定。

(2) 团队意识。确定数据分析师在工作中是否团结友爱,积极配合部门的整体工作。权重为20%,评分由部门经理确定。

(3) 专业技能。确定数据分析师能否做到以数据为依据,对末淘宝店铺或项目现状及远期进行统计、预测、分析并转化为决策信息。权重为30%,评分由部门经理确定。

(4) 内部满意度。确定数据分析师在工作中是否经常与部门进行沟通,并提出合理化建议,权重为20%,评分由部门经理确定。

末根据以上内容制定数据分析部门数据分析师的KPI考核表,如表2-8所示。

表2-8 数据分析师KPI考核表

指标	等级划分及得分				权重	资料来源
	优	良	中	差		
	90≤值≤100	80≤值<90	60≤值<80	值<60		
工作积极性	在工作过程中保持积极的工作态度,并能够明确自己的工作目标	在工作中能明确自己的工作目标,对领导布置的任务能及时完成	在工作中积极性较弱,不能对所做工作给出明确目标,拖延工作时间	工作积极性较差,对所做工作不能给出明确目标,拖延工作任务,给公司造成损失	30%	总经理
团队意识	在工作中团队意识强,能及时和同事沟通工作,提高工作效率,对公司的价值观认同	团队意识较强,对企业文化较为认同	团队意识较弱,不常与其他员工交流	团队凝聚力差,有时与其他员工会起争执	20%	总经理
专业技能	能以数据为依据,完成项目数据的分析并对此提出建设性意见	能够利用所学知识完成数据分析,提供有效的数据信息	专业技能较弱,不能按时完成部门分配的数据分析工作	专业技能较差,不能利用专业工具完成数据分析工作	30%	总经理
内部满意度	与同事之间保持密切合作关系,能为部门完善起到关键作用	善于协调沟通,可以从大局出发考虑问题,确保解决问题,提高工作绩效	与部门内部人员合作意识较差,有时会影响工作开展	与部门内部人员合作意识较差,严重影响正常工作	20%	各部门

4. 数据分析专员考核标准

末根据数据分析部门数据专员的职责将考核标准分为下列几项:

(1) 工作责任心。确定数据分析专员是否具有强烈的责任心,从不出现失职行为。权重为20%,评分由部门经理确定。

（2）团队意识。确定数据分析专员是否有强烈的团队意识，能否主动协助他人完成数据分析工作。权重为30%，评分由部门经理确定。

（3）数据统计表制作。确定在数据统计表的制作过程中是否数据准确，表格思路清晰。权重为30%，评分由部门经理确定。

（4）内部满意度。确定数据分析专员在工作中是否经常与部门进行沟通，并提出合理化建议。权重为20%，评分由部门经理确定。

末根据以上内容制定数据分析部门数据分析专员的KPI考核表，如表2-9所示。

表2-9 部门数据分析专员KPI考核表

指标	等级划分及得分				权重	资料来源
	优	良	中	差		
	90≤值≤100	80≤值<90	60≤值<80	值<60		
工作责任心	能遵守公司规范，具有勇于承担和履行义务的自觉态度	具有较强的工作责任心，按时完成工作任务	工作责任心较弱，偶尔有失职行为	工作责任心缺乏，时常有失职行为	20%	总经理
团队意识	有强烈的团队意识，总是主动协助他人完成工作	有较强的团队意识，经常主动协助他人完成工作	有一定的团队意识，偶尔主动协助他人完成工作	基本上没有团队意识，极少主动协助他人完成工作	30%	总经理
数据统计表制作	工作效率极高，非常准确，没有错误，思路清晰并能提前完成工作计划	工作效率较高，较为准确，极少出现错误	工作效率一般，比较准确，偶尔出现错误	工作效率极差，非常不准确，经常出现错误	30%	总经理
内部满意度	能与部门内部员工保持良好的合作关系，提前完成工作任务，提高工作效率	善于沟通，按时完成数据统计工作，提高工作绩效	部门内关系处理较差，有时会影响工作开展	和部门内部或其他部门员工经常发生矛盾，严重影响正常工作	20%	各部门

支撑知识

1. KPI概述

KPI(Key Performance Indication)即关键业绩指标，是通过对组织内部某一流程的输入端、输出端的关键参数进行设置、取样、计算、分析，衡量流程绩效的一种目标式量化管理指标，是把企业的战略目标分解为可操作的工作目标的工具，是企业绩效管理系统的基础。KPI是在现代企业中受到普遍重视的业绩考评方法。KPI可以使部门主管明确部门的主要责任,并以此为基础,明确部门人员的业绩衡量指标,使业绩考评建立在量化的基础之上。建立明确的、切实可行的KPI指标体系是做好绩效管理的关键。

KPI法符合一个重要的管理学原理——"二八原则"。在一个企业的价值创造过程中,"20/80"规律,即20%的骨干人员创造企业80%的价值;而且在每一位员工身上,"二八原则"同样适用,即80%的工作任务是由20%的关键行为完成的。因此,必须抓住20%的关键行为,对之进行分析和衡量,这样就能抓住业绩评价的重心。

2. 建立关键业绩指标体系遵循的原则

(1) 目标导向。即KPI必须依据企业目标、部门目标、职务目标等来进行确定。

(2) 注重工作质量。因工作质量是企业竞争力的核心,但又难以衡量,所以,对工作质量建立指标进行控制特别重要。

(3) 可操作性。关键业绩指标必须从技术上保证指标的可操作性,对每一指标都必须给予明确的定义,建立完善的信息收集渠道。

(4) 强调输入和输出过程的控制。设立KPI指标,要优先考虑流程的输入和输出状况,将两者之间的过程视为一个整体,进行端点控制。

3. 确立KPI指标应把握的要点

(1) 把个人和部门的目标与公司的整体战略目标联系起来,以全局的观念来思考问题。

(2) 指标一般应当比较稳定,即如果业务流程基本未变,则关键指标的项目也不应有较大的变动。

(3) 指标应该可控制,可以达成。

(4) 关键指标应当简单明了,容易被执行,容易被接受和理解。

(5) 对关键业绩指标要进行规范定义,可以对每一个KPI指标建立"KPI定义指标表"。

4. 运用KPI进行绩效考核的难点

绩效管理最重要的是让员工明白企业对他的要求是什么,以及他将如何开展工作和改进工作,他工作的报酬会是什么样的。主管回答这些问题的前提是他清楚地了解企业对他的要求是什么,对所在部门的要求是什么,说到底,也就是了解部门的KPI是什么。同时,主管也要了解员工的素质,以便有针对性地分配工作与制定目标。

绩效考核是绩效管理循环中的一个环节,绩效考核主要有两个目的:一是绩效改进,二是价值评价。面向绩效改进的考核是遵循PDCA循环模式的,它的重点是问题的解决及方法的改进,从而实现绩效的改进。它往往不和薪酬直接挂钩,但可以为价值评价提供依据。在这种考核中,主管对员工的评价不仅反映员工的工作表现,而且可以充分体现主管的管理艺术。因为主管的目标和员工的目标是一致的,且员工的成绩也是主管的成绩,这样,主管和员工的关系就比较融洽。主管在工作过程中与下属不断沟通,主管不断辅导与帮助下属,不断记录员工的工作数据或事实依据,这比考核本身更重要。

如果从KPI中能分析出每个职位的正确定位,那么这些职位上员工的待遇跟他所在的职位是没有关系的。面向价值评价的绩效考核,强调的重点是公正与公平,因为它和员工的利益直接挂钩。这种考核要求主管的评价要比较准确,而且对同类人员的考核要严格把握同一尺度。这对于行政服务人员、一线生产人员比较好操作,因为这种职位的价值创造周期比较短,很快就可以体现出他们的行动结果,而且,标准也比较明确,工作的重复性也较强。但对于内容变动较大,或价值创造周期较长的职位来说,这种评价就比较难操作。

企业绩效评估经常遇到的一个很实际的问题就是,很难确定客观、量化的绩效指标。其实,对所有的绩效指标进行量化并不现实,也没有必要这么做。通过行为性的指标体系,也可以衡量企业绩效。

每一个职位都影响某项业务流程的一个过程,或影响过程中的某个点。在订立目标及进行绩效考核时,应考虑职位的任职者是否能控制该指标的结果,如果任职者不能控制,则该项指标就不能作为任职者的业绩衡量指标。比如,跨部门的指标就不能作为基层员工的考核指标,而应作为部门主管或更高层主管的考核指标。

绩效管理是管理双方就目标及如何实现目标达成共识的过程,以及增强员工成功地达到目标的管理方法。管理者给下属订立工作目标的依据来自部门的 KPI,部门的 KPI 来自上级部门的 KPI,上级部门的 KPI 来自企业级 KPI。只有这样,才能保证每个职位都是按照企业要求的方向去努力。

善用 KPI 考评企业,将有助于企业组织结构集成化,提高企业的效率,精简不必要的机构、不必要的流程和不必要的系统。

 同步训练

学生在教师的指导下根据以上内容制定出淘宝客服部的 KPI,明晰淘宝应怎样制定部门 KPI,考核的方面都有哪些,客服部的员工分为那几个层次等,并完成下列表格。

表 2-10 淘宝客服部的 KPI 考核表

客服等级	等级划分及得分				权 重	资料来源
	优	良	中	差		
	90≤值≤100	80≤值<90	60≤值<80	值<60		
初级客服					30%	总经理
中级客服					30%	总经理
高级客服					20%	总经理
资深客服					10%	总经理

综合评价

表2-11 综合评价表

任务编号	020105	任务名称	淘宝客服KPI考核	
任务完成方式	□小组协作完成　□个人独立完成			
评价点				分值
淘宝客服部门KPI制定方法是否合理				25
淘宝客服部门考核内容是否准确				25
淘宝客服部门员工层次划分是否合理				25
客服人员考核内容是否合理				25
本主题学习单元成绩				
自我评价(20%)		小组评价(20%)	教师评价(60%)	
存在的主要问题				

 拓展任务

学生在班级内讨论制定部门KPI的重要性。

职场直通车

数据分析师岗位职责：

1. 深入理解不同行业、领域的业务，挖掘数据分析需求；

2. 参与公司产品需求讨论，负责项目中数据分析与数据挖掘等工作；

3. 参与公司数据体系建设，包括数据指标体系、数据模型、数据产品等；

4. 结合公司业务方向，应用大数据分析、数理统计、数据挖掘等技术为用户提供数据分析领域的专业服务。

学习单元三　网站数据化营销

能力目标
- N1.1 掌握网站数据统计软件的添加；
- N1.2 掌握网站数据分析方法；
- N1.3 能够根据分析结果制定网站优化方案。

知识内容
- Z1.1 了解网站数据分析的步骤；
- Z1.2 了解网站数据分析的指标。

本项目包含四个学习任务，具体为：
任务一　项目背景和业务分析需求的提出；
任务二　网站流量数据分析；
任务三　网站内容优化策略制定；
任务四　网站内容优化策略实施与评估。
在明确网站业务需求的基础上，对现有网站进行数据统计，对数据进行分析，根据网站数据分析结果判定网站存在的问题，并提出网站优化方案。

任务一　项目背景和业务分析需求的提出

 任务引导

截至 2023 年 6 月，某网站已经经历了近 10 年的运营，承担了全国电子商务运营技能竞赛组委会主办的电子商务运营技能竞赛，平台已积累了 2 120 000 名学生用户、65 000 名教师用户、203 家企业与 3 000 所高职、中职院校用户。其中，2022—2023 全年，累计新增 3 200 名电子商务学生与 160 名教师。这对某网站下一步的运营提供了基础优势。又值 6 月毕业季，某网站第十一届全国电子商务运营技能大赛拉开序幕。

作为某网站的网站运营专员，小颜除去日常对网站的运营维护之外，需要定期对网站数据进行统计分析，对数据进行判断，并结合部门研发及其他人员的工作制定下阶段工作方向。对网站数据的分析有助于小颜对网络推广方式、运营方式是否合理做出判断。

任务分析

- 提出业务分析需求。
- 收集网站数据。

 任务实施

步骤1：提出业务分析需求

全国电子商务运营技能大赛是全国电子商务职业教育教学指导委员会为落实《教育部关于充分发挥行业指导作用推进职业教育改革发展的意见》(教职成〔2011〕6号),充分展示电子商务职业教育改革发展成果,集中展现师生风采,深度推进产教融合、协同创新而创建的全国性电子商务专业赛事。大赛主旨在于提升学生对电子商务行业认知能力,实现对学生进行由理论知识的掌握转化为实践操作能力的检验和考查。

2022年5月28日至9月10日为初赛阶段,选手在真实互联网环境下,承接企业营销任务,根据企业实际要求,实施包括微博营销在内的多种新型网络营销活动。10月15日至20日为省、直辖市、自治区竞赛阶段,即复赛阶段,选手在模拟电子商务运营环境下,根据企业实际需求,完成商品线上销售核心业务操作并进行模拟运营。

1. 网站描述

作为全国电子商务运营技能大赛初赛平台,某网站主旨与大赛相契合,通过线上课堂学习,帮助学生提升电子商务相关能力,如网络营销、网店运营等。某网站以提升技能为核心,建立了围绕技能成长的课程、训练、问答、资源、实战为一体的系统化成长体系,如图3-1所示。对技能进行模块化划分,拆分为数百个技能点,对应技能点引导学生学习、训练和实战,在掌握知识的同时,领会技能。

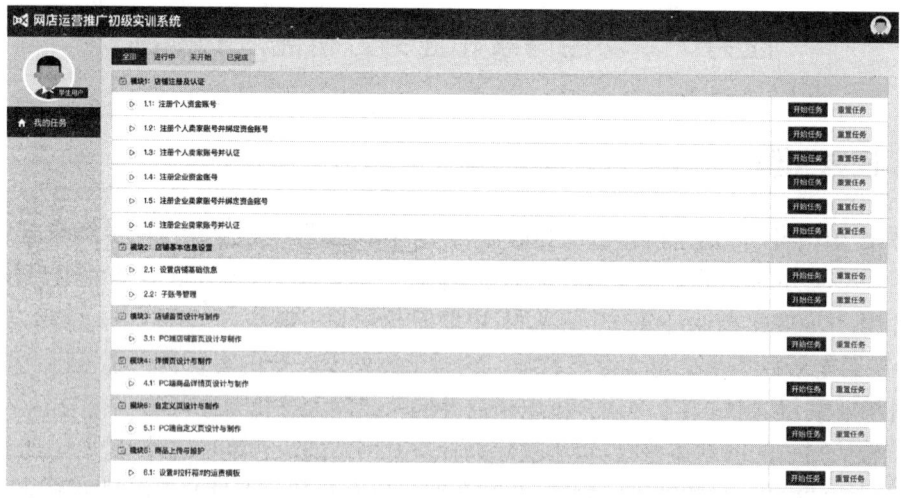

图3-1　某网站官网训练页

在技能树的支撑下,一个模块的课程内容往往被解构为数十个知识点。我们将知识细化最小单元,以短小精致的课程传授知识。

2. 网站运营目的

某网站的在线课程任务能够满足学生参赛的技能训练,学生通过在某网站平台进行任务学习,即可完成对自身电商技能的训练,经过多门课程的学习来提升个人电商技能。根据决赛内容分析,小颜明确了网站运营的目的在于帮助学生提升网店运营相关能力。因此,某网站运营专员小颜需要做的,便是引导网站访问用户即参赛学生完成对应课程的学习。

3. 运营目标

在明确了网站运营目的后,小颜根据网站情况制定了以下网站运营目标:

(1) 本期流量目标:

周访客数 $UV > 12\,000$(上期 10 010);

周网页浏览量 $PV > 400\,000$(上期 307 221)。

(2) 网站用户行为目标:

参赛人数提升 10%;

网站相关课程学习任务点击率提升 20%;

复赛晋级资格人数提升 20%。

步骤 2:收集网站数据

网站数据是网站运营、推广工作实施及效果评定的重要参数,因此在网站开发完毕初期,某网站研发人员便确定了对网站添加数据统计插件。通过数据统计插件,对网站访问数据进行收集。目前网上统计插件比较多,包含 51lA、CNZZ、腾讯统计、Google Analytics 以及百度统计。某网站选择了百度统计,百度统计安装步骤如下:

第一步,注册百度统计账号。

第二步,点击"管理""网站列表",点击"+新增网站"(见图 3-2)。

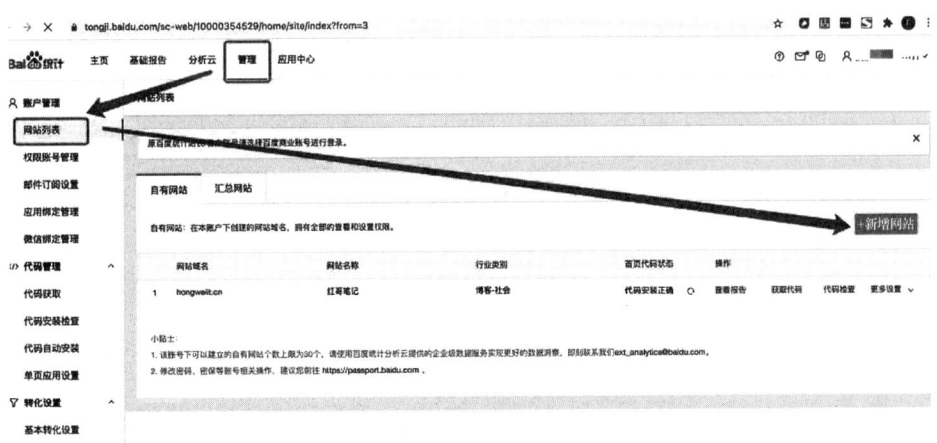

图 3-2 添加网站

第三步,点击"代码获取-复制代码"(见图 3-3)。

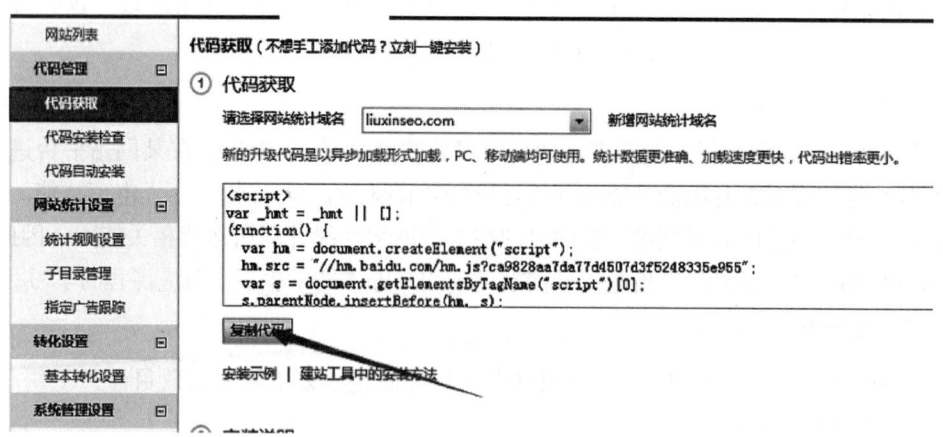

图 3-3 代码获取

第四步,将代码添加至网站 header.php 类似的页尾模板页面中安装,某网站之所以添加至这个文件中,是因为该文件为页头文件,所有页面均有调用,这里起到一处安装、全站皆有的效果。

第五步,安装完成后,点击代码安装检查,查看代码是否安装成功。安装成功后,网站会提醒"代码安装正确",如图 3-4 所示。这样,某网站便可以开始对网站访问数据进行统计了。

图 3-4 代码安装检查

完成网站统计代码添加之后,小颜需要对主栏目页面布局进行分析,查看结构布局是否合理,帮助网站开发后期展开页面工作。因此,小颜决定在网站主要监控栏目添加网站热力图,查看用户点击情况,具体操作如下:

点击"访问分析→页面点击图",找到对应页面地址,即可查看网站点击情况,如图3-5所示。

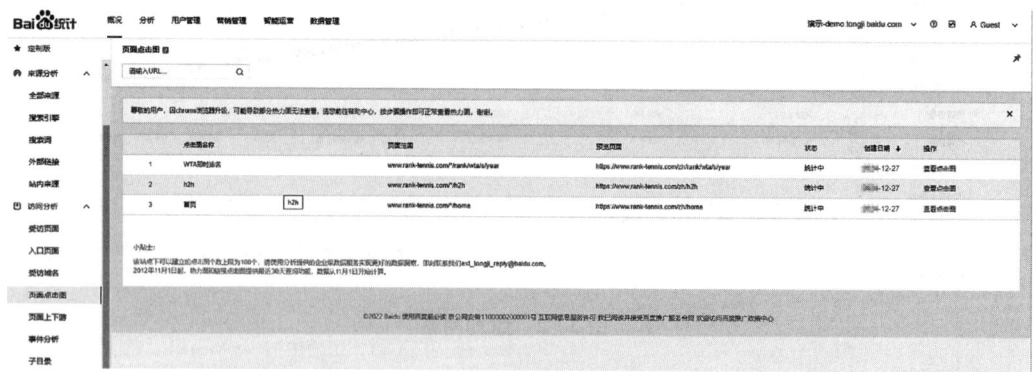

图 3-5 添加页面点击图

完成对应统计添加后,点击"网站概况"即可查看网站访问流量概况(见图 3-6)。

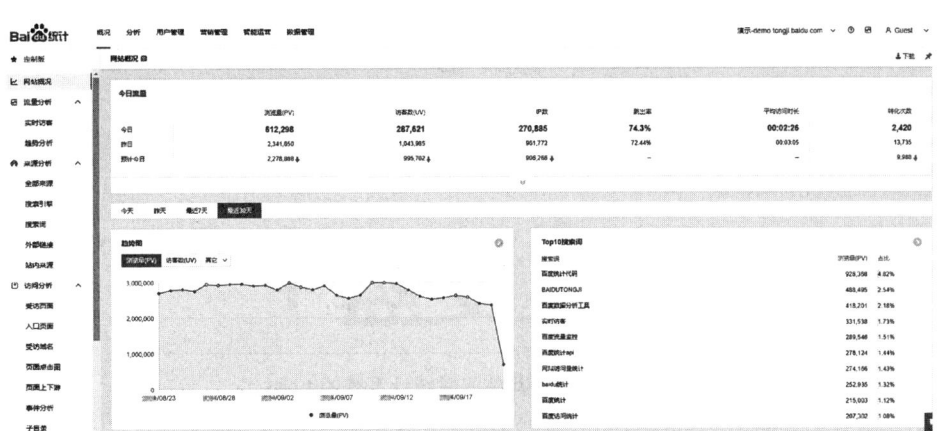

图 3-6　网站概况页面

百度统计统计的是网站访问数据,对于用户行为分析而言,能够监控网站流量指标,但作为大赛复赛晋级指标,需要通过某网站后台积分统计平台进行统计。

 支撑知识

1. 常见网站流量统计工具

通过网站流量统计工具,站长可以清楚地了解访客是怎样找到并访问了自己的网站,访客在访问的过程中进行了哪些具体操作,等等。只有掌握了这些关键数据,才能帮助站长把用户体验做得更好和更准确,从而更好地提升网站的投资回报率。

目前国内的第三方网站流量统计工具很多,本书将重点推荐目前主流的、专业的第三方网站流量统计系统,希望读者从中得到帮助,选择到适合自己的、理想的网站流量统计工具。(以下排名不分先后)

(1)百度网站流量统计系统(以下简称百度统计)。

百度统计(见图 3-7)是百度旗下产品,依托百度强大的技术实力,提供了丰富的数据指标、图形化报告,全程追踪访客的行为路径。

图 3-7　百度网站流量统计系统的 Logo

百度统计的系统是非常稳定的,功能很强大且很容易上手。

百度统计集成了百度推广数据,可以帮助站长及时了解推广方案和效果,这是百度统计的一大亮点。

普通用户经过简单的注册,登录后获取一段代码放在网站页脚处,百度统计便可马上收集数据,开始为站长服务。

百度统计的网址为:http://tongji.baidu.com/web/welcome/products。

建议:如果使用百度统计,配合百度站长工具一起使用,可以更好地了解网站各方面的数据。

(2)友盟网站流量统计系统。

友盟(见图3-8)是国内最有影响力的网站流量统计系统,同时也是流量之巅重点推荐的网站流量统计系统。

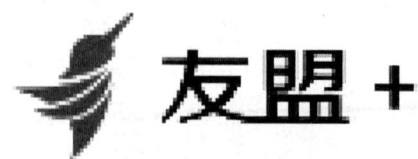

图3-8　友盟网站流量统计系统的Logo

专注为互联网各类站点提供专业、权威、独立的第三方数据统计分析,专业从事互联网数据监测、统计分析的技术研究、产品开发和应用。

之所以推荐站长使用,更推荐使用其"站长统计系统",原因在于该系统是"老字号"产品,并且是一款安全、可靠、公正的第三方网站流量统计分析系统,更是目前国内站长使用最多的网站流量统计工具。

统计系统的网址为:http://zhanzhang.cnzz.com。

 同步训练

学生以小组为单位在老师的带领下以该校网站为例,讨论校网站目前情况,对建站的目标和目的进行分析。教师通过账号演示及学生自助操作完成对数据统计工具的账号的申请及使用。

 同步训练任务书

表3-1　校网站基本情况

任务名称	对校网站的基本认识
网站名称	
网站概述	
网站建站目标	
网站建站目的	
网站首页截图	
小组成员	
小组成员分工	

综合评价

表 3-2 综合评价表

任务编号	020106	任务名称	对校网站的基本认识
任务完成方式	□小组协作完成　□个人独立完成		
评价点			分值
对校网站的概述是否正确			40
网站的建站目标分析得是否到位			30
网站建站目的的分析是否准确			30
本主题学习单元成绩			
自我评价(20%)	小组评价(20%)	教师评价(60%)	
存在的主要问题			

拓展任务

学生在教师的带领下在班级内互相讨论业务需求分析的重要性。

思政园地

数据已经成为新的生产要素,它不仅是基础性资源和战略性资源,更是重要的生产力,而且数据资源可以形成可"场景变现"的数据资产,特别是在"以消费者为中心"的时代,与客户相关的数据资产才是场景变现的核心价值。数据共享是发展趋势。2015 年 9 月国务院出台了《促进大数据发展行动纲要》,2016 年 12 月工信部出台了《大数据产业发展规划(2016—2020 年)》,2023 年 12 月国家数据局等 17 部门联合发布了《"数据要素×"三年行动计划(2024—2026 年)》,2024 年 4 月人社部等 9 部门联合发布了《加快数字人才培育支撑数字经济发展行动方案(2024—2026 年)》,2024 年 9 月国家数据局发布了《关于促进数据产业高质量发展的指导意见(征求意见稿)》,在国家层面上持续推动大数据技术创新,特别在政务信息上,以数据集中和共享为途径,打通信息壁垒,形成覆盖全国、统筹利用、统一接入的数据共享大平台,在政务信息共享上取得了一定的突破。中国铁路总公司、中远海运等企业及海关总署和交通运输部等机构都在试图建立统一的数据共享平台,整合对方的数据,即让其他企业或组织把数据放在自己控制的信息平台上共享,但按这种思路开发的数据共享的成功概率极低,运行的周期更是漫长无期。只有获取具有足够保密功能的技术支持,才能实现数据共享的突破。大数据共享行业即便是在可以保证数据安全的情况下,也很少有商业企业愿意将具有商业价值的自有数据资源拱手让出。因此,在数据共享之前,不仅要确认数据安全,还需要实现数据保密的过程,需要有效的数据保密技术支持。

任务二　网站流量数据分析

任务引导

对于网站运营者而言,一切运营手段及推广都可以通过数据化来监控和改进。通过数据可以看到用户从哪里来、如何布局网站可以实现很好的转化率、投放广告的效率如何等。基于数据分析的每一点点改变,就是一点点提升网站的浏览量及转化率,所以,基于网站的数据分析是企业网站运营很重要的一部分。

任务分析

◆ 网站访问指标分析。
◆ 用户行为分析。
◆ 网站分析报告的制定。

任务实施

某网站在大赛运营期间,同时全国电子商务运营技能大赛初赛即将结束,为了提升网站学习课程的点击率、网站访问量,帮助更多学生晋级复赛,运营人员制定了初步网络推广方案,如通过某网站小助手官方微信、某网站官网官方微博发布大赛晋级技巧、"双11"兼职等相关消息。为了印证营销推广手段是否达到推广的预期目标,小颜着手对网站访问数据进行统计并分析。

步骤1:网站指标表现分析

某网站微博、微信推广宣传一周之后,小颜对网站数据进行了统计,如图3-9所示。小颜查看了网站两周之内的网站访问指标数据并进行对比,如图3-10所示。

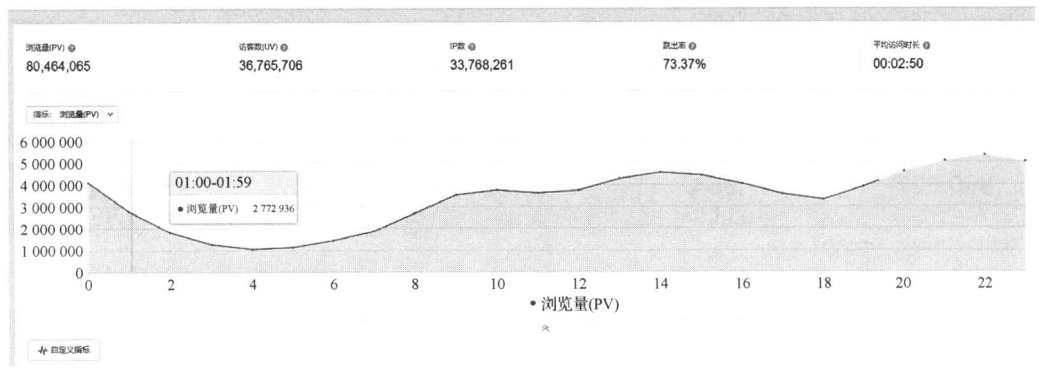

图 3-9　网站访问趋势分析

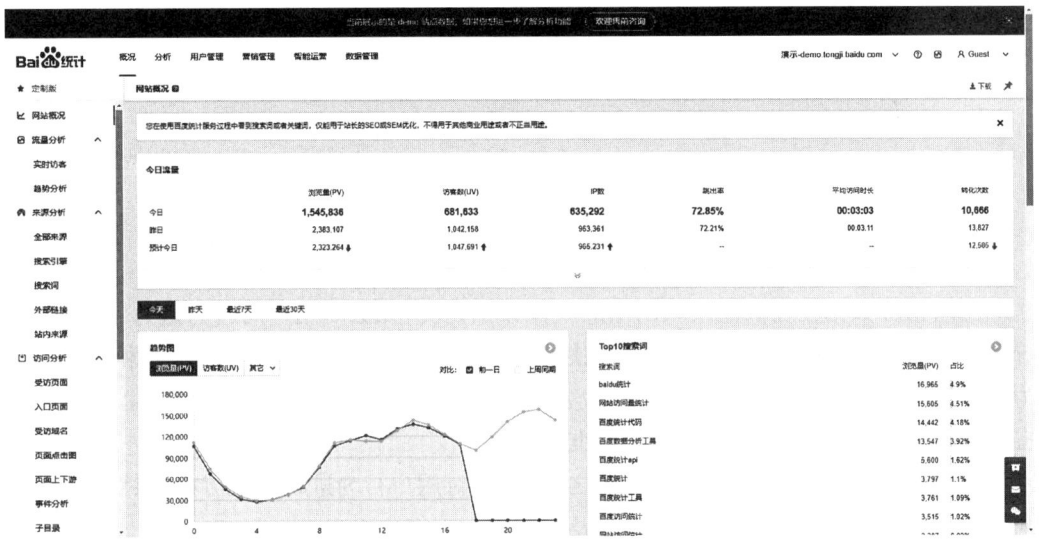

图 3-10　网站运营指标对比

通过对比发现,在推广后网站浏览量有所上升,达到了预期目标,说明网站推广手段有效;但网站跳出率依然居高不下,说明某网站本身保持用户能力差,从而造成部分用户流失。

由图 3-11,小颜发现访问数在本月的趋势变化呈现一定的周期性。在网站访问低谷期,小颜的运营团队采取了微信及微博营销策略,网站访问流量迅速攀升。因此,小颜团队决定在出现低谷趋势前,采取一定的营销策略来遏制流量流失。同时,根据跳出率数据,网站跳出率数据过高造成大量用户流失,网站亟须 Landing Page 优化。其次,通过网站平均访问页数数据反馈,可以看到某网站平均访问页数为 14.06(基准 8~12),说明网站提供内容较为优质,导航设置合理。

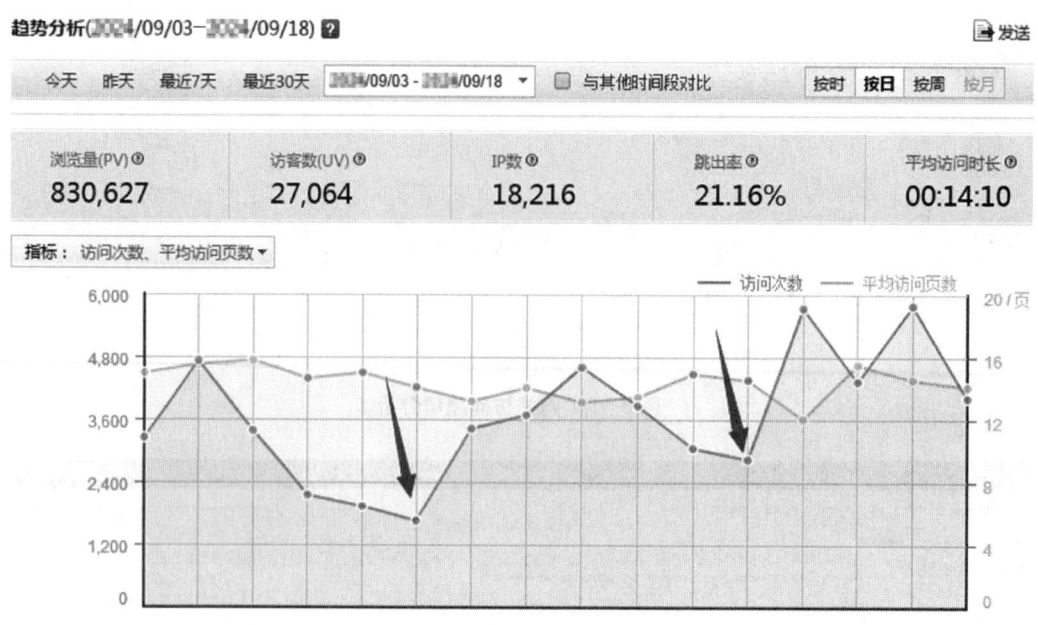

图 3-11 网站浏览指标表现

步骤 2：用户行为分析

网站指标数据往往只能反映网站的大体数据情况，无法对用户的行为进行细致分析。分析对用户行为监测获得的数据，可以让某网站运营人员更加详细、清楚地了解用户的行为习惯，从而找出网站、推广渠道等企业营销环境存在的问题，有助于小颜的运营团队发掘高转化率页面，让团队的营销更加精准、有效。

因此，小颜在对网站指标数据分析之后，就要对用户行为进行细致分析。针对用户行为的分析主要从访问来源、访问入口以及访问偏好三个方面出发。

1. 访问来源分析

首先，小颜进入百度统计后台，点击"来源分析-全部来源"，进入网站流量来源分析页面。

如图 3-12 所示，某网站流量中搜索引擎流量占比只有 31.24%，说明该网站在搜索引擎优化方面需要进行改进，将搜索引擎流量占比提升至 40% 左右。同样，页面跳出率相对较高，需保持在 15% 左右，其中搜索引擎及外部链接导入的流量来源跳出率相比直接访问较高，说明入站页面 landing Pages 在内容与导航设计上存在优化空间，需要针对入站页进行网页改版或重新设计。

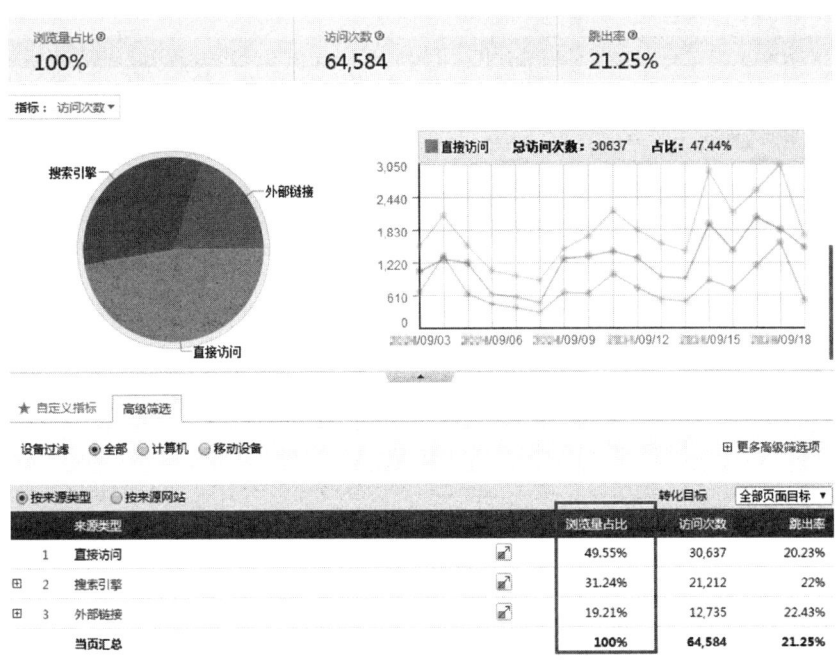

图 3-12　网站流量来源分析

点击搜索引擎,查看各搜索引擎流量来源占比及跳出率,如图 3-13 所示,小颜发现基于百度、神马搜索引擎来源访问的浏览量高于 360 搜索引擎,同时这两者跳出比例均偏高,需要基于所有搜索引擎的访问关键字针对 Landing Page 进行针对性内容优化。

图 3-13　搜索引擎流量来源占比

接下来，点击"搜索词"，查看用户搜索词，如图 3-14 所示。

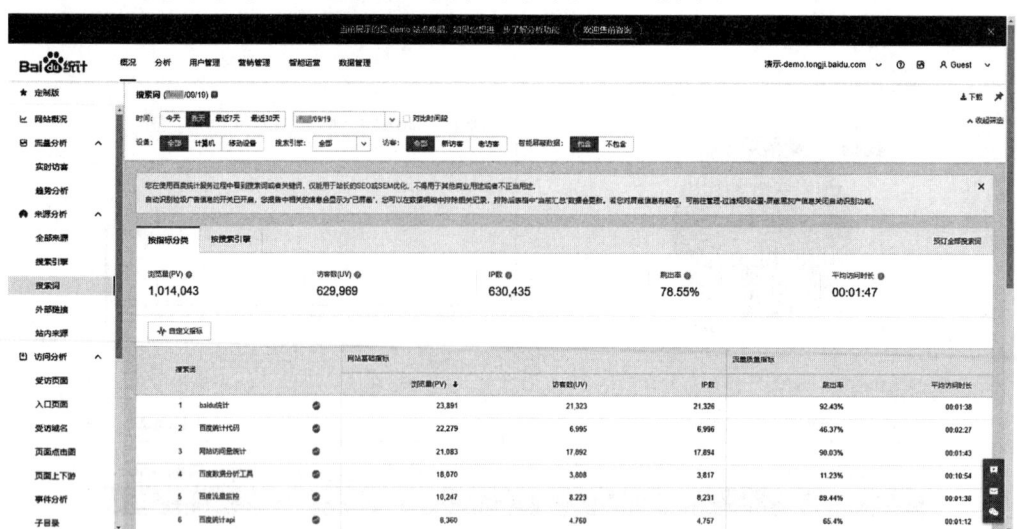

图 3-14　搜索词

从图中小颜看到，80％的搜索用户通过"baidu 统计""百度统计代码"等专有词汇访问网站，有其他关键词访问网站，小颜建议围绕这些专有词汇对全站进行 SEO 优化与文字描述调整。

之后点击"外部链接"，查看外部链接流量来源，如图 3-15 所示。

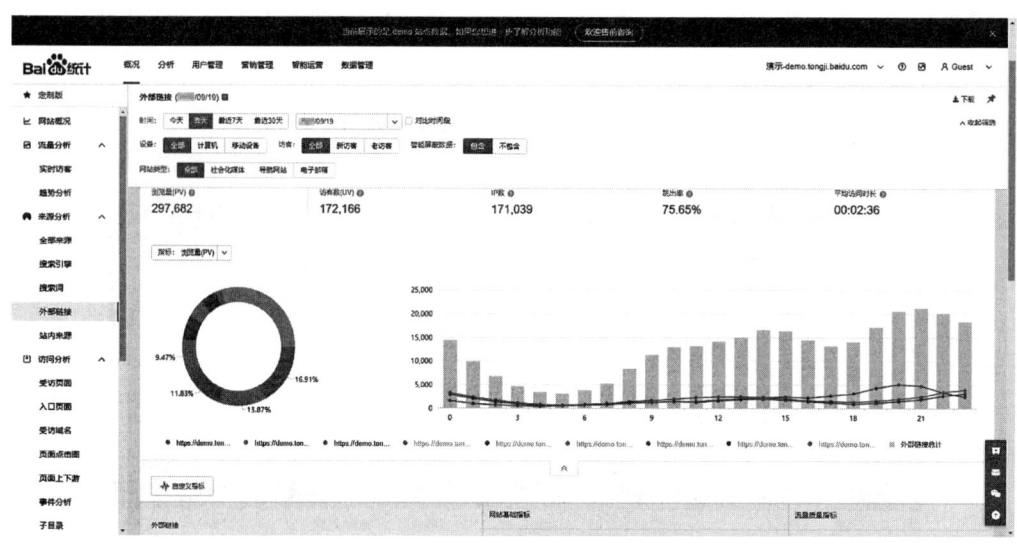

图 3-15　外部链接流量分析

由图 3-15 数据表现可以看到，外部链接中出现的链接每条记录都会存储在固定大小的数据库中，不同外部网站链接每天的浏览量、访问次数、访客数、新访客数、IP 数、转化次数等，百度统计都会统计到。

2. 用户偏好分析

点击"页面分析-受访页面-退出页分析",查看退出页,如图 3-16 所示。

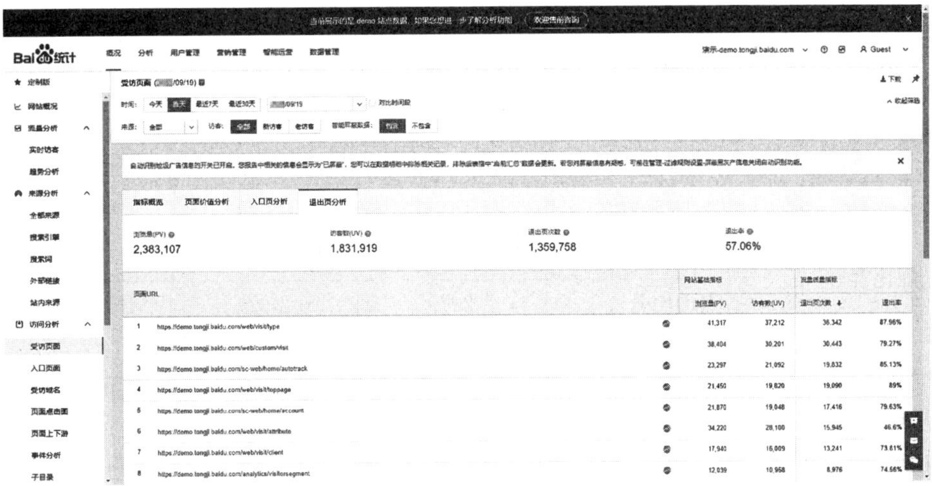

图 3-16 网站退出页分析

如图 3-16 所示,可以看到部分网页退出率较高,说明这些栏目网页内容以及网页导航链接、推荐内容等对访客缺乏吸引力,栏目内容、网页布局、导航系统需要重新设计。

在对网站退出页进行分析之后,接下来小颜着手用户偏好的分析,即用户对网站栏目关注度分析。在之前的工作中,小颜的团队对网站各个栏目添加了热力点击图。通过网站热力图和链接点击图即可查看网站栏目访问情况。点击导航栏"页面点击图-链接点击图"进行查看。图 3-17 为网站首页链接点击图,可以看到侧边栏目点击率非常高,点击顶部栏目的用户较少,因此,小颜建议扩展侧边栏目内容的使用,如在首页、侧边栏目页等点击率高的页面中添加实战内容推荐等,或通过侧边栏、弹出框等形式来提醒用户点击。同时,通过丰富栏目内容吸引访客深入浏览与持续回访,并提高发布频率,增加网页数,提升用户黏度。

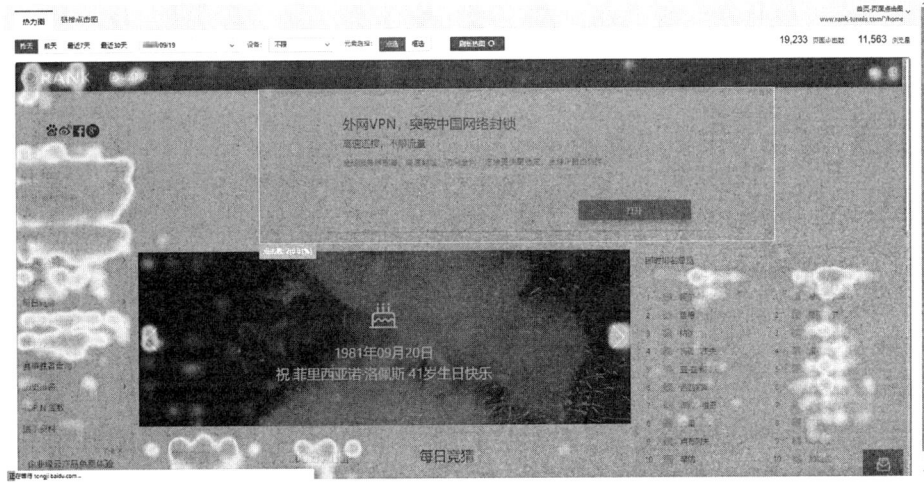

图 3-17 网站首页链接点击图

在对网站用户行为分析之后,小颜开始对目标用户行为进行分析,主要针对参赛等数据进行统计,如表3-3所示。

表3-3 目标用户业务动作

目标用户	目标行为	目标值	网站现状	目标实现率
网站访客	访问网站	12 000	10 010	19.88%
	浏览量	400 000	307 221	30.20%
参加比赛	参加签表	10%	10 250	7.31%(11 000)
	点击巡回赛	20%	16 821	57.73%(26 472)
	点击比分	20%	2 629	40.78%(3 701)
	点击排名	20%	1 543	9.2%(1 685)

从用户行为来看,网站访问量及浏览量上去了,但参加比赛人数及复赛晋级人数远远没有达到预期目标。这说明网站自身新用户注册人数不多,网站缺乏对外的搜索优化,建议对网站关键词进行优化推广,同时优化推广方案。

3. 访客属性分析

访客基本属性包含性别比例、年龄分布、学历分布、职业分布几个方面,如图3-18所示为某网站访客基本属性。

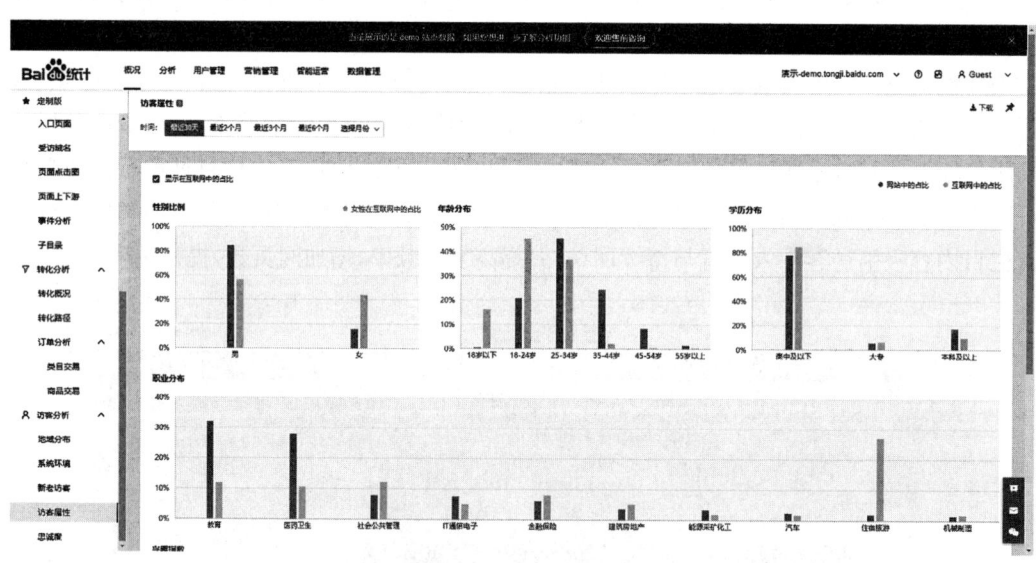

图3-18 网站访客属性

如图3-18所示,某网站主要访客为年龄18～34岁的学生及从事教育行业的相关人群。由此可以得出,某网站受众人群明确,网站访客的质量和比例还可以进行优化。

点击"访客分析-地域分析",查看网站访客地域分布,通过地域分布,小颜可以针对性地展开地域性线下推广活动。

点击"访客分析-系统环境"(见图3-19),系统环境一般就是PC端和移动端。PC端的访客和移动端的访客进入网站以后的行为是有天壤之别的,某网站移动端App强于计算机端,所以对于小颜运营团队而言,网站运维App应该与PC端的引导并重。

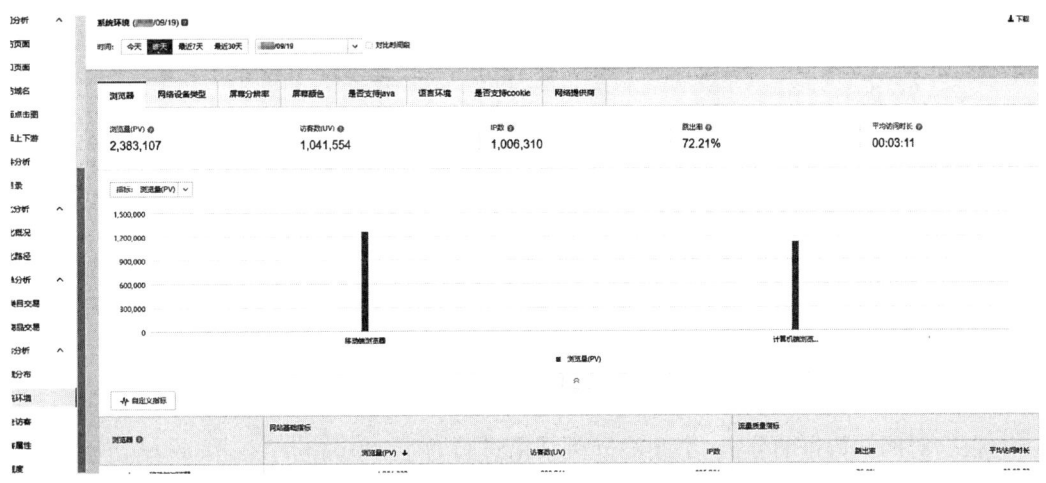

图3-19 网站访问系统环境分析

新访客比例越高,说明网站的推广做得越好;老访客比例越高,说明网站的黏性越高。对于某网站而言,新访客比例应该在80%左右,老访客比例在20%左右。然而,由于全国电子商务运营技能大赛的缘故,点击"访客分析→新老访客",可以看到某网站新老访客比例,昨日访问用户有39.91%的老客户(见图3-20)。网站老访客比值较高属于正常。

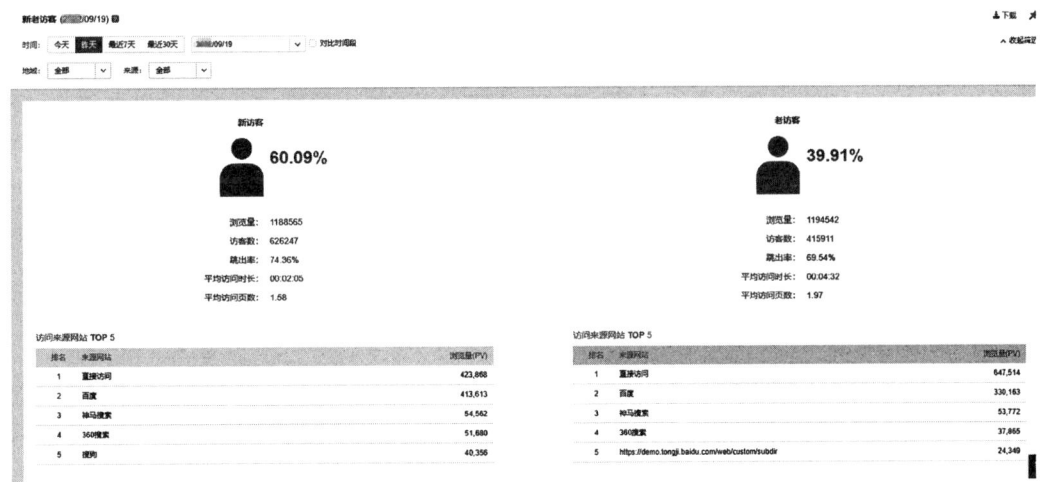

图3-20 新老访客比例

此外是对于用户访问忠诚度的分析(见图3-21)。用户访问忠诚度主要表现在用户每次访问页面的数量上,数量越多,用户忠诚度越高。各个页面间链接黏度高,因此用户平均访问页数较高。点击"访客分析-用户访问忠诚度"。

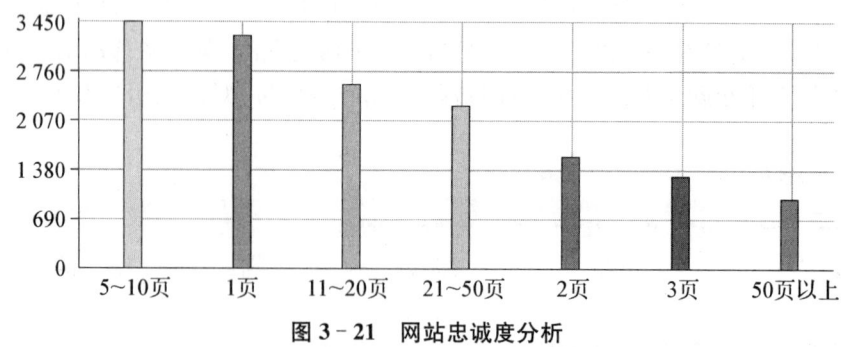

图 3-21 网站忠诚度分析

通过以上 5 个方面对访客的属性进行分析,小颜的运维团队可以较为清晰地分辨出网站的访客是否健康和高质量。如果发现某些方面差得太多,则需要马上调整策略,避免越陷越深。

步骤 3:完成分析报告

根据对网站数据的分析,小颜对分析结果进行总结。9 月份第二周,网站访问量、浏览量均达到了预期目标,且参加比赛人数提高 7.31%,实训课程及实战课程点击率大大提升,但晋级决赛人数未达到预期结果,说明某网站平台相关课程点击率虽多,但是完成率不高。

网站访客的主要来源是直接访问,搜索引擎访问占比很小,且跳出率较高,需要基于所有搜索引擎的访问关键字针对 Landing Page 进行内容优化。深入实施 SEO 提升搜索引擎流量。同时,来源关键词过于单一,需提升某网站平台相关关键词排名及收录量,围绕"实战""实习"这些专有词汇对全站进行 SEO 优化与文字描述调整,同时建议基于某网站自有关键词等词汇对 Landing Page 进行内容与导航链接的调整与优化。

网站最受欢迎的栏目"训练",点击率非常高,可以扩展实训栏目内容的使用,如在首页、训练栏目页、训练内容页等点击率高的页面中添加实战内容推荐等,或通过侧边栏、弹出框等形式来提醒用户点击。同时,通过丰富栏目内容吸引访客深入浏览与持续回访,并提高发布频率,增加网页数,提升用户黏度。

对于参加比赛的用户而言,网站栏目缺乏对其的引导及提示,处在特殊时期应对这类用户进行特殊关照。

支撑知识

1. 网站流量分析(KPI)

(1) 网站流量分析一般指标。

网站流量统计 KPI 常用来对网站效果进行评价,主要的统计指标如下:

① 访问量(Page View):页面浏览量或者点击量。用户每次对网站的访问均被记录 1 次。用户对同一页面的多次访问,访问量值累计。

衍生出的指标有两个。

日均访问量:对应时间范围内,网站每日的平均访问量。

最高日访问量：对应时间范围内，网站在某天获得最高访问量。

② PV％：选择时间范围内，某个类别的 PV 占总 PV 的比例。

③ 独立 IP：在一天之内（00:00～24:00），访问网站的独立 IP 数。相同 IP 地址只被计算 1 次。

④ 独立访客（Unique Visitor）：将每台独立上网电脑（以 cookie 为依据）视为一位访客，指一天之内（00:00～24:00）访问网站的访客数量。一天之内相同 cookie 的访问只被计算 1 次。

衍生出的指标：

UV％：选择时间范围内，某个类别的 UV 占总 UV 的比例。

⑤ 重复访客（Repeat Visitor）：某个 cookie 的再次访问计为一个重复访客，它的数目即为重复访客数量。

衍生出的指标：

重复访客百分比：重复访客占全部访客的比例。

重复访问数量：某个 cookie 除第一次访问之后，又访问网站的次数。

人均访问页面数：对应时间范围内，每个访客访问网站的平均页面数。

(2) 用户和流量增长 KPI。

用户增长百分比：UV 的增长百分比（一般是同上个月或上一周来比较）。

流量增长百分比：PV 的增长百分比（同上）。

从搜索引擎而来的流量百分比：从搜索引擎而来的 PV 占总 PV 的比例。

新访客比例：新访客占全部访客的比例。

(3) 平均页面访问数：总访问量÷访问人次，平均页面访问数代表了网站的黏度，黏度越高，用户看的页面越多，平均页面访问数也就越高。

回访率：回访访客占所有访客的比例，用于揭示网站访问者对网站的忠诚度。

停留时间：用户在页面上停留的平均时间。长时间停留表明用户对内容感兴趣并愿意投入更多时间阅读。

不同访问深度的访客数量：网站访问者在不同逗留时间（0～30 秒，30 秒～2 分钟等）的数量。

跳出率：用户仅访问一个页面就离开的比例。高跳出率可能意味着内容不符合用户期望或页面设计存在问题。

转化率：用户从阅读内容到采取某种行动（如购买、注册、下载等）的比例。高转化率表明内容有效地推动了用户行为。

2. 用户特征分析

用户停留时间：目前监控用户停留时间的方式是"用户到达时间－用户离开时间"。但是用户什么时候离开很难准确判断，这种数据仅作参考，一般停留时间越长说明网站黏性越好。如果用户停留时间超过 1 个小时，基本就是假流量，或者打开网页忘记关了。

新老用户比例：老用户比例越高，证明用户忠诚度不错。但是还要考虑绝对量，不能靠新用户越来越少来衬托老用户比例越来越高。

用户地域分析：用户地域与订单地域分布基本一致，与互联网用户的区域分布比例以及区域经济发达程度等相匹配。这个对于提升区域配送及服务水平比较有帮助。

3. 用户行为分析(KPI)

用户行为 KPI 主要反映用户是如何访问网站的、在网站上停留了多长时间、访问了哪些页面等，主要的统计指标如下：

访问深度(Depth of Visit)：在一次完整的站点访问过程中，访客所浏览的页面数。访问页面越多，深度越高。访问深度可以理解为是平均页面访问数的另一种形式，也是衡量网站黏度的指标。

新访客：某个 cookie 的首次访问计为一个新访客。

最近访客：最新访客统计，最近一段时间内(5 分钟内)访问网站的 100 个独立访客，按"进入时间"倒序排列。

同时在线人数：15 分钟(时间范围可自己定)内在线访问的 UV 数。

最高小时在线人数：对应时间范围内，网站在某一小时内最高同时在线的唯一访客数。注："天"以 24 小时(00:00～24:00)为单位。

访问入口：每次访问过程中，访客进入的第一个页面，此页面可以显示网站对外或搜索引擎的一些链接入口。

访问出口：每次访问过程中，访客结束访问，离开前点击的最后一个页面，此页面可以显示网站对外或搜索引擎的一些链接入口。

访问最多的页面：访客访问最多的页面。

进入最多的页面：作为访客访问站点的访问入口中最多的页面。

退出最多的页面：作为访客访问站点的访问出口中最多的页面。

到达最多的目标页面：通过点击链接到达的最多的目标页面。

首页访问数：首页的游览量。

站点覆盖(点击密度分析)：通过覆盖在 Web 页面上方的点击，可以直接显示访客在 Web 页面上点击了哪里。

访客所用搜索引擎：分析网站访客访问网站所使用的搜索引擎。

访客所用关键字：分析网站是通过哪些关键字搜索带来的流量，并分析每个关键字是由哪些搜索引擎带来的。

访客停留时间(访问时长)：访客访问网站的持续时间。

来源分析：分析网站访客的来源类型，来源页面统计。来源类型分为：

- 搜索引擎：由搜索引擎的链接访问网站。
- 其他网站：由非搜索引擎的其他网站链接访问网站。
- 直接输入网址和标签：访客通过地址栏、收藏夹、书签等方式直接访问网站。
- 站内跳转：访客在网站内部的页面之间进行跳转产生的流量。

总数据：网站自开通盘点系统之日起至今的各数据量总和。

访问量变化率：对应数据项在当前时间段，与上一个时间段相比较，访问量的同比变化率。例如,上周(7天)的访问量变化率为↓21.1%,表示上周的访问量比上上周的访问量下降了21.1%。又如,今日10:00~11:00的访问量变化率为↑1.3%,表示今日10:00~11:00比昨日10:00~11:00的访问量上升了1.3%。

被访页面:分析网站中各个页面的流量分布,以及其随时间的变化趋势。

当前访客活跃度:网站上当前访客的多少,它在一定程度上反映了网站在当前时间的受欢迎程度。

访问路径:每个访问者从进入网站开始访问,一直到最后离开网站,整个过程中先后浏览的页面称为访问路径。

访问频度:网站上访问者每日访问的频度,用于揭示网站内容对访问者的吸引程度。

点击次数:用户点击页面上链接的次数。

4. 用户行为分析方式

既然是对用户的行为进行分析,那么在得到数据后,我们需要如何进行行为分析呢?分析方式有哪些呢?主要从方式、侧重、优缺点几个维度来分析,具体应该如何开始呢?

用户行为分析的方式:

(1) 网站数据分析。首先对每个模块的点击率、点击量、访问量进行数据捕获,然后进行分析。

(2) 用户基本动作分析。根据用户访问留存时间、访问量等进行分析。

(3) 关联调查数据分析。根据用户在电商平台上购物时的相关推荐信息进行分析。

(4) 用户属性和习惯分析。从用户属性和用户习惯两个维度进行分析。用户属性包括性别、年龄等固有的属性;用户习惯包括用户的喜爱度、流量习惯、访问习惯等。

(5) 用户活跃度分析。

综合以上可以概括为:以数据分析为导向;以产品设计反馈为导向;以对用户的调查为导向。

用户行为分析的侧重点,主要有以下几点:

(1) 网站数据分析的侧重点:数据监测、挖掘、收集、整理、统计。

(2) 用户基本动作分析侧重点:统计用户基本信息,如性别、年龄、地域,分析用户群体。

(3) 关联分析侧重点:分析数据为精准营销提供数据支撑。

(4) 用户活跃度侧重点:主要是对用户的使用频率进行分析,可以得出为什么用户喜欢使用这个产品。

5. 分析报告

网站统计分析通常以日、周、月、季度、年或围绕营销活动的周期为采集数据的周期。当然,单纯的网站访问统计分析是不够的,我们在分析报告中需根据网站流量的基本统计,在可采集的第三方数据的基础上,对网站运营状况、网络营销策略的有效性及其存在的问题等进行相关分析并提出有效可行的改善建议。网站访问统计分析报告的核心内容应该包括以下几个方面：

(1) 网站访问量信息统计的基本分析。
(2) 网站访问量趋势分析。
(3) 在可以获得数据的情况下，与竞争者进行对比分析。
(4) 用户访问行为分析。
(5) 网站流量与网络营销策略关联分析。
(6) 网站访问信息反映出的网站和网站营销策略的问题诊断。
(7) 对网络营销策略的相关建议。

 同步训练

学生在教师的带领下对校网站各项指标，包括网站的浏览量、访客数、IP数等基本数据进行阶段性统计，分析网站访客的行为，最后形成报告。报告将由教师统一点评。

 同步训练任务书

表3-4 网站指标及访问者分析

任务名称	网站指标及访问者分析				
小组成员	主要负责人				
	其他成员				
小组成员分工	负责使用工具查看数据并统计				
	负责撰写报告				
网站基本指标（以7天前后的数据进行对比）					
网站流量		访客数		IP数	
访问者行为分析	访客来源				
	访客属性				
撰写报告					
教师点评					

综合评价

表 3-5 综合评价表

任务编号	020107	任务名称	网站指标及访问者分析
任务完成方式	□小组协作完成	□个人独立完成	
评价点			分值
学生分工是否明确			25
数据统计是否正确			25
数据对比分析的方法是否正确			25
分析报告的撰写是否规范			25
本主题学习单元成绩			
自我评价(20%)	小组评价(20%)		教师评价(60%)
存在的主要问题			

拓展任务

学生独立完成对自己感兴趣的网站的数据统计分析。

思政园地

1968年12月4日，在研制基地整整待了两个多月的郭永怀，在试验中发现了一个重要线索。他急着赶回北京，于是就让人抓紧时间联系飞机。然后，他匆忙从研制基地赶往兰州，在兰州换乘飞机的间隙里，他还认真地听取了课题组人员的情况汇报。5日凌晨，飞机在首都机场徐徐降落，在离地面400多米的时候，飞机突然失去平衡，偏离了降落的跑道，歪歪斜斜地向1千米以外的玉米地一头扎了下去。只听"轰"的一声巨响，飞机前舱碎裂，紧接着，火焰冲天而起……前来迎接郭永怀的人们从惊骇中清醒过来后，急忙向出事现场飞奔过去。找到郭永怀的遗体时，只见他常穿的那件夹克服已被烧焦了大半，而他和警卫员牟方东紧紧地拥抱在一起。当人们费力地将他俩分开时，才发现郭永怀的那只装有绝密资料的公文包完整无损地夹在他俩胸前……可以说，在飞机遇险、生命将尽的最后瞬间，郭永怀想到的只是用身体来保护对国家有重要价值的科技资料！中央领导震惊了，整个科技界震惊了！周恩来

> 得知郭永怀牺牲的消息,顿时流下了眼泪。钱学森更是伤感不已地叹息:"一个全世界知名的优秀力学专家离开了人世!"1999年国庆50周年前夕,中共中央、国务院、中央军委向23名科技工作者颁发了每枚由515克纯金制成的"两弹一星功勋奖章"。在被追授"两弹一星元勋奖章"的7名功臣中,有一个不为人熟知的名字——郭永怀。这颗科技之星不幸过早陨落,他的功绩和优秀品格却让后人永远怀念。

任务三　网站内容优化策略制定

 任务引导

在完成对网站数据分析之后,小颜的团队对网站之前的运营推广措施是否合适有了认知。同样地,根据网站分析数据反馈,某网站存在一些其他问题,因此根据数据分析结果制定网站内容优化策略及评估方案是小颜团队当下需要面对的问题。

 任务分析

- ◆ 制定实施方案。
- ◆ 制定评估方案。

 任务实施

步骤1:制定实施方案

针对某网站的数据分析结果,小颜团队认为初级阶段通过微博及微信推广,网站流量有所提升,但晋级人数未达到预期目标,因此决定从三个方面制定某网站的内容优化方案。

1. 网站关键词优化

通过对网站流量搜索来源进行分析,小颜的团队发现用户访问关键词中多为"某网站",说明访问网站的用户多为线下活动推广后直接访问并注册网站参加大赛的学生,这些通过搜索引擎搜索"某网站""某网站平台"等品牌关键词的流量,其目标十分明确——参加大赛。对于某网站而言,这些用户存在不稳定因素,可能因大赛结束而脱离某网站平台,因此,吸引有价值目标客户,即在某网站课堂学习技能、锻炼实践技能的用户。根据搜索流量来源特点,小颜团队将针对网站关键词重新部署优化,强调"实习""实践""在线实习"等关键词。

从用户行为来看,网站访问量及浏览量上去了,但参加比赛人数及复赛晋级人数远远没有达到预期目标。这说明网站自身新用户注册人数不多,网站缺乏对外的搜索优化,这也是小颜团队决定对网站进行关键词优化的原因之一。

那么,如何制定关键词优化方案?小颜决定针对竞争对手网站进行分析,查看其网页

META 部署,通过对比制定出自己的网页关键词。

2. 大赛晋级内容优化

对于大赛,小颜的运维团队目标是提升用户注册人数及晋级人数。网站后台参赛人数统计结果表明,参加比赛的人数提升了,但晋级人数未提升,说明点击并完成实训课程的人数不多,需要对课程任务页内容进行步骤优化,引导用户完成对应课程实训任务。其次,通过弹出框、侧边栏提醒用户关注当前分数及相关任务完成情况,以及距离晋级复赛所差分值等。

同时,通过微信、微博、网站通告等形式提醒用户关注大赛相关信息,如发布大赛晋级攻略等。

3. 网站栏目优化

通过对网站访问跳出率及访问时长的分析,某网站需要解决用户流失以及网站用户氛围活跃等问题。小颜在与研发人员沟通后,决定创建论坛功能,通过论坛提升网站活跃度,同时也为用户交流提供平台。

步骤 2:制定评估方案

小颜团队需要对制定的实施方案确定实施评估方案,网站活动评估的最好标准就是数据反馈。数据监控主要从以下几个方面进行。

1. 活动网站每周流量评估

每周对指定活动网站进行流量评估。从访客流量的变化趋势中,可以直观地了解该营销活动针对目标人群的影响力情况,特别是网站实训、实战栏目及其内容页的访客流量。

2. 营销活动页面流量分析

通过对营销活动不同页面的流量和停留时间的评估,可以直观地了解该活动网站最受关注的页面内容,以及不同属性目标用户关注的兴趣点差异。对于某网站而言,其实训栏目下课程众多,旨在引导用户完成相应课程的学习,从而帮助用户掌握网店运营等电商技术技能。通过营销活动,明确每个课程下用户访问流量及停留时间。

3. 目标用户全体参与最多的营销活动页面统计

针对目标用户,分析其近期参与最多的营销活动,以及参与最多的营销活动类别,进而优化营销活动策略或创意。根据对该活动页面访问量、浏览量以及活动参与人数进行统计。

4. 热力图监控

通过对相应页面添加热力图监控,达到用户行为监测的目的,从而对网站栏目布局功能等进行优化,达到最好的用户体验目的。同时,通过查看链接点击图查看各个课程点击情况。从热力图中(见图 3-22),可以看到页面中的点击热点分布情况,完全模拟客户在手机端的展示。颜色越深,点击率越高,访客兴趣越高。

图 3-22 热力图

 支撑知识

1. 网站优化目标及意义

网站优化是一个整体过程,从网站建设到网站的运营,整个过程都离不了优化策略,每个环节都必须有优化思想。

首先,应该知道什么是网站优化,网站优化的目的是什么。

网站优化是指在搜索引擎许可的优化原则下,通过对网站中代码、链接和文字描述的重组优化,以及后期对该优化网站进行合理的反向链接操作,最终实现被优化的网站在搜索引擎的检索结果中得到排名提升。

网站优化就是通过对网站功能、网站结构、网页布局、网站内容等要素的合理设计,使得网站内容和功能表现形式达到对用户友好并易于宣传推广的最佳效果,充分发挥网站的网络营销价值。

网站优化设计的含义具体表现在三个方面:对用户优化、对网络环境(搜索引擎等)优化和对网站运营维护的优化。

对用户优化:经过网站的优化设计,用户可以方便地浏览网站的信息、使用网站的服务。具体表现是:以用户需求为导向,网站导航方便,网页下载速度尽可能快,网页布局合理并且适合保存、打印、转发,网站信息丰富、有效,有助于用户产生信任。

对网络环境(搜索引擎等)优化:从通过搜索引擎推广网站的角度来说,经过优化设计的网站使得搜索引擎顺利抓取网站的基本信息,当用户通过搜索引擎检索时,企业期望的网站摘要信息出现在理想的位置,用户能够发现有关信息并产生兴趣,从而点击搜索结果并到达网站进一步获取信息,直至成为真正的顾客。对网络环境优化的表现形式是:适合搜索引擎检索(搜索引擎优化),便于积累网络营销网站资源(如互换链接、互换广告等)。

所谓搜索引擎优化(Search Engine Optimization,SEO),也就是针对各种搜索引擎的检索特点,让网页设计适合搜索引擎的检索原则(即搜索引擎友好),从而获得搜索引擎收录并在排名中靠前的各种行为。

SEO 的主要工作是通过了解各类搜索引擎如何抓取互联网页面、如何进行索引以及如何确定其对某一特定关键词的搜索结果排名等技术,来对网页进行相关的优化,使其提高搜索引擎排名,从而提高网站访问量,最终提升网站的销售能力或宣传能力。

对网站运营维护的优化:网站运营人员方便进行网站管理维护(日常信息更新、维护、改版升级),有利于各种网络营销方法的应用,并且可以积累有价值的网络营销资源(获得和管理注册用户资源等)。

2. 网站优化三大层次技巧

(1) 使得网站的外链能够尽量的多元化。

网站的外链涉及的范围得到扩大,也就是网站外链的多元化了,外链可以看成选民的投票,得到的票数越多,相应的地位也就越高,选择的力度也会增强。外链的广泛度其实就是搜索引擎对外链衡量的标准之一,这种广泛度对于网站排名有着非常重要的意义,在其他条件完全相同的情况下,两个网站中,外链涉及的范围越广越多的那个排名就会越高。在搜索引擎的设定中,内容不佳的网站是很少会有别的网站同意添加外链的。这样的逻辑下,一个网站被其他的网站链接的次数越多,则表示这个网站也就越受到欢迎。同时,外链的质量也很重要,如果外链是一个普通的论坛,或者都是一些小博客,这样的链接根本就没有什么意义,因为搜索引擎对博客和论坛所设定的外链权重很低。

(2) 网站中的流量要尽量涉及很多方面。

如果流量完全来自两个最大的搜索引擎,即使网站排名非常好,被踢出去或者是降权也是不可避免的。这种情况之下,网站的流量下降也是必然的。没有流量也就没有业务,没有业务也就没有利润,在这种规则之下,网站必须要给流量多提供来源,可以通过博客、QQ 群、论坛,还可以利用软文、网站内容优化带来流量。

(3) 网站中的内容要尽量原创。

网站中内容总是非常重要的,不管是什么引擎,原创文章、及时更新都是非常重要的。新鲜的东西总是更能吸引搜索引擎。若是一个网站每天所做的都是从别的网站拷贝文章,这样的网站即使得到收录排名肯定也不会很好。原创文章要在标题、内容等方面都做到独一、独一性、绝不雷同是非常必要的。当然,内容要兼顾网站的主旨,如果都是跟网站本身毫无关系的文章那也是没有意义的。切记,不要为了所谓的原创而去原创。尤其要指出的一点就是,图文并茂的更新更能收到良好的效果。

 同步训练

结合任务二中的同步训练,根据分析报告,针对校网站的现状制定优化方案,并对其进行评估。

同步训练任务书

表 3-6 网站优化方案

任务名称		制定网站优化方案
小组成员	主要负责人	
	其他成员	
小组成员分工	确定关键词	主要由谁来完成这项工作
	确定网站导航	
	确定网站内容	
优化内容	推广途径	使用什么平台对网站进行推广
	网站关键词	确定校网站目前的关键词和需要优化的关键词
	网站导航	确定校网站目前的导航和需要优化的导航
	网站内容	确定校网站目前有问题的内容并对其进行修改优化
评估方案	分析通过哪些方面对这次优化进行评估	
教师点评		

综合评价

表 3-7 综合评价表

任务编号	020108	任务名称	制定网站优化方案
任务完成方式	□小组协作完成 □个人独立完成		
评价点			分值
工作分工是否合理			25
工作流程是否正确			25
网站优化的内容是否完备			25
方案评估是否正确			25
本主题学习单元成绩			
自我评价(20%)	小组评价(20%)	教师评价(60%)	
存在的主要问题			

拓展任务

学生在班级内部讨论网站内容优化重点在哪，结合自己所学知识说说对网站优化的看法。

思政园地

追求进步，是青年最宝贵的特质，也是党和人民最殷切的希望。习近平总书记在庆祝中国共产主义青年团成立100周年大会上，对新时代的广大共青团员提出明确要求，强调"要做刻苦学习、锐意创新的模范，带头立足岗位、苦练本领、创先争优，努力成为行业骨干、青年先锋"。殷殷嘱托，为新时代的广大青年成长成才指明了努力方向。不断提高与时代发展和事业要求相适应的素质和能力，在工作岗位上锐意进取、建功立业，在创新创业中展示才华、服务社会，才能让青春在为党和国家事业不懈奋斗中绽放光彩，成为堪当民族复兴重任的时代新人。

青年的素质和本领直接影响着实现中国梦的进程。勉励青年"努力学习马克思主义立场观点方法，努力掌握科学文化知识和专业技能，努力提高人文素养"，号召青年"把学习作为首要任务，作为一种责任、一种精神追求、一种生活方式"，鼓舞青年"在学习中增长知识、锤炼品格，在工作中增长才干、练就本领"……党的十八大以来，每每与青年人谈心谈话，习近平总书记都勉励青年自觉加强学习，不断增强本领。青年处于人生积累阶段，需要像海绵吸水一样汲取知识。珍惜大好学习时光，求真学问，练真本领，在学习阶段把基石打深、打牢，我国青年一代必将大有可为，也必将大有作为。

任务四　网站内容优化策略实施与评估

 任务引导

制定了网站内容优化方案，那么接下来小颜的团队需要做的便是针对性的网站内容优化方案的实施，并针对实施效果进行评估。

 任务分析

- 内容优化策略实施。
- 内容优化效果评估。

 **任务实施**

步骤1：内容优化策略实施

1. 关键词优化

网站内容优化主要包含网页内容及网站结构优化，对于某网站，其网站主要内容即是课程及任务，因此内容优化即是对任务的优化。除去对页面结构优化外，需要对网站代码进行"瘦身"。同时，某网站中一些相关的栏目页面仍为动态页，因此需要静态化，增加网站收录量，完善网站的META信息。如图3-23所示，在搜索引擎中输入"微信营销培训"，罗列出众多搜索结果，点击多贝微信营销公开课搜索结果。

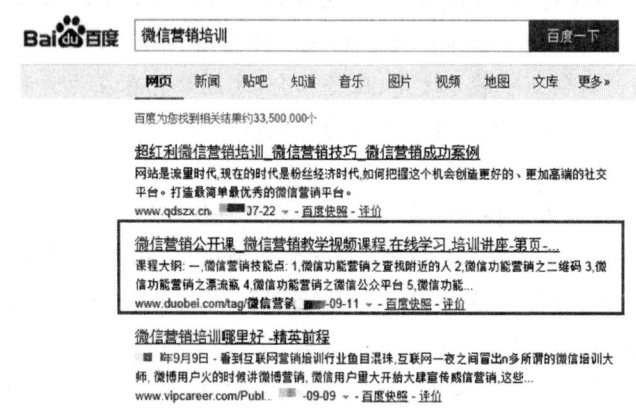

图3-23 微信营销培训搜索结果

点击后进入多贝该课程栏目页面，鼠标右键点击"查看源代码"查看网页META信息，如图3-24所示。

```
<meta http-equiv="Content-Type" content="text/html; charset=UTF-8">
<title>微信营销公开课_微信营销教学视频课程,在线学习,培训讲座-第页-多贝公开课</title>
<meta name="Keywords" content="微信营销公开课,微信营销教学视频,微信营销课程,微信营销知识在线学习,培训讲座" />
<meta name="Description" content="多贝网微信营销公开课：提供在线微信营销知识培训,微信营销教学课程,微信营销知识讲座等内容,学生可参加直播视频课程与老师互动,老师也可通过多贝网络公开课平台提高影响力和知名度。" />
```

图3-24 多贝微信栏目META信息

可以看到，其MEAT信息中"微信营销"课程相关关键词比较多，结合某网站微信栏目META信息，如图3-25所示，可以看到某网站META信息中与课程相关的核心关键词较少。

```
<head>
<meta http-equiv="Content-Type" content="text/html; charset=utf-8" />
<title>微信营销新手入门 - 网络营销 - C实习 - 让实践更加简单！</title>
<meta name="keywords" content="汇总您在C实习站内所收藏的课程、训练、测试等。" />
<meta name="description" content="微信营销新手入门,所属二级方向在线课程,技能提升,C实习" />
<meta name="generator" content="
```

图3-25 某网站微信营销课程栏目META信息

因此，用户在搜索微信营销时，由于某网站关键词排名较后，所以通过该关键词搜索进入网站的用户较少。其次，小颜考虑到某网站目标人群多为学习而来，所以在重新部署关键词时，经过分析，并结合站长工具为某网站课程页相关页面确定如下相关关键词，如表3-8所示。

表3-8 微信营销栏目META信息

栏目名称	微信营销新手入门
Title	微信营销培训—微信营销公开课—微信营销教学视频—微信营销新手入门—网络营销—某网站，让实践更加简单
Keyword	微信营销公开课，微信营销教学，微信营销课程，免费学习，微信营销知识在线学习，培训讲座
Description	某网站微信营销公开课：提供在线微信营销知识培训、微信营销教学课程、微信营销知识讲座等内容，提升微信营销技能，某网站，让实践更简单

在完成栏目页META信息整理后，小颜使用同样的方法完成其他页面META信息整理，完成后安排相关同事进行整站META信息更换。其次，在课程内容页中增加与课程相关的关键词密度。

2. 网站引导优化

关于网站对于用户的引导不足问题，小颜团队的解决办法是通过网站弹出框及侧边栏提醒用户；对于参与大赛的用户，小颜选择通过登录后弹出下拉框提醒用户，如图3-26、图3-27所示。

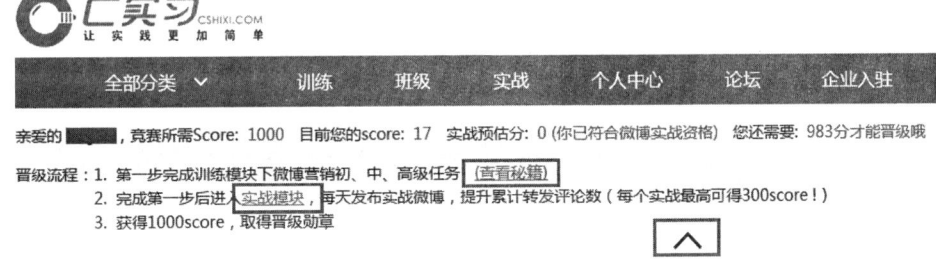

图3-26 首页下拉框提醒

图3-27 栏目页下拉框提醒

在下拉框中,对关键词"查看秘籍""实战模拟"添加锚文本,直接指向晋级秘籍和实战栏目,从而提升大赛晋级人数及实战模块相关课程的点击率。

同时在网站实训任务内部,通过侧边栏提示,引导学生进入其他任务学习,如图3-28所示。

图3-28 网站内容页侧边栏提醒

3. 网站栏目优化

小颜在对网站数据进行分析时,发现网站用户跳出率较高,相对于课程而言,网站访问时长并不长,因此在网站内容优化时,某网站需要解决用户流失及网站用户氛围不活跃问题。小颜与研发人员沟通后,决定创建论坛功能,通过论坛提升网站活跃度,同时也为用户交流提供平台。如图3-29所示,为新建的论坛栏目首页截屏。

图3-29 某网站论坛首页截屏

某网站论坛版块设置分为学习交流、C因天地和站务专区,不同的版块下又细分为多个模块,通过不同模块,用户可发布或参与到对应的活动中,同时论坛管理员也会在论坛中开设每周话题活动,来提升网站用户活跃度。

某网站论坛的开设方便用户进行技术交流,同时也可以发表自己的见解,从而让用户认识更多的朋友,论坛对于用户而言也是一个归宿。同样地,论坛可以让百度收录关键词,小颜的团队可以通过在站内论坛上发布带关键字的帖子,会有一定概率出现在百度首页上。通过论坛发布某网站相关活动及新增课程,可以增加网页外链,对提升某网站收录量有很大帮助。图3-30、图3-31为某网站论坛活动相关帖。

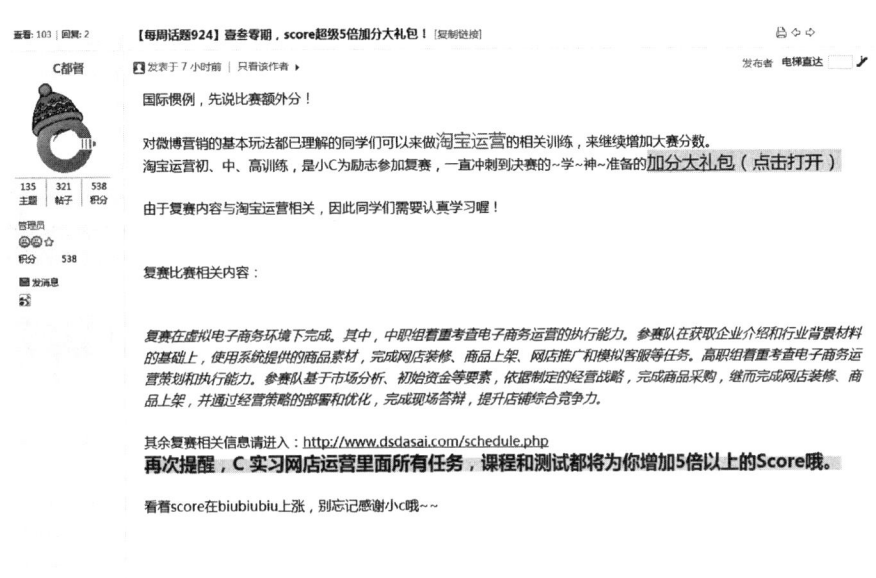

图3-30 某网站论坛每周话题活动

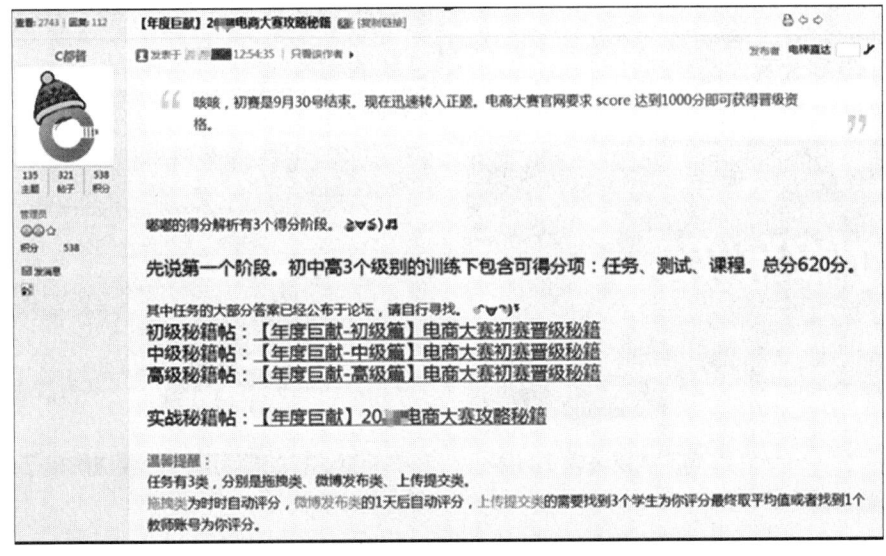

图3-31 某网站论坛大赛攻略秘籍帖

4. 大赛推广优化

除了针对数据分析结果对网站内部进行优化外,小颜的团队需要通过站外推广,通过某网站自有微信及微博平台,发送与大赛相关的图文信息,如图3-32所示为某网站微信推送内容。通过某网站小助手微信,发布大赛晋级信息、新增实战任务以及大赛相关活动。通过站外推广为某网站导入流量,同时向用户提供行业资讯。

图3-32 微信活动推广

微博与微信的同步信息更新是小颜的运营团队早已达成共识的,一方面通过微信图文信息发送,另一方面通过微博发布博文信息进行站内活动宣传与推广。如图 3-33、图 3-34 所示为某网站微博活动博文。

图 3-33 微博营销活动(1)

图 3-34 微博营销活动(2)

步骤 2：内容优化效果评估

网站数据化营销是一个循环的过程,通过运营推广一段时间,获得网站访问数据,之后对数据进行分析,明确网站现阶段推广、优化中存在的问题,再次进行推广优化。通过数据统计对网站运营行为进行判定,是网站运营人员需掌握的基本技能。

对于小颜团队而言,对网站内容优化方案实施后的效果评估是判定其工作成果的主要依据。经过一段时间的运营推广之后,小颜团队依然通过某网站百度统计后台分析,对网站流量进行查看。

登录百度统计后台,通过查看推广后一周的网站数据,如图 3-35、图 3-36 所示,可以看到,网站访客数、浏览量均有一定提升,网站跳出率降低,平均访问时长提升,可见其站外推广方式有一定效果。如图 3-37 所示,可以看到来自微博、微信的流量有所提升。其次,小颜团队的微博及微信人员也查看到粉丝和关注度均有一定的提升。

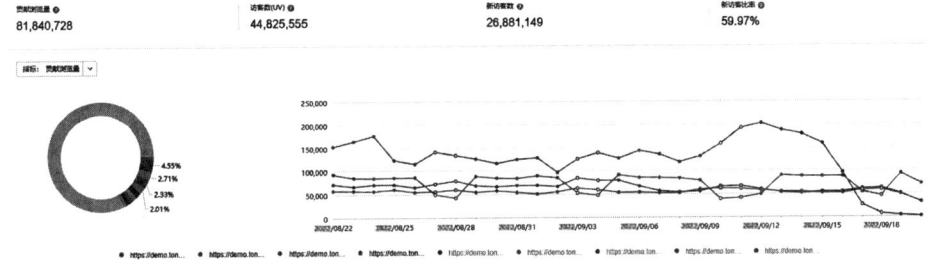

图 3-35 网站访问两周数据趋势分析对比

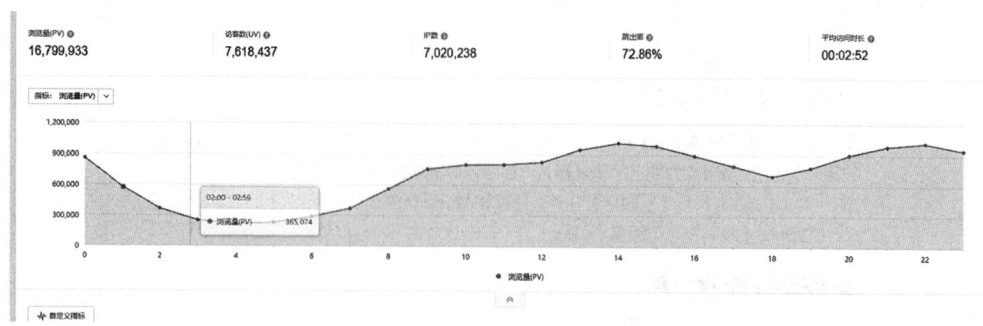

图 3-36 网站访问两周内趋势分析

图 3-37 网站来源外链分析

通过在百度中输入"site：www.cshixi.com"，查看网页收录量，如图 3-38 所示，可以看到，网站静态化后，搜索量有所提升。同时，论坛栏目的建设也提升了网站的搜索量。

图 3-38 网站收录量查询

通过对网站论坛访问情况的查询，如图 3-39 所示，可以看到，论坛目前流量并不高，该栏目处于建设初期，因此需要大量人手及活动注入，使其内容丰富活跃起来。

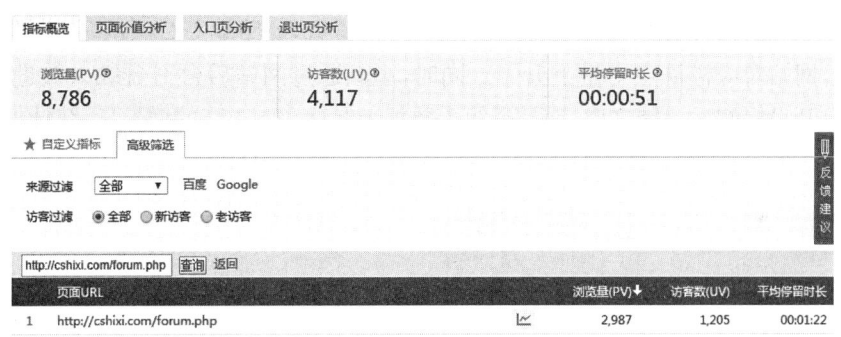

图 3-39 论坛访问情况

如图 3-40、图 3-41 所示,通过链接点击图和网页热力图对论坛栏目监控可以看到,论坛中热门点击频道为学习交流以及 C 因天地版块,说明用户对这两个版块感兴趣,喜欢交流。同时,通过热力图,小颜看到,首屏最新帖子及最新回复为用户最为关注的模块,因而在论坛首屏设置最新帖子、最新回复和本周热门是合理的布局。

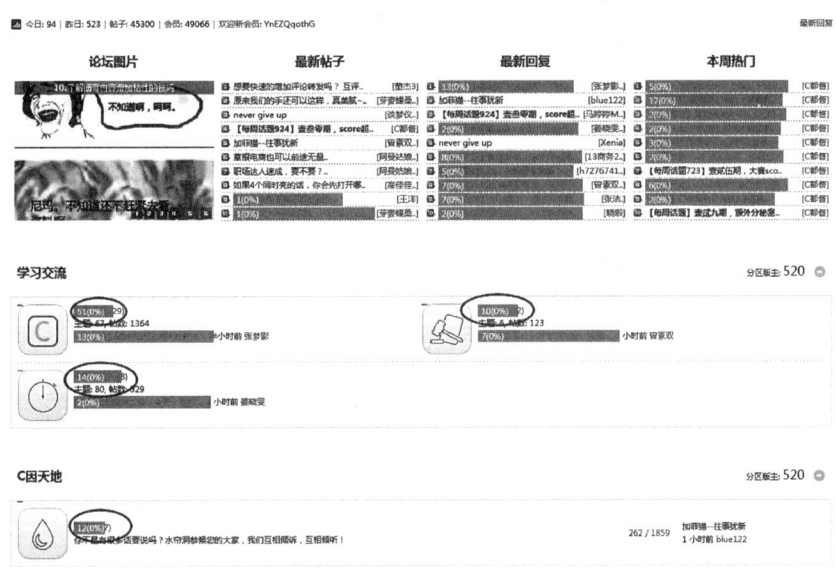

图 3-40 链接点击图

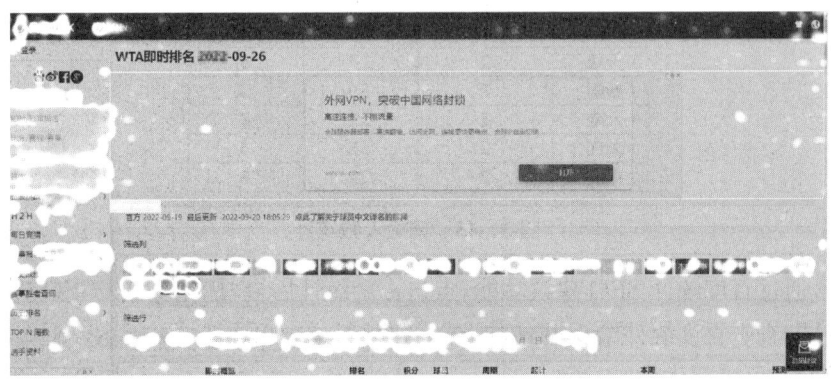

图 3-41 网页热力图

研发人员通过在网站下拉框和侧边栏进行提醒设置,如图3-42所示,通过链接点击图分析发现,网站对应栏目点击量上升了。同时,小颜通过网站后台对晋级人数进行统计之后,发现自开设提醒后一周之内,网站晋级人数每天保持50～100的增长量,统计如图3-43所示。

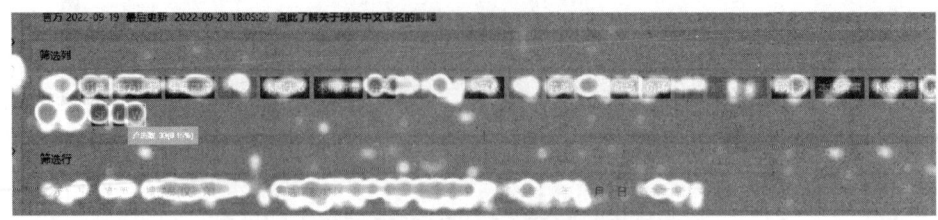

图3-42 网站栏目链接点击图

晋级统计	参赛院校:274		
	晋级院校:108		
	参赛学生:11210		
	晋级学生:2142		

省份	晋级院校总数	晋级总人数	复赛队伍数
安徽	3	84	15
北京	10	244	45
福建	3	63	12
甘肃	1	13	2
广东	21	341	59
广西	4	113	21
贵州	1	9	1
海南	1	31	6
河北	4	70	13
河南	6	174	34
黑龙江	2	18	3
湖北	5	46	9
湖南	5	173	33
吉林	3	25	4
江苏	2	16	3
江西	4	37	7
辽宁	3	28	5
山东	1	16	3
山西	4	100	18
陕西	9	140	25
四川	7	135	25
天津	2	17	3
新疆	2	59	11
云南	1	11	2
浙江	2	25	4
重庆	2	22	3

图3-43 晋级人数统计

最后,通过百度统计SEO建议功能,点击百度统计后台"优化分析-SEO建议",点击"检查网站",查看百度统计给予网站的SEO建议结果,如图3-44所示。通过建议结果页面查看网站可进行优化的方向。

图 3-44 百度统计 SEO 建议

至此,网站内容优化效果评估完成。针对网站数据的分析结果进行再次优化之后,小颜团队看到新制定的网络推广方案起到了一定的作用,但仍存在不足的地方。例如,对网站 META 信息重新整理后,从搜索词来源来看,搜索词中仍未出现主要关键词,如"微信营销培训、微博营销培训"等。由于时间过短,相关关键词的页面排名还未上来。提升网站关键词排名需要一个长期的过程,同时需要增加相关关键词的外链,从而提升网站的自然排名。

 支撑知识

1. 网站内容优化策略

(1) 关键词分析。

关键词分析是所有 SEO 必须掌握的一门功课,大型网站虽然有海量的数据,但是每个页面都需要进行关键词分析。除了 SEO 之外,策划、编辑也需要具备一定的关键词分析能力。

① 关键词分析的基本原则。

调查用户的搜索习惯:只有了解用户的搜索习惯,我们才能把握用户的搜索需求。例如,用户喜欢搜索什么,用什么搜索引擎,等等。

关键词不能过于宽泛:关键词过于宽泛会导致竞争激烈,耗费大量时间却不一定能得到想要的效果,并且可能降低关键词的相关性。

关键词不能过冷。

关键词要与页面内容保持高度的相关性：这样既有利于优化又有利于用户。

② 关键词挑选的步骤。

确定核心关键词：考虑哪一个词或者两个词能够最准确地描述网页的内容，哪一个词被搜索的次数最多。

核心关键词定义上的扩展：如核心关键词的别名、仅次于核心关键词的组合、核心关键词的辅助等。

模拟用户思维设计关键词：如果我是用户，那么我会去搜索什么关键词呢？

研究竞争者的关键词：分析排名占有优势的竞争对手的网页，他们都使用了什么关键词。

（2）页面逆向优化。

页面的优化要综合各种因素（如品牌、页面内容、用户体验等），网站的页面优化价值大多数呈现逆向顺序，即最终页 > 专题页 > 栏目页 > 频道页 > 首页。

如何针对各页面进行关键词分配呢？通常情况是这样的：

最终页：针对长尾关键词；

专题页：针对热门关键词；

栏目页：针对固定关键词；

频道页：针对核心关键词；

首页：不分配关键词，而是以品牌为主。

在进行关键词分配后，我们可以在最终页中添加匹配的内链作为辅助，这是网站内链的优势。

（3）前端搜索引擎友好。

前端搜索引擎友好，包括 UI 设计的搜索引擎友好和前端代码的搜索引擎友好两点。

UI 设计的搜索引擎友好：主要是做到导航清晰，以及 flash 和图片等的使用。一般来说，导航以及带有关键词的部分不适合使用 flash 及图片，因为大多数搜索引擎无法抓取 flash 及图片中的文字。

前端代码的搜索引擎友好：

代码的简洁性：搜索引擎喜欢简洁的 html 代码，这样更有利于分析；

重要信息靠前：带关键词的及经常更新的信息尽量选择出现在 html 的靠前位置；

过滤干扰信息：网站的页面一般比较复杂，各种广告、合作、交换内容以及其他没有相关性的信息比较多，我们应该选择使用 js、iframe 等搜索引擎无法识别的代码过滤掉这一部分信息；

代码的基础 SEO：这是基础的 SEO 工作，避免 html 错误以及语义化标签。

（4）内部链接策略。

网站内的网页间导出链接是一件很容易的事情；

提高搜索引擎对网站的爬行索引效率，增强收录，也有利于 PR 的传递；

集中主题，使该主题的关键词在搜索引擎中具有排名优势。

在内链建设中，我们应该遵循以下原则：

控制文章内链数量：穿插于文章内的链接可以根据内容的多少控制在 3～8 个；

链接对象的相关性要高；

给重要的网页更多的关注，使重要的、更有关键词价值的网页得到更好的排名；

使用绝对路径。

(5) 外部链接策略。

外链的建设具有很高的价值。我们通常可以通过交换链接、投放带链接的软文等方法来建设外链。

交换链接应该遵循以下原则：

链接文字中包含关键词；

尽量与相关性高的站点、频道交换链接；

对方网站导出的链接数量不能过多，过多的话没有太大的价值；

避免与未被收录以及被搜索引擎惩罚的网站交换链接。

带链接的软文投放，指的是为商务推广或者为得到外链而进行的带链接的软文投放。

(6) 搜索引擎友好写作策略。

搜索引擎友好写作是创造海量数据对取得好的搜索引擎排名很关键的一部分。而 SEO 人员不可能针对每个网页都提出 SEO 建议或者方案，所以对写作人员的培训尤为重要。

创造内容时先思考用户会去搜索什么，针对用户的搜索需求而写作。

重视 Title、Meta 写作：Meta 虽然在搜索引擎的权重很低，但是不好的 Meta 写作（如堆积关键词、关键词与内容不相关等）会产生负作用。而 Title 的权重较高，尽量在 Title 中融入关键词。

内容与关键词的融合：在内容中要适当地融入关键词，使关键词出现在适当的位置，并保持适当的关键词密度。

为关键词加入链接很重要：为相关关键词加入链接，或者为本网页出现的其他网页的关键词加入链接，可以很好地利用内链优势。

为关键词使用语义化标签。

(7) 日志分析与数据挖掘。

日志分析与数据挖掘是一件很有意义的工作。只是网站的日志分析和数据挖掘工作难度要更高一些，因为数据量实在太大，所以要具备足够的耐心来做该项工作，并且要有的放矢。

网站日志分析：网站日志分析的种类有很多，如访问来源、浏览器、客户端屏幕大小、入口、跳出率、PV 等。跟 SEO 工作密切相关的主要有以下三种：搜索引擎流量导入、搜索引擎关键词分析和用户搜索行为统计分析。

热点数据挖掘：通过自身的网站日志分析以及一些外在的工具和 SEO 自己对热点的把握能力来进行热点数据的挖掘。热点数据的挖掘主要有以下手段：把握行业热点，可以由编辑与 SEO 共同完成。预测潜在热点，对信息的敏感度要求较高，能够预测潜在的热门信息。自己创造热点，如炒作等，为热点制作专题、活动。

2. 用户行为数据收集之后如何使用以提高用户黏性

数据本身是客观的，但被解读出来的数据一定是主观的。那么，我们要如何使这些数据为我所用呢?

(1) 通过各项数据展示网站运营情况,调整网站的运营策略;

(2) 通过用户操作的习惯,分析优化产品功能(让用户用得更舒心,即提高用户体验);

(3) 通过关联分析,拓展产品,挖掘产品价值(最大化地释放用户欲望或需求),即运营推广、用户体验、个性化挖掘。

同步训练

学生在教师的带领下结合任务三中的同步训练,根据制定的优化方案进行实施,并撰写效果评估报告。

同步训练任务书

表 3-9 网站优化方案实施

任务名称	网站优化方案实施	
小组成员	主要负责人	
	其他成员	
小组成员分工	站内优化	主要由谁来完成这项工作
	站外优化	
优化内容	推广优化	确定通过平台需要发表什么内容
	关键词优化	制定网站标签表格
	网站引导优化	对网站内容的哪些关键词添加锚文本
	网站内容优化	根据网站内容页面的点击率做哪些调整
效果评估报告		
教师点评		

综合评价

表 3-10 综合评价表

任务编号	020109	任务名称	数据分析部门工作流程设计
任务完成方式	□小组协作完成 □个人独立完成		
评价点			分值
工作结构是否准确,层次是否清晰			10
针对网站推广,内容设置是否合理			25
网站引导优化中锚文本添加得是否正确			20

续 表

评价点	分值
网站内容优化是否正确	20
效果评估报告是否正确	25
本主题学习单元成绩	
自我评价(20%)　　　　小组评价(20%)　　　　教师评价(60%)	
存在的主要问题	

 拓展任务

学生以小组为单位,讨论数据对一个网站的重要性可以分为哪几个方面。

思政园地

梦想从学习开始,事业靠本领成就。新民主主义革命时期,在广泛传播马克思主义过程中,一大批先进青年在"觉醒年代"纷纷觉醒;社会主义革命和建设时期,在向科学进军过程中,青年科学家矢志奉献才智和青春,"把失去的光阴夺回来";改革开放和社会主义现代化建设新时期,争当新长征突击手、创建青年文明号,青年才俊敢闯敢干、勇立潮头;中国特色社会主义新时代,在科技攻关岗位奋力攀登过程中,年轻的大国工匠在学习琢磨中"让技艺巧到极致"……刻苦学习、锐意创新,是广大青年改变自身命运、实现人生理想的根本途径。让勤奋学习成为青春远航的动力,让增长本领成为青春搏击的能量,广大青年才能当好伟大理想的追梦人、伟大事业的生力军。青年要成长成才,既要读万卷书也要行万里路,既要多读有字之书也要多读无字之书。习近平总书记曾这样回忆自己的青年时代:"当年,我在梁家河插队,实际上就是在上社会大学,向群众学习,向实践学习,那段经历让我受益匪浅。"从哪里最苦最累就出现在哪里的张思德,到团结妇女群众一道参加生产建设的梁军,从扎根大漠潜心石窟考古研究的樊锦诗,到和队友一起勇夺法国夏季奥运会艺术体操团体全能金牌的丁欣怡,一代代青年扎根岗位、追求卓越,在火热的实践中绽放青春光华,成就了充实人生。

学习单元四　淘宝店铺数据化营销

能力目标
- N1.1 能够分析行业数据及店铺营销数据；
- N1.2 能够掌握数据分析的具体方法；
- N1.3 能够运用数据来支撑营销活动的实施。

知识内容
- Z1.1 了解淘宝店铺数据分析相关的知识；
- Z1.2 掌握淘宝数据分析相关工具；
- Z1.3 理解数据分析对店铺的作用；
- Z1.4 掌握数据分析对店铺营销活动的指导方法。

本项目包含4个学习任务，具体为：
任务一　行业数据分析；
任务二　店铺数据分析；
任务三　制定工作目标和实施方案；
任务四　方案实施与效果评估。
对淘宝行业数据及店铺数据进行深入分析，从买卖双方市场、店铺访客、卖家及商品数据等各维度解读数据化营销对于淘宝店铺的指导性作用。

任务一　行业数据分析

 任务引导

小王毕业了，他成功地进入了一家以淘宝平台为依托的电子商务公司。在进入公司后，部门领导安排小王对公司淘宝店铺进行了解，了解店铺产品市场规模、买家分布等多方面的数据，并结合自身电子商务知识来分析店铺面临的问题和解决办法。

小王通过百度了解到，上海农享信息技术有限公司是国内知名的农村互联网门户服务机构及安全农产品资源整合商，旗下末（www.nx28.com）是中国知名的农产品分类信息网站，涵盖全国所有村子，是中国农民朋友最喜欢的农产品供求信息发布平台，如图4-1所示。

公司提出农产品电子商务概念"城市对接农村",选择自然环境优良、无污染地区的农村,将农户的安全农产品直接提供给消费者,让大家不再为食品安全而担忧。同时提高农民在农产品流通环节的直接收入。

图 4-1　某 Logo

公司目前有五常大米、安溪铁观音、青海枸杞、昆仑雪菊、九寨沟蜂蜜、山东临沂杂粮等多个原产地合作基地。其安全农产品被多家企事业单位(如中科院、上汽及上海国拍等公司)长期采购,作为其员工的福利及食堂用材。同时,也成为本来生活、中华美食频道的长期农产品合作伙伴。

安全农产品事业得到央视新闻联播、阳光中国之声、新华社及农林卫视等各媒体的关注和报道。

任务分析

◆ 分析买卖双方市场数据。

任务实施

在行业数据分析中主要分析的是买方市场数据和卖方市场数据。

步骤1:买方市场数据分析

对买方市场数据主要研究三个方面:第一个是市场规模,第二个是买家的行为习惯,第三个是根据商品特点画出自己的买家肖像。而对于小王来说,首先需要就公司网店所处的行业进行细分,深入理解行业发展的概况,从中把握用户行为习惯、用户群体的分布等,从而进一步掌握网店的发展状况,更好地把握用户需求。

1. 市场规模分析

2010年,淘宝网开始启动"特色中国"项目(见图4-2),积极与各省市政府紧密合作,精选全国各地的名优土特产以及名优企业,联手搭建以省级为单位的特色中国地方馆,共同推进各地农副产品的网上零售市场。

《中国农村电子商务发展报告(2021—2022)》显示,农村电商市场进入平稳增长期,2021年全国农村网络零售额2.05万亿元,占全国网络零售额的15.66%,同比增长11.3%。直播电商在农村加速普及应用,新业态新模式助力农产品进城,农村生活服务电商快速发展,"新农人"电商创业就业持续升温,农村电商助力乡村振兴的作用越发强劲。

报告认为,当前,直播带货等新业态规范发展颇具潜力,农村电商B2B将成为农村电商转型升级的重要方向,产地仓等基础设施建设将迎来新发展。与此同时,新发展格局下的乡村振兴将为农村电商提供更大的发展空间。

图 4-2　淘宝网特色中国

同时,人们对于食品安全的重视让绿色生态食品更加广泛地进入了人们的视野。那些遵循可持续发展原则,按照特定生产方式生产,经专门机构认定、许可使用绿色食品标志,无污染的安全、优质、营养农产品,也都成为农产品网店的主要热销产品。

从淘宝网生鲜类目的成交占比排序来看,南北干货、水产、肉类干货、调味品、果酱、沙拉、鲜活鱼肉蛋、米、面粉占比较重,除此以外,最值得瞩目的就是新鲜蔬菜和水果,占据了整个子类目成交额的 68%,2023 年夏季时令水果销售也让众多电商卖家尝到了甜头。淘宝网数据显示量以黄桃为例,整个夏季销售额最多的商家一个月就卖出 11.5 吨,这在平时的超市和商城,简直是不可想象的数量。

从以上各种翔实的数据统计和分析不难看出,小王公司经营的绿色天然地方特产食品淘宝店在市场规模及行业前景上都独具优势,不论是用户需求基数或是行业整体发展的前瞻性都十分可观。通过对公司所属行业的市场规模的分析,小王更进一步了解了行业的发展现状及需求指数。

2. 用户行为习惯分析

从用户行为习惯分析买方市场数据,更多的是从数据魔方软件中进行深入了解。在此,小王打开公司淘宝店铺卖家中心,在数据魔方中看到买家市场数据如表 4-1 所示。

表 4-1 过去 30 天特产干货买方市场数据

考察维度	当前买方市场状态	
买方市场规模	直接潜在买家	≈9.1 万人/月
	间接潜在买家	≈102 万人/月
	过去 30 天交易额	≈36 325 000 元/月
买家购买行为	登录浏览商品频率	≈3.43 次/月
	搜索商品访客占比	≈44.6%
	收藏商品访客占比	≈4.41%
	收藏商品访客人均收藏商品量	≈1.51 个
	购买频率	≈1 次/月
买家偏好	品牌偏好	三只松鼠、百草味等
	功效偏好	绿色、纯天然等
	价位偏好	50 元以下占 45% 51～100 元占 35% 101～300 元占 15% 301 元以上占 5%
买方访问习惯	一天周期	高峰来访时段第一位：10:00～11:00，来访人数：1 662 462 人。 高峰来访时段第二位：15:00～16:00，来访人数：1 542 401 人。 高峰来访时段第三位：21:00～22:00，来访人数：1 509 107 人。 高峰来访时段第四位：14:00～15:00，来访人数：1 470 325 人。 高峰来访时段第五位：16:00～17:00，来访人数：1 436 221 人
	一周周期	周六为最低、周日次低
买方地域发布	按购买人数分布前三名	上海、北京、广州
	按购买金额分布前三名	上海、北京、广州
	按客单价分布前三名	北京、河南、浙江

从表中我们可以清楚地看到，特产属于淘宝用户购买参与度高且周期性强的商品，无论就买家购买频率或是买家偏好度来说，特产食品的市场发展前景及买方市场都潜力十足。

3. 买方肖像分析

对于卖家而言，并不是每位进店的顾客都有价值，而怎么样把来访客户价值最大化，就是卖家在运营过程的重中之重。首先找准自己所属的行业，找出自己的产品和对应淘宝所属类目，因为找到最相关的类目，才能通过淘宝海量的交易数据精准地分析出潜在客户群体特质,从中进一步挖掘客户价值。

这里主要利用淘宝指数来查看企业最相关的类目,如在淘宝指数中,输入小王公司经营的类目特产,可以看到如图4-3所示界面。

小王在此并没有输入细分市场的农产品、特产、干货等词语,之所以选择以大的类目"特产干货"作为人群定位的分析是因为就整体营销层面而言,小王公司更希望多元化地了解食品行业下特产干货类目人群定位,便于后续的产品开发和市场的拓展。

通过上述的淘宝指数分析,我们可以看到在特产干货类目下,核心消费人群中女性用户以占比53%的优势领先,而男性只占47%的指数。在对消费人群喜好度分析中,我们可以看到就年龄层级而言,25~29岁的用户群体对特产干货的喜好度最高,其次是30~34岁的人群。从上述两组数据中,我们可以清楚地看到,特产干货类目主销人群是年轻的学生及白领,而且以女性为主。因此,在买家肖像分析过程中,我们不仅需要紧密结合上述分析的特征,还需根据更加翔实的数据进行买家肖像的策划,最终使其呈现得更加符合企业形象及符合买家购买心理等。对于买家肖像的分析,不仅有助于进一步挖掘潜在用户的价值所在,还有助于明确用户群体的特征并策划制作属于自身店铺的买家肖像。

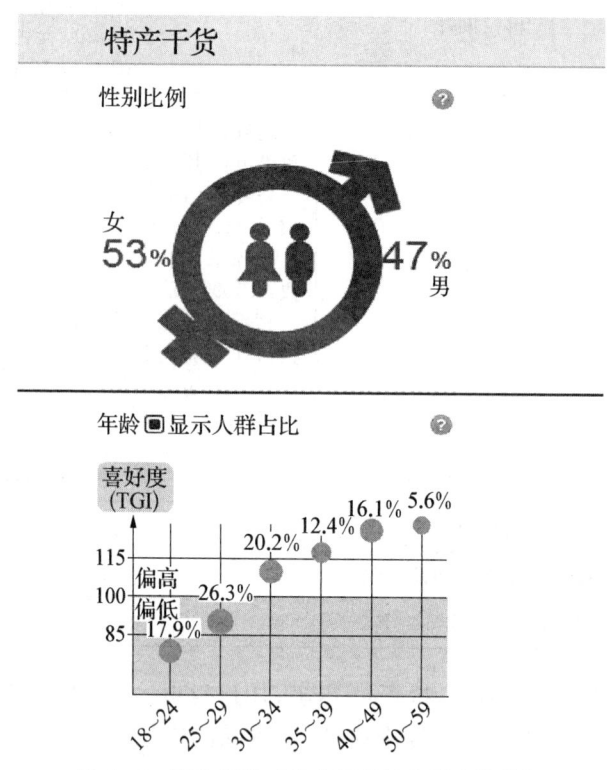

图4-3 淘宝指数对特产干货的人群定位分析

步骤2:卖方市场数据分析

面对卖方市场数据的分析,主要体现在核心竞争商品的数据分析及竞争店铺的数据分析上。竞争商品的数据分析,主要是针对自身店铺核心竞争产品与行业同类型商品进行对比分析,包括在线商品数量、日均同类型在线商品数量及日均同价位区间商品数量等。竞争店铺数据主要分析方向为竞争店铺数、成交店铺数及成交金额等因素。通过以上两点的分析,小王能够进一步明确公司店铺目前存在的基本问题。

1. 竞争商品数据分析

小王打开公司淘宝店铺所订购的数据魔方软件,借助软件精准的数据分析,进行浏览和查看,具体如表4-2所示。

表4-2 过去30天特产干货竞争商品数据

考察维度	当前卖方市场状态	
竞争商品数据	日均在线商品数	≈2 300 458 个
	日均活跃商品数	≈432 054 个
	日均同类型在线商品数	≈77 824 个
	日均同价位区间在线商品数	≈46 952 个

根据上述数据表所采集到的数据可以看出,农产品市场属于淘宝买家参与度高且周期性购买商品的市场;单从日均在线商品数和日均活跃商品数上,我们就可以清晰地看到卖家对于市场商品的展示和推荐已经多种多样,加上同类型产品的销售价格差异和品牌差异,使得购买此类商品的行为属于复杂购买行为,买家需要确认商品的绿色性、品质性及是否存在不适宜人群等信息。其次,从日均同价位区间在线商品数上我们还可以进一步了解到,买家在购买同一款商品时往往会进行同类型商品的价格对比,之后关注并购买。

竞争商品数据的分析,使得小王更加深刻地认识到同类型商品在本公司店铺内存在的事实性问题和核心关键点。

2. 竞争店铺数据分析

在了解了竞争商品数据的关键点之后,小王又对竞争店铺数据进行深入了解。竞争店铺的数据分析不同于竞争商品数据分析,它的侧重点在于对竞争店铺的整体数据进行分析,包括日均在线店铺数量、日均成交店铺数量及成交金额大小和浏览转化率的对比等因素上。因此,对于小王来说,竞争店铺数据的分析,能够使得自己更加直接地了解公司店铺与同类型店铺在流量与转化率上的差异。

小王在数据魔方里的卖家分析模块下,查看卖家分析详细数据,如表4-3所示。

表4-3 过去30天特产干货竞争店铺数据

考察维度	当前卖方市场状态	
竞争店铺	日均在线店铺数	≈218 609 家
	日均成交店铺数	≈34 911 家
	日均店铺平均成交金额	≈550 元
	同等级优秀店铺浏览订单转化率	15%~22%

从日均在线店铺数量及日均成交店铺数量上,我们可以从数据中得知,特产干货类目的成交店铺数并不是很理想。在行业存在激烈的竞争下,买家一旦形成购买并且认为产品品质等各方面良好,就会形成习惯性购买,也就形成对商品品牌认可和店铺的品牌认可。其次,就同等级优秀店铺浏览订单转化率来说,转化率并不是很高,买家在浏览首页和产品详情页之后,是否产生订单的关键性因素还在于首页产品的布局设计、视觉效果及核心产品的卖点是否突出等。

综合上述采集到的行业数据和对数据的初步分析,小王团队决定进一步结合店铺相关访问数据深入挖掘自身店铺存在的问题。

 支撑知识

如何利用行业数据分析来开展工作

首先来看行业数据,对行业数据的采集和统计,卖家可以使用数据魔方工具来进行。因为这个工具提供的行业数据非常丰富,是一个非常有价值的工具,对于中小卖家来说,此工具完全可以满足行业数据采集的需求。在行业数据中应重点观察买方市场数据和卖方市场数据。线下开设实体店,如果卖家想到一个集贸市场上开店,就必须了解这里的人流情况、人群构成、竞争对手数量和实力,在网上开店也是一样的。

行业数据分析的结果对各个部门的目标制定都能起到支撑的作用。例如,运营目标的制定,假设卖家经营的商品是价位区间在385元以上的T恤,团队希望今年的年销售能达到350万元。通过行业数据分析发现,目前在网上买这个价位区间的T恤,平均每个月只有2 000人,竞争对手却有800多家店铺,而且还有100多家是蓝冠级别的,那这个目标就不靠谱,需要调整了。所以在做店铺经营目标决策的时候,可以根据市场规模,以及竞争对手、竞争商品的多少,结合数据分析和自身店铺的实际情况来制定一个合理的决策。

行业数据分析有利于采购部门做出合理判断。如果打算开网店,首先得有商品。经营什么类型的商品,不能只是简单地通过在淘宝网上随便搜索一下,找到某一类商品,发现只有十个店铺在做,竞争很小,就拍板决定采购几千件此类商品来销售,最后一个月只卖了两件。所以采购部门也需要行业数据分析去支持卖家做出合理的判断。

行业数据分析对网店推广也一样重要。数据魔方中的买家购买行为数据告诉我们,淘宝网某个类目的买家对这类商品平均一个月购买一次。如果我们不知道这个信息,非要一个月针对店铺里的买家做四次广告推广,不仅浪费了推广资源,也对店铺里的买家进行了不必要的骚扰,导致部分客户流失。

对于设计部门来说,行业数据分析也是支持其做出设计决策的关键。打个比方来说,某类商品的大部分买家都是通过功能特性来检索商品的,店铺的美工做商品图片的时候,就要重点体现商品的功能,而不只是让图片看起来更美观。

同样,行业数据分析对客服部门也很重要。如果行业数据研究分析部门告诉客服买家对于商品的关注重点及购买习惯,那他们就很容易找到客服工作开展的重点方向。

行业数据分析对物流仓储部门也非常重要。例如,卖家在研究行业数据的过程中,通过对不同城市的买家购买价位区间分布数据、购买频次数据、购买人数数据进行研究,可以确定出店铺重点推广的城市有哪些,因此这些城市就是店铺重点销售商品的城市,店铺的物流部门就可以根据这个信息,与在这些城市物流能力强的快递公司进行合作。

通过行业数据分析,还可以对网店经营中可能遇到的风险进行预测。例如,准备开店时,恰好冬天快来了,于是决定卖羽绒服类商品。可是,通过数据研究发现,羽绒服类商品的销售周期平均只有三个月,而从进货到店铺发布,再到商品上线,就需要一个半月的时间。对于店铺来说,就会有一个销售周期短的风险评估。有了这个风险预测,卖家就可以控制好自己的采购商品数量,防止大量商品因为过季造成积压的风险。这里建议卖家至少每月进行一次行业数据分析,有些市场变化快的行业,可以一周进行一次。

同步训练

学生以小组为单位在老师的带领通过淘宝搜索找到销售相对中等的产品,如装修、家居等,分析买方市场数据和卖方市场数据,撰写训练报告,最后由教师统一点评。

同步训练任务书

表4-4 淘宝商品行业数据分析表

任务名称	淘宝商品行业数据分析	
店铺名称		
产品名称		
店铺首页截图		
买方市场数据分析	市场规模分析	
	用户行为习惯分析	
	买方肖像分析	
卖方市场数据分析	竞争商品数据分析	
	竞争店铺数据分析	
训练报告		
教师点评		

综合评价

表4-5 综合评价表

任务编号	020110	任务名称	淘宝商品行业数据分析
任务完成方式	□小组协作完成 □个人独立完成		
评价点			分值
对产品市场规模的分析是否到位			20
对产品用户行为习惯的分析是否准确			20
评价点			分值
对买方肖像的分析是否合理			20
对竞争商品数据的分析是否合理			20
对竞争店铺数据的分析是否到位			20
本主题学习单元成绩			
自我评价(20%)	小组评价(20%)	教师评价(60%)	
存在的主要问题			

拓展任务

学生在班级内讨论行业数据分析的重要性。

思政园地

近几年,在国家政策支持下,我国大数据战略取得多方面成效。

一是产业集聚效应初步显现。国家建设了八个大数据综合实验区,促成了具有地方特色的产业集聚。京津冀和珠三角跨区综合试验区,注重数据要素流通;上海、重庆、河南和沈阳试验区,注重数据资源统筹和产业集聚;内蒙古的基础设施统筹发展,充分发挥能源、气候等条件,加快实现大数据跨越式发展。

二是新业态、新模式不断涌现。我国在大数据应用方面位于世界前列,特别是在服务业领域,如基于大数据的互联网金融及精准营销迅速普及;在智慧物流交通领域,通过为货主、乘客与司机提供实时数据匹配,提升了物流交通效率。

三是与传统产业融合步伐加快。铁路、电力和制造业等加快了运用信息技术和大数据的步伐。高铁推出"高铁线上订餐"等服务,提升了乘客体验。电力企业推广智能电表,提高了企业利润。三一重工、航天科工、海尔等一批企业利用自身积累的智能制造能力,向广大中小企业输出解决方案,着手建设工业互联网平台。

四是技术创新取得显著进展。互联网龙头企业服务器单集群规模达到上万台,具备了建设和运维超大规模大数据平台的技术实力,并以云服务向外界开放自身技术服务能力和资源。在深度学习、人工智能、语音识别等前沿领域,我国企业积极布局,抢占技术制高点。

五是一批企业快速成长。主要分为三类:一类是已经有获取大数据能力、具有一定国际影响力的公司,如百度、腾讯、阿里巴巴等互联网巨头;二是以华为、浪潮、中兴、曙光、用友等为代表的电子信息通信厂商;三是以亿赞普、拓尔思、九次方等为代表的大数据服务新兴企业。

六是法治法规建设全面推进。先后制定和出台了《全国人民代表大会常务委员会关于加强网络信息保护的决定》《电信和互联网用户个人信息保护规定》《电话用户真实身份信息登记规定》《中华人民共和国网络安全法》《中华人民共和国电子商务法》等文件,保障用户隐私和合法权益。

任务二　店铺数据分析

任务引导

结合上述对于行业数据的分析,初步明确行业的卖家竞争数据及买家消费行为习惯数据等,面对自身店铺的概况,如何清晰地找到问题的痛点才是小王及其团队接下来要分析的重点。为此,小王及其团队开始对店铺内流量与商品数据进行详细的分析。

任务分析

- 店铺数据分析。
- 店铺营销策略调整。

任务实施

通过行业数据,我们初步地分析了小王公司店铺所处行业的买卖双方市场数据情况,接下来我们进一步通过数据来分析公司店铺概况。具体步骤如下。

步骤1:店铺访客数据分析

首先是访客数据的分析,通过量子守恒数据工具我们得知,访客数据的分析主要包括访客数量、访客来源、访客结构及访客行为四项内容。为了更精准地分析具体访客数据,小王在量子守恒中选取了一周访客的发布来进行分析。一周访客来源数据分析如图4-4所示。

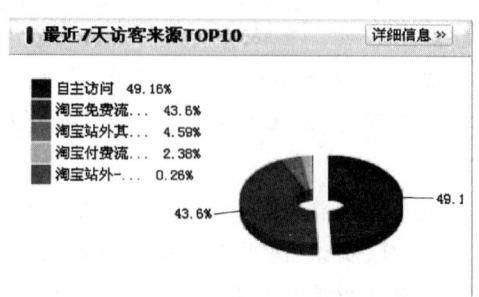

图 4-4 量子守恒最近 7 天访客来源

以小王公司店铺最近 7 天访客来源分布结构为例,其中自主访问占总访问的49.16%,其次是淘宝免费流量占比 43.6%、淘宝站外其他流量占比 4.59%,以及淘宝付费流量占比 2.38%。根据上述访客来源数据,我们看到小王公司店铺主要流量仍是以自主搜索访问为主。而这种访问来源的访客数量及引流成本如何,需要进一步详细分析。为此,小王点击"详细信息",看到如图4-5所示界面。

来源	详细	到达页浏览量	百分比
自主访问	直接访问	520	26.83%
	购物车	116	5.99%
	我的淘宝	47	2.43%
	店铺收藏	3	0.15%
	合计	686	35.40%
淘宝站外	SNS	566	29.21%
	淘宝站外其他	78	4.02%
	搜索引擎	4	0.21%
	合计	648	33.44%
淘宝免费流量	淘宝站内其他	327	16.87%
	淘宝搜索	155	8.00%
	淘宝店铺搜索	73	3.77%
	淘宝首页	7	0.36%
	淘宝信用评价	5	0.26%
	阿里旺旺非广告	5	0.26%
	淘宝类目	1	0.05%
	淘宝会员俱乐部	1	0.05%
	淘宝其他店铺	1	0.05%
	淘宝客搜索	1	0.05%
	合计	576	29.72%
淘宝付费流量	淘宝客	28	1.44%
	合计	28	1.44%

图 4-5 量子守恒最近 7 天访客来源详细信息

图 4-5 中的分析是按照不同来源带来的访客数量来解析的。首先是访客来源结构分析,任何店铺都想做到不需要花费却具有较高的流量来源,如直接访问、购物车、店铺收藏等,通过这些来源的访客数量越多,店铺访客来源结构就越健康。之所以这样说是因为自主访问的流量都是免费搜索进入,降低了企业营销成本;更深层的是自主访问的来源越多,说明店铺在自然搜索的优化方面已经做得足够丰富和健全。

进一步分析图 4-5 中的数据,我们还发现小王公司在淘宝站外来源上做得相当不错，从其最近 7 天访客来源占比 33.44%来说，其仅次于自主访问来源 35.40%的数量。因此，对于小王公司店铺来说，应进一步对淘宝站外搜索流量来源进行优化和策划，使其不断为店铺带来稳定的流量。

综合小王公司店铺中访客来源数据分析，可以得出以下结果：

(1) 当前店铺访客来源分布结构正常，因为大部分的访问都是成本小的推广的结果。

(2) 引入的访客购买欲望相对强烈，商品的主图设计做得不错。

(3) 当前到达店铺的访问流量是否能精准地产生产品购买及形成转化率是店铺的核心问题；其次，店铺描述页以及商品卖点体现仍需进一步优化，以防止低成本推广与自主访问流量流失。

步骤 2：店铺买家数据分析

店铺买家数据分析，主要通过对买家周期内数量、买家来源、买家行为以及买家流失等方面进行数据分析，并结合分析给出相应的结果。其主要分析的是买家在店铺内浏览了哪些商品；买家中新的买家占比是多少，回头客的占比是多少；这些不同类型的买家，对于周期内商品偏好度怎样等。我们能够通过数据分析找到答案，并为店铺工作开展提供有利的帮助。

在此，小王公司依然选择利用“量子守恒”软件进行店铺买家数据分析工作。首先，小王选择采集量子守恒中某一时间段内的实时客户访问数据，如图 4－6 所示。

实时客户访问（实时更新最近1000条访问记录，不支持历史数据下载）　　>> 立即触达访客

序号	访问时间	入店来源	被访页面	访客位置	顾客跟踪|回访客
1	12:16:26	新浪微博	正宗东北农家五常稻花香大米 原生态未抛光...	广东深圳市	顾客78
2	12:11:34	淘宝信用评价	喜马拉雅山姜粉 纯正姜茶 老姜末 暖胃密...	广东广州市	顾客3 |
3	12:08:44	店内浏览	燕麦片	四川成都市	顾客77 |
4	12:07:19	店内浏览	舌尖2太湖白虾干 渔民自晒 天然野生虾干...	湖南常德市	顾客75 |
5	12:07:19	店内浏览	太湖土特产野生新鲜 银鱼干 淡水产品干货...	湖南常德市	顾客75 |
6	12:05:43	新浪微博	新疆伊犁农家天然晒干杏干杏仁 一杏两吃 ...	四川成都市	顾客77 |
7	12:03:21	直接访问	本店首页	江苏苏州市	顾客76
8	12:02:09	店内浏览	所有宝贝	湖南常德市	顾客75 |
9	12:01:56	购物车	本店首页	湖南常德市	顾客75 |
10	12:01:13	新浪微博	本店首页	上海	顾客74
11	11:59:20	直接访问	13年新货农家自种燕麦片 纯燕麦片 无糖...	广东揭阳市	顾客73
12	11:58:05	店内浏览	腐竹	浙江杭州市	顾客72
13	11:57:47	店内浏览	所有宝贝	浙江杭州市	顾客72
14	11:57:39	淘宝站内其他	本店首页	浙江杭州市	顾客72
15	11:53:03	新浪微博	正宗东北农家五常稻花香大米 原生态未抛光...	四川成都市	顾客71
16	11:52:56	直接访问	本店首页	广东江门市	顾客70
17	11:52:41	直接访问	本店首页	广东江门市	顾客70
18	11:46:07	店内浏览	正宗东北农家五常稻花香大米 原生态未抛光...	北京	顾客69
19	11:45:10	新浪微博	本店首页	北京	顾客69
20	11:40:50	直接访问	广西土特产农家手工制作桂林腐竹350g干...	广东汕头市	顾客68 |
21	11:39:18	店内浏览	首页	上海	顾客66
22	11:38:37	淘宝站内其他	本店首页	江西宜春市	顾客67
23	11:38:11	直接访问	正宗东北农家五常稻花香大米 原生态未抛光...	上海	顾客66
24	11:32:52	淘宝搜索	舌尖2太湖白虾干 渔民自晒 天然野生虾干...	江苏苏州市	顾客63
25	11:32:06	店内浏览	13年新货农家自种燕麦片 纯燕麦片 无糖...	江苏常州市	顾客65

图 4－6　量子守恒中实时客户访问数据

通过某一时间段内的买家访问数据,我们可以看到买家来源大致为自主访客和淘宝站外访客两种。买家浏览商品内容从此处被访页面就可以清晰看到,如访问本店首页和商品详情页。作为淘宝卖家,掌握买家浏览商品的数据不仅有助于知晓其商品的热度,而且有助于卖家进行商品详情页的优化,改善商品跳失率问题。这里只单一地采集了某一时间段内的被访问商品页面内容。在量子守恒内还可以查看店铺最近7天及30天的商品浏览量数据,从买家浏览商品的数据中分析买家某一时间内对商品的需求和喜好度,从而有助于店铺打造爆款宝贝或是热门产品。如图4-7所示为店铺30天内宝贝浏览汇总和排名情况。

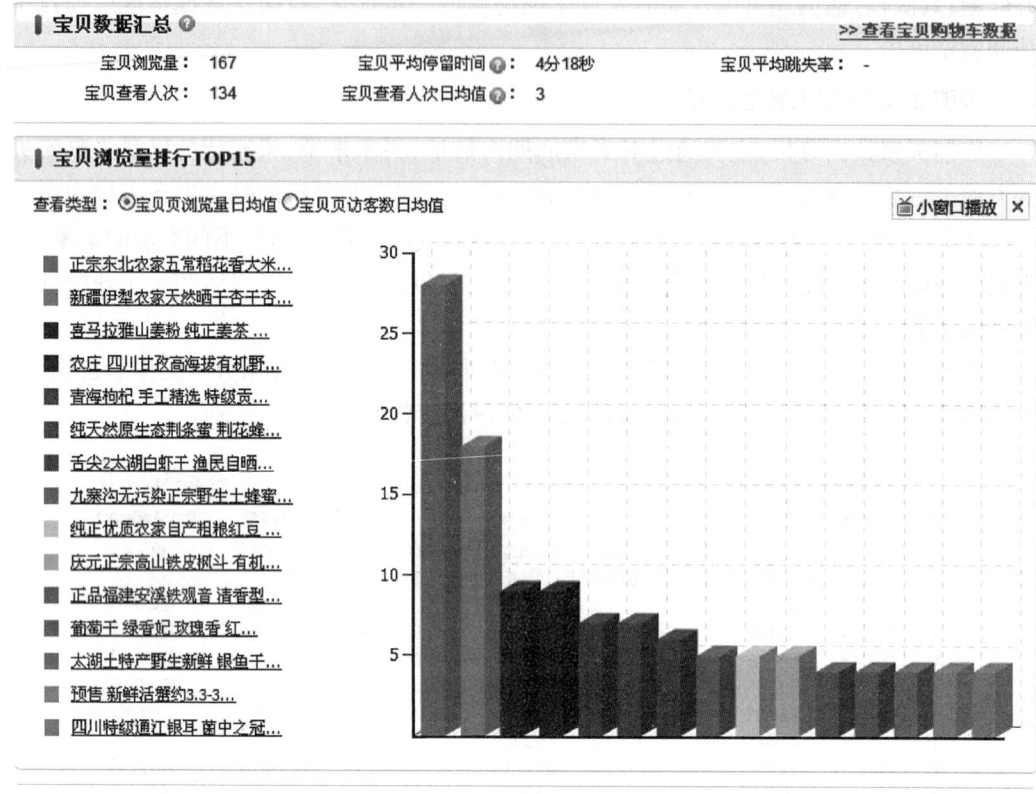

图4-7 店铺30天内宝贝浏览汇总及排名

从图4-6中我们还可以看到访客位置,这里主要是针对买家地理位置,通过分析买家来源位置,店铺卖家能够结合分析综合了解某一区域对商品的需求和喜好,制定不同营销推广策略。这里也只单一地查看了某一时间段内的访客来源地理位置,而详细的访客来源地理位置主要呈现于地图中。

而最终也是最重要的是对店铺顾客的跟踪和对回头客的分析,在图4-6中我们看到新访客前在这里都标注为"顾客+数字"的形式,而是回头客的话会在其数据后以头像的形式进行跟踪,使得卖家可以一目了然地看到店铺访客的比例。这里主要借助软件来分析新访客与回头客,实际在店铺运营过程中,将采取客户关系管理的形式来集中分析,如记录买家的ID、电话、地址以及购买历史的价位区间。通过店铺买家购买行为分析,卖家可以在店铺营销推广过程中,制作回头客或者老客户VIP专享价格及优惠,不断地提升客户与店铺的黏性。其次，对于卖家而言，可以通过历史买家清单进行促销关键词分析，分析买家对哪些促销活动产生的积极性更高，为店铺满足不同活动偏好的买家需求提供有效的活动开展保障。

对新访客与回头客的分析，还有利于店铺新品的推出。在实际推出新产品之前，卖家需要进行市场分析，而这里的新访客与回头客购买记录的明细就成为有力的支持，卖家可以通过某种渠道向买家传递新品的信息，并且可以借助阿里旺旺的基础功能来提示买家卖家进行了店铺上新。这样既可以提升活动的效果，又可以保证新品的发布能够产生良好的购买业绩。

综合小王公司店铺中买家数据分析，可以得出以下结果：
（1）当前店铺访客来源主要分为自主访客与淘宝站外访客两种，店铺访问流量过于单一；
（2）进入店铺的访客在本店首页的跳失率严重；
（3）就其店铺吸引新访客而言其占比还是高于行业其他店铺，因此对于小王而言需要不断改善店铺首页跳失率及流量单一的局面。

步骤3：店铺商品数据分析

前面分别分析了店铺访客数据、买家数据，下面小王及其团队开始针对店铺内商品数据进行分析。对店铺商品数据的分析，主要是对店铺内商品的成交支付热度及客单价进行分析。

店铺商品成交支付热门，不仅反映店铺内某一款商品的热销程度，还能反映出买家对于某一款产品的需求。这里主要还是以量子守恒软件作为分析工具，如图4-8所示，我们能够看到在小王公司店铺内支付宝成交金额前五的商品。

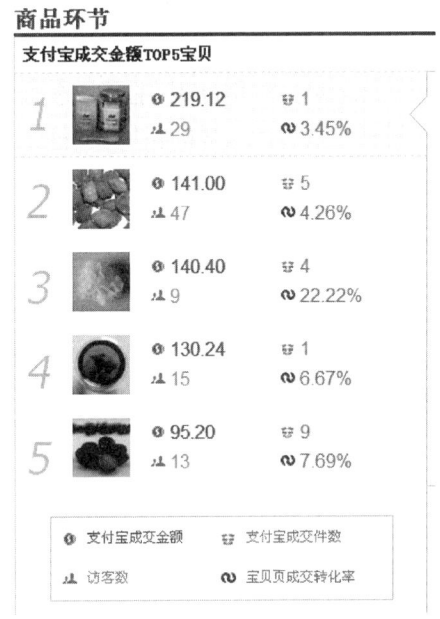

关于成交商品的分析，一般查看的是成交订单金额和访客数量。在图4-8中，支付宝成交金额排行第一的商品其成交订单数只有一笔，客单价的转化率并不是很高。最后一个商品，虽然其成交金额总数和访客数都不敌第一个商品，但是它的支付宝成交件数和宝贝页成交转化率远远高于第一个商品。因此，根据上述支付宝成交金额的商品排名，我们可以知晓，对于单价高的商品，

图4-8 商品环节支付成交金额前五商品

店铺不仅需要制定不同的优惠、促销活动来拉动访客成交订单数，提升商品详情页质量也十分重要，使其不断提升店铺的转化率。而对于客单价低、订单数相对高的商品，店铺需要不断提升优惠力度、加大推广宣传的步伐，使得该类商品能够持续火爆；其次，在对该类商品的营销活动上可以添加关联销售的营销策略，使得商品客单价不断上升。

店铺商品数据分析的周期和访客数据分析与买家数据分析一样，建议每周进行一次周分析。之所以说卖家需要对商品数据进行周分析，是因为在数据魔方或其他数据分析工具

中都会看到各个行业的每周访客访问曲线图上的曲线都在有规律地波动,存在明显的变化规律,因此以周或者月份来分析,能够更好地记录和改善当前存在的问题。

小王在店铺商品数据分析中,不仅针对店铺支付宝成交金额进行分析,还针对店铺里不同商品详情页跳失率进行综合考评。通过店铺商品数据的分析,小王发现对于商品的自查不仅需要查看商品的浏览量、成交金额以及客单数,还要及时自检店铺的商品是否被降权、商品异常下架风险等,从而能够更好地补救有问题的商品及营销策略上的失误,为店铺订单提供有利的监控。

 支撑知识

如何科学分析店铺日常数据

定期进行科学的数据分析,是门店负责人掌握门店经营方向的重要手段。

(1) 门店经营指标数据分析。

销售指标分析:主要分析本月销售情况、指标完成情况、与去年同期对比情况。通过这组数据的分析,我们可以知道同比销售趋势、实际销售与计划的差距。

销售毛利分析:主要分析本月毛利率、毛利额情况、与去年同期对比情况。通过这组数据分析,我们可以知道同比毛利状况,以及是否在商品毛利方面存在不足。

营运可控费用分析:主要是本月各项费用明细分析、与去年同期对比情况,有无节约控制成本费用。这里的各项费用是指员工成本、能耗、物料及办公用品费用、维修费用、存货损耗、日常营运费用(包括电话费、交通费、垃圾费等)。通过这组数据的分析,我们可以知道门店营运可控费用的列支,是否有同比异常的费用发生,有无可以节约的费用空间。

坪效:主要是本月坪效情况、与去年同期对比。日均坪效,是指日均单位面积销售额。日均坪效=日均销售金额÷门店营业面积。

人均劳效:主要是本月人均劳效情况、与去年同期对比。本月人均劳效=本月销售金额÷本月工资人数。

盘点损耗率分析:主要是门店盘点结果简要分析。通过分析及时发现门店在商品进、销、存各个环节存在的问题。

门店商品库存分析:主要是本月平均商品库存、周转天数,与去年同期对比分析。通过该组数据的分析,我们可以看出门店库存是否出现异常,是否存在库存积压现象。

(2) 商品经营数据分析。

便利店经营商品目录执行情况总结分析:主要是本店执行商品目录情况与经营业态主力商品情况及新品引进情况、淘汰商品是否进行及时清退。便利营运管理分中心每月1日会将最新目录主力商品货号、目录新引进商品货号、目录淘汰商品货号发至各门店邮箱,门店根据相关货号查询出经营情况,特别是主力商品、新引进商品经营情况,以及对于淘汰商品,门店有没有及时清退。通过这组数据的分析,我们可以了解门店是否按照商品目录的调整进行了门店的商品结构调整。

商品动销率分析:主要是本月商品动销品种统计、动销率分析、与上月对比情况。月经营总品种数查询方法:进入系统选择进销存分析查询出本月进销存数据,在查询出门店经营的总品种数后,同样在该模块可以将动销品种数过滤出来。商品动销率=动销品种数÷门店经营总品种数×100。滞销品种数=门店经营总品种数-动销品种数。通过此组数据及具体单品的分析,我们可以看出门店在商品经营中存在的问题及潜力。

商品品类(3级)分析:主要是门店本月各品类销售比重及与去年同期对比情况,门店本月各品类毛利比重及与去年同期对比情况。门店需对本月所有(3级)品类销售及毛利情况,特别是所有销售下降及毛利下降的品类进行全面分析,并通过分析找出差距,同时提出改进方案。

本月商品引进分析:主要是引进商品产生销售、毛利的分析。这里的引进商品需要门店日常对新引进商品建档,并跟踪分析引进商品的动销率、适销率、销售额以及毛利状况,同时分析这些引进商品是否对门店销售业绩的提升做了贡献,是否有引进不对路的商品存在,并在以后的工作中不断优化调整。

特价商品业绩评估:主要是特价商品品种数执行情况,特价商品销售情况、占比情况及与前期销售对比情况分析。特价商品与前期销售对比分析,即将本档期特价商品的销售情况与特价执行前相同天数的销售情况进行对比分析(特价档期的执行天数为14天或21天)。通过以上这组数据的分析,我们可以看出门店特价产生的效果以及门店在特价商品经营中存在的问题。

 同步训练

由教师提供店铺账号,并进行分配,学生通过教师分配的账号登录店铺后台对店铺访客数据、买家数据、商品数据进行分析,撰写训练报告。最后,由教师统一点评。

 同步训练任务书

表4-6 店铺数据分析

任务名称	店铺数据分析	
网店名称		
学生分到的账号		
店铺数据分析内容		
店铺访客数据分析	访客数据	
	分析结果	
店铺买家数据分析	买家数据	
	分析结果	
店铺商品数据分析	商品数据	
	分析结果	
训练报告		
教师点评		

综合评价

表4-7 综合评价表

任务编号	020111	任务名称		店铺数据分析
任务完成方式	□小组协作完成	□个人独立完成		
评价点				分值
对店铺访客数据的分析是否正确				25
对店铺买家数据的分析是否到位				25
对店铺商品数据的分析是否准确				25
训练报告的撰写是否正确				25
本主题学习单元成绩				
自我评价(20%)		小组评价(20%)	教师评价(60%)	
存在的主要问题				

 拓展任务

学生通过淘宝搜索总结淘宝中销量最高和最低商品并对其进行原因分析。

任务三 制定工作目标和实施方案

 任务引导

在分析完行业数据与店铺数据之后,小王及其团队针对公司淘宝店铺凸显出的问题,开始筹划优化方案,以使店铺在行业高速发展中立于不败之地。

 任务分析

◆ 制定店铺推广策略。
◆ 制定实施方案。

任务实施

前面我们逐步分析了小王公司淘宝店铺所处行业数据与店铺相关数据,在分析中我们看到店铺在发展中取得了一些可喜的成绩,但也存在一些问题。对此,小王及其团队针对问题积极采取解决措施并制定推广策略及实施方案。具体步骤有七个。

步骤1:评估店铺推广策略

根据行业买家数据分析,我们了解到小王公司所售的特产干货类商品在整体的消费人群定位中以女性客户为主,这些女性对于零食、绿色食品具有极强的购买欲,她们更加注重饮食健康与时尚的生活理念。

鉴于以上两点信息,小王结合在行业买家肖像分析中的数据,将公司淘宝店铺买家群体肖像勾勒如表4-8所示。

表4-8 小王公司淘宝店铺买家群体肖像勾勒

买家肖像					
目标客户	性别	年龄	身份	收入	特征
	女	25~35岁	学生、白领、都市家庭主妇、饮食达人	月可支配收入1 000元以上	爱时尚、爱零食;注重绿色健康饮食

在明确了买家群体肖像之后,小王及其团队开始对之前的营销推广战略进行综合筛选与分析,其中不仅需要对之前的营销推广数据进行汇总,还需要就目前存在的问题综合评价适宜自身店铺策划与实施的整体方案。

步骤2:制定推广策略

经过几番细心的分析和评估之后,并结合店铺商品的特点、买家肖像信息及行业数据的分析等,小王及其团队将公司淘宝店铺推广策略制定如下。

1. 内部优化

(1) 买家在购买特产干货类商品时,都会仔细了解店铺的商品基本信息与商品细节等内容,因此需要注重挖掘商品的卖点及视觉营销的因素;

(2) 面对在本店首页跳失的客户,需要根据商品特点及季节、节日等综合因素制定店铺装修方案;

(3) 对于在商品详情页跳失客户问题,根据商品的特点、商品的使用方法及商品的适宜人群等信息二次定位和设计商品详情页去引导客户,最终使其对店铺、商品产生说服力和信任;

(4) 根据不同商品在支付宝成交金额中的反映,针对新老客户制定不同的促销策略,进而提升新客户的转化率和老客户的回头率。

2. 策略优化

(1) 在自主访问占比店铺的首要流量下,继续把握商品发布中的发布方式和商品上下架规则;

(2) 对于企业官网微博的主营销,应加大微博营销的力度,挖掘微博营销的信息传播性,合理使用微博功能以使其微博内容展现得更加丰富多样,并与其附属微博形成互动;

(3) 客户在购买特产干货类商品时非常注意其他买家对于产品的评价和口碑评价,因此需要实施线下口碑推广,具体包括行业内论坛的营销推广以及问答营销推广等;

(4) 付费的推广策略还是得加强,加大站内广告投放的比例和金额,使其不断地为店铺产生良好的宣传和效益。

步骤3：推广执行方案

小王及其团队制定的推广策略在执行中具体方案如表4-9所示。

表4-9 推广执行计划方案

时间范围	8月			9月	10月
推广阶段	内部优化及口碑创建期			推广准备期	正式推广期
阶段目标	1. 内部优化实施基本完成； 2. 获取有效、数量丰富等口碑			完成内部推广基础布局，为获取大量的自然流量做准备	店铺已经具备推广的口碑基础，同时也具备获取自然流量的基础，可以进行付费推广和维护新老客户的促销推广
推广执行	好评率调整为DSR：上升至4.5			好评率调整为DSR：上升至4.8	好评率调整为DSR：上升至5.0
	内部优化	商品发布、商品详情页内容	1. 制定并完成商品发布方案； 2. 制定并完成店铺装修方案	每日新老用户数总和突破2 000人	每日新老用户数总和突破5 000人
		商品视觉营销内容	1. 制定并完成商品主图和详情页视觉营销； 2. 制定并完成促销活动方案		
	推广策略	自主访问与微博营销		每日支付宝订单数：50单	每日支付宝订单数：80单
		付费推广与促销活动		引流总比至30%	引流总比至40%
	浏览订单转化率：15%~22%			浏览订单转化率：7%~12%； 买家返单率：20%~25%	浏览订单转化率：4.5%~5.5%； 买家返单率：25%~30%

步骤4：商品发布方案

1. 入口图片

入口图片设计主要考虑的是引导自然流量的点击和提升前期购买欲望。入口图片的设计思路：首先，要明确表达商品的价值，即本商品最大的价值是绿色、纯天然、产地直供，所以图片素材必须表达商品的这个核心价值，但也不是说就必须在商品的主图上凸显商品的所有元素，因为对于商品的宣传和图片的设计更多是考究设计的整体性和美观度，要不就会出现无核心等问题；其次，由于商品的品牌不具备广泛认知，商品的供应商也不具有极高的知名度，所以要用形象或文字表达的方式阐述商品价值。

2. 商品标题制作方案

众所周知，淘宝店铺营销中吸引顾客的不仅仅是利用产品的图片进行的视觉吸引，还应该包括产品的文字介绍。产品的文字介绍中最主要的就是产品标题，而产品标题中，合理而准确的关键字会起到关键作用。那么，怎样利用关键字的合理布局来吸引客户呢？

文字为顾客传递理性信息，图片为顾客传递感性信息。利用感性信息对产品进行初步定位，利用理性信息精准锁定产品，只有理性信息与感性信息相结合才能使得一个完整的产品信息展现在顾客眼前。因此，做好产品描述的关键字布局成为重中之重。

小王公司即末淘宝店铺以特产干货为主要商品，所以在商品描述中突出产品的绿色、天然和规格，以最简洁的语言传达给顾客最清晰的信息。

对淘宝描述关键词的布局可以分三个步骤来进行：找词、分词、分配。

找词：淘宝网为卖家提供的最简单的找词方法有淘宝搜索下拉菜单、直通车关键词推荐、同行业店铺关键词。

分词：宝贝的名称应该作为一个偏正词组出现，中心词为商品名称及商品的基本信息，再加上一定的形容词或副词作为宝贝修饰语，阐明商品特征。所以通常情况下一个淘宝商品名称由两部分组成，即基本的商品名称和简单的商品描述。

分配：如果是一家店里的不同商品，最好采用相同意思的不同关键词来扩大关键词的覆盖。

3. 商品上架时间方案

商品上架时间决定其搜索量，因此对商品上架时间的安排尤为重要。现在淘宝发布商品的周期统一为七天，现在搜索关键词后，商品的位置是按商品下架剩余的时间来排定的，越接近下架的商品，排名就越靠前。小王及其团队在明确商品发布上架规则之后，确定以下实施方案：

（1）一定要选择在黄金时段内上架商品。在具体操作中，可以从 11:00～16:00，19:00～23:00，每隔半小时左右发布一个新商品。之所以不选择同一时间全部上架是因为如果那样店铺内所有商品也会统一下架消失。如果分隔开发布，那么在整个黄金时段内，都有即将下架的商品可以获得很靠前的搜索排名，为店铺带来的流量也肯定会爆增。

（2）每天都坚持在两个黄金时段内发布新商品。每天都有新商品上架，那么一周之后，也就每天都有下架，周而复始。其次对于新品发布而言，需要坚持做好细节。长此以往，店铺每天的黄金时段内，都有商品获得最佳的宣传位置。

（3）所有的橱窗推荐位都用在即将下架的商品上。把所有的橱窗推荐位都用在即将下架的商品上，安排合理的话，所有的推荐位都会发挥巨大的威力。

根据以上商品上架时间的方案，小王及其团队开始重新划分不同商品上架的权重比例，使得不同的商品在不同时间段内都有良好的宣传效果。

步骤5：制定促销活动方案

为了配合店铺的整体营销方案，需要针对性地输出店铺的促销活动方案，小王在与团队商议之后，在之前对店铺数据分析的基础上，制定店铺促销活动方案，如表4-10所示。

表 4-10 店铺活动促销方案

买家类型	促销活动	注意事项
新买家	新买家购买就赠送礼品,并设置礼品专区	商品数目和类目各自不同,并针对礼品内容一个月更换一次。其次,价格方面应与老买家区别开,可以在价格方面设置得比较明显
新买家	新买家好评加图片可获得不同金额优惠券	针对购买商品成功之后,进行 5 分评论并上传图片的新买家,给予随机不同价值的优惠券
回头买家	老买家买就送赠品专区的开设	商品数目和类目各自不同,并针对礼品内容一个月更换一次。其次,在价格方面应形成 VIP 专享或老买家惊喜价等刺激消费
回头买家	老买家推荐新用户抽奖活动	拥有 VIP 卡,且推荐过成功购买的客户,随机抽取,一个月两次
回头买家	老买家试用专区	店铺新品,老买家一律可以申请免费试用,限量实施。更新周期最好为一周以上
回头买家	对老买家设置关联销售及分享送红包	老客户已经对店铺形成良好的忠诚度,因此可以设置热销商品的关联销售,并对分享使用心得的客户赠送随机红包

通过上述店铺促销活动,在进一步挖掘新买家购买潜力的同时,刺激其消费,并给予适当的优惠力度,使得买家对店铺形成信任感。对于老买家,则在提升其对店铺忠诚度的同时继续加大对老买家的维护力度。在店铺订单数增加的同时,通过关联销售等手段提升支付宝成交金额的总数,为店铺创造更多的利润。其次,还可通过老买家推荐新用户的方式,以口碑推广刺激老买家与新买家之间的互动。

步骤 6:制定店铺装修方案

考虑到店铺品牌与商品属性,在对店铺数据分析后,小王及其团队针对店铺装修问题,需要制定不同的装修方案,选择不同节日和季节的装修方案来改变一直单一的装修风格,使得店铺从视觉营销的角度更加吸引买家。

在制定店铺装修方案中,小王及其团队主要针对不同因素进行分析,对于店铺宣传窗口之一的客服聊天界面,客服账号要设置显著的头像和名称,突出店铺特色,使得买家对店铺产生记忆。

其次店铺商品装修,买家进入店铺首先关注的是商品的入口图片,入口图片的设计和视觉性直接决定进入店铺的访客量。对于小王公司淘宝店铺经营的特产干货类商品,在图片中不仅需要合理展现商品卖点信息,还要不断突出商品的特色和店铺的促销信息。通过与运营思路的结合和策划,使得店铺入口图片在不同时期呈显不一样的色彩,让买家赏心悦目。

店铺门面全新装修,就是要带给访客不一样的店貌。它主要包括店招、商品分类、公告三个方面。店招是买家进店后看到的第一招牌,它的作用不言而喻。在店招装修中不仅可以采用传统的更新店铺图片设计内容方式,还可以通过深入的技术功能来实现更加多彩的展示效果,如利用 CSS 代码功能添加爆款商品的展示等。

商品分类,在现用的淘宝店铺装修模板中主要还是以旺铺性模板为主,因此对于卖家而言,不仅可以利用旺铺自身带有的丰富功能来实现装修风格的转变,还可以通过Dreamweaver的功能改变传统的4×3或4×4的商品分类样式。

商品公告是提醒和通知性的内容,在商品公告的装修设计中,我们大部分都会采用文字的形式来表达内容,而面对不同店铺风格需要勾勒不同的展现形式,以便给买家留下深刻的影响。

在上述装修思路中,我们不仅需要使店铺整体效果更加统一和颜色亲和,还需要结合营销推广的需求和诉求点,使得装修风格更加迎合不同需求的买家。

步骤7:制定广告投放策略

由于产品的价位属于略高价位,目前淘宝的买家规模在本行业中属于偏小,同时买家通过搜索寻找到商品的概率低,因此在综合各种因素之后,小王及其团队决定针对自身店铺使用精准推广的广告渠道,流量不求多,而求精准,求提高店铺转化率。具体广告投放方案如表4-11所示。

表4-11 店铺广告投放方案

广告投放方案				
广告渠道	内容选择	注意事项	投放时间	投放区域
淘宝客	推动订单金额小、客单件数多的商品	注意对获取的数据进行实时监控和分析	8月、9月	自定义
直通车	效果+口碑	精准词,不要选择大流量、精准度低的词,宁可没有点击量,也不要投放大搜索量的词语	9月、10月	客单价高且购买人数多的城市

在广告投放中,需要每天针对实时数据进行监控和分析,使得广告投放的效果事半功倍。其次需要注意的是,在广告投放中不仅需要实时把握店铺后台的数据分析情况,还需要针对投放的金额进行周期性的调整,使得关键字的精准一直保持领先的优势。

 支撑知识

网店营销策略

(1) 吸引客户策略。

吸引客户策略,即如何让顾客在众多商品中发现你的商品,并被吸引进入网店仔细浏览,也就是要设法在顾客能够接触到你的信息的地方,放顾客感兴趣的信息,并吸引他们对商品感兴趣。当前网店数量众多,竞争激烈,要让顾客在众多商品中发现你的商品,并产生兴趣。一是货源要有竞争力,如某知名品牌的网络代理,或"新、奇、特"类商品,都较容易获得顾客青睐。二是信息接触点要多,即利用多种手段来展示商品信息,如论坛、友情链接、QQ群、搜索引擎、博客等都是有效的网上推广工具,尤其是论坛,当把商品图片和文字巧妙设置成签名档时,它就成了一则流动的广告,在我们发、回贴时,商品信息就自然得到了宣传。此外,每个电子商务平台内的站内搜索,是顾客在购买商品时用得最多的工具,顾客通常会通过关键字来搜索相关的商品。为增大被顾客搜索到的概率,商品标题善用关键字组合是重点。我们知道,护肤品类是网上销售最多的商品,下面是对同一商品的不同标题描述:"香草沐浴露"和"五皇冠推荐!The Body Shop(美体小铺)香草沐浴露 250 mL 清爽柔嫩",显然,后者采用了"店铺信用等级+英中文品牌+商品关键字+容量+商品特性"等多样关键字组合方式,因此被客户搜索到的概率就较大。

(2) 信任建立策略。

信任建立策略是指当顾客因为一个商品的吸引来到了店铺,卖家通过各方面展示使客户对虚拟的店铺建立信任,并愿意选购商品,甚至对店里的其他商品产生兴趣的策略。与实体店相比,网店最大的特点就是虚拟性,顾客对实体类商品,看不见,摸不着,只能通过图片和文字来了解,这容易使顾客产生不信任感,从而影响购买决定。因此,信任建立策略就是充分给予顾客想要的,使其在需求得到满足的同时建立起对商品或店铺的信任。因此,首先要分析顾客心理,挖掘其需求。当顾客第一次光临店铺时,其关注的通常是商品的图片、相关说明、价格、卖家信誉、店铺的专业性与整体感觉等,因此卖家就要针对这些需求提供专业信息,如清晰、主体突出并具美感的商品图片;详尽的文字说明,若是图书类商品,应写明出版社、作者、简介、目录、书评等,以体现出专业性;合理的价格,可采用成本导向、竞争导向、需求导向等多种方法来对商品定价。总之,我们应从多方面专业地展示店铺形象,以帮助消除顾客因商品虚拟性而产生的疑虑或不信任感,这是促成下一环节顾客下单购买的关键。

(3) 销售促成策略。

销售促成策略是在顾客对店铺建立起信任的基础上,当他对某个商品产生兴趣,具有购买欲望却又拿捏不定时,卖家促进其由"打算买"向"打算现在就买"转化的策略。消费者通常都具有贪图便宜的心理,我们在实体店里经常会发现,卖家的一些打折、减价、优惠、赠送等促销手段容易激发顾客的购买动机,使其做出立即购买的决定,在网店,往往也同样有效。顾客的消费动机一旦被激起,其内心便出现一种不平衡现象,表现出一种紧张的心理状态,这时心理活动便自然地指向能够满足需要的具体目标,当具体目标出现后,机体的紧张状态便转化为活动的动机,产生指向目标的购买行为。当目的达到后,需要得到满足,紧张状态也会随之消失。现在许多网上店铺都有"买就赠……"和"限时抢购"等促销活动,就是利用了顾客的消费心理,促使其尽快做出购买决定。

(4) 情感投资策略。

情感投资策略是指在顾客一次购买商品后,卖家通过感情营销,增加黏性,使其下次再来光顾,成为老顾客的策略。许多实例表明,网店维系老顾客比争取新顾客更重要。据调查,保留一个老顾客所需的费用仅占发展一个新顾客费用的五分之一。销售学里有著名的"8∶2"法则,即企业80%的业务是由20%的顾客带来的。对网店来说,同样如此。因此,网店在发展新顾客的同时,不可忽视老顾客的流失问题。维系老顾客的重要措施之一就是心系顾客,充分利用感情投资,方法有很多,如发货时放点小惊喜——礼品、贺卡(手写,给人亲切感)、商品小样(对护肤类、食品类商品尤其适用)等。例如,顾客在网上买了一件衬衣,收到货时发现多了一条丝巾,刚好跟衬衣相配,还有一张温馨的贺卡,这些小细节有时会成为客户日后再光顾的重要因素。此外,经常性的电话、短信或邮件回访,通过表达对客户的关爱,来加深双方联系,培养顾客对网店的特殊感情和忠诚度。

同步训练

学生结合任务二中的同步训练,分析行业数据与店铺数据,针对店铺的现状制定推广方案,并对不同内容合理分配执行。

同步训练任务书

表 4-12 店铺推广方案

任务名称	制定工作目标和实施方案	
小组成员	主要负责人	
	其他成员	
小组成员分工	确定商品发布方案	主要确定由谁具体负责执行
	确定店铺装修方案	
	确定广告投放方案	
评估方案	分析上述店铺推广策略与方案是否具有时效性	
教师点评		

综合评价

表 4-13 综合评价表

任务编号	020112	任务名称	制定工作目标和实施方案	
任务完成方式	□小组协作完成　□个人独立完成			
评价点				分值
店铺推广策略的分析是否准确				40
商品发布方案是否准确				30
制定的促销、装修、广告投放方案是否正确				30
本主题学习单元成绩				
自我评价(20%)		小组评价(20%)		教师评价(60%)
存在的主要问题				

拓展任务

学生在教师的带领下在班级内互相讨论店铺推广策略及制定方案的重要性。

 职场直通车

商务数据分析师岗位技能要求：
（1）具有较强的计算机应用能力，熟悉Office办公自动化软件。
（2）熟练掌握常用数据分析工具使用技巧，如Excel、R、SPSS、Tableau等。
（3）熟练掌握常用数据库使用技能，如MYSQL、Oracle等。
（4）具备相关统计学、电子商务等学科知识。
（5）具有良好的口头和文字表达能力，能准确地进行商务活动、制定营销方案和交流。

任务四　方案实施与效果评估

 任务引导

在综合分析与店铺推广策略制定之后，接下来就需要针对制定的各种推广策略进行实施，在实施中进一步明确方案的细节和针对实施效果进行监控和分析，使得店铺较之前营销推广效果有明显的提升。

 任务分析

◆ 店铺推广策略实施。
◆ 店铺推广策略实施效果评估。

 任务实施

面对上述已经分析和制定好的营销推广方案，小王及其团队首先选择从内部优化方面着手，先将店铺内部细节逐步提升，其次根据店铺营销推广的策略实施推广手段。具体步骤有两个。

步骤1：店铺推广策略实施

在店铺推广策略及方案都已完善的情况下，小王及其团队开始分头实施营销推广方案。具体主要分为内部优化与推广策略两个方面。

1. 内部优化实施

对于内部优化，主要是针对店铺入口图片进行优化和提升，在此小王和店铺美工进行了二次设计，使得店铺每一个商品的卖点突出，而且在入口图片中更进一步地提升了视觉效果。具体操作步骤如下：

(1)针对店铺商品原素材拍摄图片曝光、摆放设计、细节单一等问题,重新拍摄商品图片,并根据商品的特点采取合理的摆放策略使得商品核心卖点突出。其中已经制作完成的如图4-9所示,在本张图片中我们可以看到铁皮枫斗在借用了方形盘子的摆放策略之后,看起来更加丰盈,而且图片的整体色彩以墨绿色为主,曝光度等都十分饱满。这样重新调整与优化之后的商品入口图片,在整体视觉上更加舒适和具有吸引力。

图4-9 末店铺入口图片铁皮枫斗优化后效果

针对商品详情页跳失率略高和转化率低的问题,小王及其团队与运营人员、美工就商品核心卖点等信息进行细致的沟通,对商品详情页做了优化调整。如铁皮枫斗商品详情页(见4-10),我们可以看到商品详情页整体色彩统一而且搭配合理,图片内容与文字紧密结合。访客在查看图片的同时不会觉得文字喧宾夺主,因为这里将文字的颜色调整得略淡,使得详情页整体以图片内容为主,文字起到协助买家进一步了解商品的作用。

图4-10 铁皮枫斗商品详情页信息

（2）就前文分析我们得知，店铺在新老买家的流失上依然存在问题。对此，小王及其团队制定了不同商品的促销活动方案，方案中针对商品定价高、支付宝成交金额高，但整体客单件数偏少的问题，实施了添加会员积分兑换页面，对于新老买家实施不同的购买积分兑换礼品的活动。如图4-11所示，为小王公司末淘宝店铺设置的会员积分兑换活动。

图4-11　会员积分活动

其次，针对商品单价低，而支付宝成交金额高和客单件数多的商品，在原商品的基础上添加了如团购秒杀价，使得商品更大范围吸引不同买家的购买欲望，提升店铺转化率和客单件数，如图4-12所示。

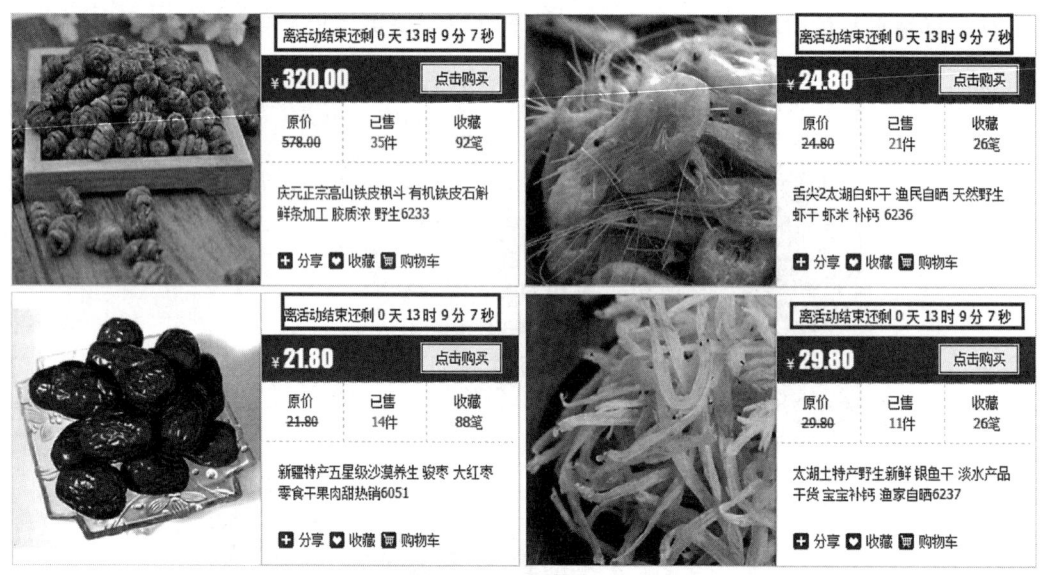

图4-12　团购秒杀活动

2. 推广策略实施

在逐渐完成优化店铺内部细节之后，小王及其团队其他运营人员开始实施推广手段，主要实施的有针对自主访问的加固以及广告投放。而对于商品上架的时间策略，小王及其团队在仔细研究行业买家搜索习惯等信息之后，将店铺商品分不同时间段和层级逐一上线，使得商品在每一天都有极高的曝光量。

（1）考虑店铺之前在自主访问方面的优势，小王及其团队在加固自主访问的实施中，主要以加大对企业微博及其附属微博之间的交互和转发等内容，使得店铺的自主访问能够持续上升。如图4-13所示为末官网微博在转发评论附属微博对于蜜柚新品的尝鲜推广,我们可以看到此条博文由其附属微博"城市对接农村"进行发布,其后由企业领导人微博"农业博士"进行二次转发和传播,使得微博内容得到最大限度的传播和宣传。

对于微博内容的策划,小王及其团队也在不断地创新,在合理利用微博功能之外,进行二次创新和挖掘自身商品及企业形象的宣传内容。

(2)对于广告投放,虽然前期分析过店铺正常搜索访问趋于健康,但为进一步提升店铺的访问量和转化率,在店铺内部优化之后,小王及其团队还是决定针对淘宝客和直通车内容进行有效的投放和监控。

这里主要说的是直通车的实操,因为前面并没有投放过直通车,因此在此投放之前小王及其团队进行了深入的了解和学习,确保店铺投放的核心关键词在定价上不会出现投放失衡的现象。如图4-14所示,在直通车精准确定关键词时,小王及其团队仍然选择了不同的选词方式,如利用淘宝搜索、软件功能查找等方式。但最终的选词中还是综合了以上几点之后,借助直通车的关键词帮助。

今天发货哈///@农业博士:上线新鲜红肉蜜柚,产地直发,快递包邮,几乎没利润,纯属跑量拉人气,大家赶紧下单尝鲜啦!

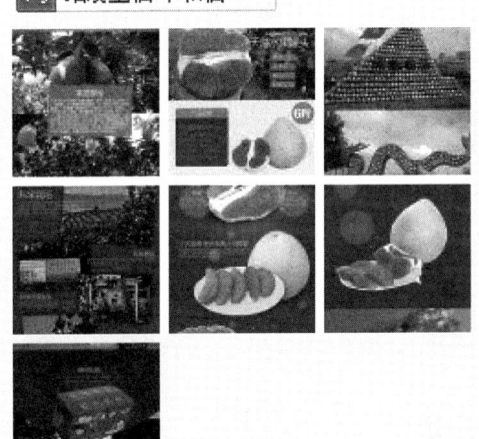

图4-13 末官网微博发布博文内容

关键词	相关度 ↓	展现指数 ↑	市场平均出价 ↑	竞争指数 ↑	点击率 ↑	点击转化率 ↑
<<大米	73.00%	585620	1.58元	1303	0.50%	3.01%
<<东北大米	72.00%	44275	1.60元	603	0.70%	4.34%
<<东北	72.00%	9592	0.95元	562	0.44%	1.96%
<<大米 包邮	60.00%	37605	1.25元	540	1.31%	2.28%
<<东北大米包邮	64.00%	5993	1.22元	219	0.97%	2.85%
<<特价东北大米	63.00%	-	-	-	-	-
<<有机大米东北	50.00%	10518	1.22元	285	0.02%	0.00%
<<新大米	51.00%	7351	1.52元	152	2.24%	2.02%
<<优质大米	53.00%	751	1.03元	71	0.93%	0.00%
<<进口大米	50.00%	995	0.92元	113	0.08%	0.00%

图 4-14 直通车选词

直通车的出价看起来简单,其实不然,淘宝直通车的出价讲究技巧,因为它是决定直通车效果的关键指标之一。出价越高意味着排名越靠前,被展现的概率越多,带来的流量也就越多。但是,对新手或者新店铺而言并不是出价越高就能获得越多的流量,那样不仅不会产生好的推广效果,反而会造成资金投入流失和供需压力等难题。因此直通车卖家需要不断优化其出价的关键词,使其推广达到预想效果。

步骤 2:推广策略实施效果评估

营销推广策略是否达到了预期效果,要看是否提升了用户参与热情、参与人数以及网店的访问量、销售额。效果分析应在整个营销推广结束后一周内完成,这样可以避免因时间过长导致部分细节问题被遗忘。效果分析主要包括以下几个方面:

(1) 促销活动指标。

流量指标:UV、PV、首页访问数据、分类页访问数据等;

销售指标:销售额、客单价、销售量在前十的宝贝数据;

转化指标:转化率、访问深度、停留时间、收藏量、询单转化率、全店转化率等;

服务指标:DSR 变动、客服响应速度、投诉量。

(2) 微博营销指标。

粉丝指标:粉丝前后增加的数量;

内容阅读指标:营销推广前后企业微博及其附属微博所发布内容的阅读量变化;

转发指标:博文内容被转发次数统计;

评论指标:博文被网友评论数量统计;

需要对以上两组数据进行汇总、分析,根据数据反映出的问题进行调整。

小王公司末淘宝店铺在推广策略实施后的数据如表 4-14 所示。

表 4-14　小王公司末淘宝店铺推广策略实施效果数据

店铺 IP/PV 数(日均)	活动页访问量(IP)		活动页访问量(PV)	
	前	后	前	后
	754.000	2 156.000	936.982	13 546.00
微博信息传递	发送量	转发总量	留言总量	参与率
	100	125 800	112 400	76%
用户回应评价	活动前后店铺收藏数		在线咨询数		新浪官方微博关注/粉丝数	
	前	后	前	后	前	后
	2 578	5 837	日均 120	日均 263	86 238	124 300

(3) 广告效果。

根据活动前预备的广告投入预算,跟踪广告效果,找出在广告投放上的技巧与不足,为下次的广告投放做相应的准备。

(4) 活动执行情况。

根据促销活动方案,查看每个环节的执行情况以及带来的实际效果,进行综合评估,对团队人员进行一个简要考核,对活动前、中、后遇到的问题进行记录、分析、总结,吸取经验和教训。

(5) 活动效果对比。

将促销活动后的效果与促销前的评估效果进行对比,找出差异的原因所在,这样可以为下次的活动预估提供更准确的思路和方法。

 支撑知识

淘宝网店推广技巧

(1) 商品的推广。

商品的推广包括三个方面:商品照片、商品描述和商品亮相时间。

① 商品照片。

在网上购物,买家是看不到商品实物的,只能看到商品照片。商品照片一定要具有真实、清晰、突出主体、漂亮的优点。一张完美的商品照片是很能吸引买家眼球的。商品照片千万不要弄虚作假,一定要是商品的真实拍照,让买家投诉照片跟实物不符就不好了,不仅失去了一个顾客也带来了一个不好的评价。照片一定要清晰,不能模糊不清,可以使用摄影棚、摄影灯等设施,拍照后用 PS 简单处理一下即可。商品照片要突出商品的主题,不要跟配饰物品分不开,显得主次不分就不好了。

② 商品描述。

商品描述更是重要。可以在描述里面多放上几张不同角度拍摄的商品照片或者一些商品细节地方的照片,让买家能更多地了解你所出售的商品。商品的材质、尺寸、颜色等都要明确标明。把物流信息、售后服务、支付方式、联系方式等也都详细说明一下。可以采用一个漂亮的、多功能、符合商品风格的模板,在商品描述模板里可以多推荐一些店铺内的商品,这就相当于增加了店铺推荐位。模板可以自己动手做,也可以到在淘宝上购买。

③ 巧控商品亮相时间。

商品发布的时间是大有讲究的。买家在搜索商品时,淘宝默认的结果是按照商品下架的剩余时间,由少至多来排列的。卖家把商品上架的时间都错开,每隔半小时发布几件商品(可以借助淘宝助理发布,淘宝助理有定时上架的功能),并且留出一些店铺推荐位,推荐一下即将下架的商品。所有商品都到期下架了以后,隔两周,再循环发布,让商品随时都排在最前面。

(2) 店铺推广小贴士。

① 让买家知道店铺是专业做这个的网店。

例如,在编辑商品描述的时候把商品的有关小知识等放进去。店家可以印制一些漂亮的店铺名片,把店铺的经营项目、ID、店铺地址和联系方式都印在名片上。在给买家发货的时候,在包装里面放上几张店铺的名片。

② 专业值得信赖。

店家可以把与商品有关的合格证书、鉴定证书等拍照后放在店铺显眼的地方,让买家相信你的专业,相信你的商品。

③ 促销活动。

店家可以在店名、公告、商品名称里添加上促销活动的信息。为店铺制定一个推广的主题,比如快到了某个节日的时候,店家就可以以这个节日的名字为主题。还有冲心、冲钻、冲皇冠、店庆等,这些都是很好的主题,都能起到促销的作用。促销的手段也很多,一元拍(拍卖就不要怕赔本,就当作是广告投资了。一元拍能快速提高店铺的流量,也许顾客拍下这件商品的同时还会购买其他商品)、包邮(为了促销可以免去邮费或者满多少包邮)、换购(设置店铺会员制度,利用会员积分加多少钱就可以换购另一个超值商品)、打折(促销期间商品打折)、送赠品(购买本店商品即送精美礼品)等。注意:促销信息要及时更新,别到了春节了还打着中秋节的促销旗号。

(3) 关系推广。

把关系推广看成卖家、买家、淘宝网发生互动作用的过程。比如,卖家可以在淘宝的个人空间和博客里面讲述一下自己的亲身故事、开店心得和对一些事情的评价,从而提高自己的形象和知名度。通过站内信、店铺留言等也可以进行关系推广。给淘友、买家发消息,问候一下,聊聊天,发一个祝福的邮件站内信,促进人与人之间的关系,从而达到关系推广的效果。

(4) 关键词。

关键词是能够引人注目、能让买家搜索到的醒目字或词语。关键词的作用也就是能引人注目,方便买家搜索到你的商品。现在好多买家在选购商品时,都是用关键词来检索的。因此,我们在发布商品的时候,给商品的名称多设置几个关键词是很有必要的,这样店里商品被搜索到的概率就会大大增加。但是有一点要切记,不要滥用关键词,否则会被淘宝小二下架。在淘宝社区里有关于关键词的使用规则,使用时应注意以下方面:

① 符合真实信息。

关键词不能乱用,一定要符合商品的真实信息。

② 换位思考,从买家的角度来挖掘关键词。

店家不要乱加关键词,要学会换位思考,从买家的角度上找到合适的关键词。看看买家喜欢搜索什么样的字和词,你是买家会用什么样的关键词来搜索商品。

③ 不要一味地堆砌关键词,注意和其他信息的结合。

店家不要随便找一大堆关键词摆在上面,要跟商品有密切的结合。

(5) 站内信。

站内信是一个很好的推广和沟通工具,店家通过站内信可以给买家发送信息。卖家发货后告诉买家物流信息、包装情况、到货时间等。到了某个节日,可以给淘友和买家一份温馨的祝福。有些买家光顾店铺后会说,以后新款到货记得通知我,这时候店家就可以通过站内信告诉买家。当店铺有促销活动或者打折的时候,可以发给买家跟淘友,告诉店铺在搞活动。(注意:格式要正式,注意称呼、问候语)站内信的内容要真诚,内容长短适当,不要废话连篇。信件的结尾要表达自己的心意。

(6) 阿里旺旺。

阿里旺旺是一款由阿里巴巴集团开发的即时通信工具,广泛应用于电子商务、在线客服、社交互动等领域,具有强大的营销推广作用。

① 即时通信。

支持实时的文字传输,可以即时发送和接收消息,实现快速沟通。可以提供丰富的动态表情,帮助用户更贴切地表达心情,拉近彼此的距离。同时内置语音和视频聊天功能,可以通过语音或视频与对方进行面对面的交流,增加信任感,促进交易达成。

另外还支持图片、文件等资料的传输,用户可以方便地发送商品实拍照、售后凭证等,以更直观地说明问题或需求。

② 商务交流与管理。

帮助店家管理客户信息,包括聊天记录、交易历史等,方便随时跟进和回顾。还可以通过阿里旺旺发布和管理商业信息,如产品信息和促销活动,吸引潜在客户的关注。能及时获取行业动态和市场信息,快速响应商业机会,助力店家把握市场先机。另外还支持在线商务洽谈,提供便捷的商务沟通环境,店家可以随时随地进行商务谈判和合作。

③ 社交与群组。

可以通过登录名或关键字查找并添加好友,扩大自己的社交圈子。可以对好友进行分组管理,如"我的客户""商家同行"等,以更有序地维护人际网络。另外,阿里旺旺群可以提供多人交流空间,可以加入或创建群组,与志同道合的朋友一起聊天、交流经验、分享商机等。

(7) 店铺功能。

店铺有很多可以为自己宣传推广的功能。

① 店名。

起一个响亮、好记、独特的店名也是很重要的,一个符合店铺的好名雅号能给买家留下深刻的印象。

② 店标。

一个漂亮的动态店标,就好比是店铺的左眼。店标可以是文字的,也可以是商品照片,不管是什么,只要做得生动、漂亮,就会给买家留下一个深刻的印象。建议店标做成动态的,最好跟店铺经营的商品有关。

③ 店铺公告。

如果店标是店铺的左眼,那么店铺公告就是右眼,同样不可忽视。在公告栏里,可以把店铺的最新动态、最新商品和优惠促销活动写在上面。语言要精炼简短,不要废话连连,否则买家不会有耐心看完的。公告栏最好做成一个漂亮的图片,再放上一个计数器,方便掌柜自己统计每天店铺的浏览量。

④ 店铺推荐。

每个店铺都有六个店铺推荐位,买家进到网店最先看到的就是店内的店铺推荐商品。可以把店铺最好、最优秀、价格最低、数量多、快要下架的商品设置在上面。吸引住顾客的眼球才能使其继续往下看。店铺推荐最好两三天就换一下,让买家感觉到卖家是一个用心的掌柜,让买家有一种新鲜的感觉。

⑤ 店铺介绍。

网店的店铺介绍内容不用过于拘谨,可以介绍一下店铺经营方式、商品特征属性、和其他店铺相比有哪些优势等。

⑥ 评价解释。

评价解释就是在卖家和买家交易成功互相评价后,有一个解释,可以以幽默的话语来解释,也可以简单推广一下自己的商品,给自己做一个小广告。

  同步训练

学生以小组为单位在教师的带领下针对店铺推广策略实施店铺推广方案,并针对实施效果进行评估和监控。

  同步训练任务书

表 4-15　店铺推广实施基本内容

任务名称	方案实施与效果评估	
推广实施内容	商品发布实施	针对哪些商品进行二次设计和发布
	店铺商品促销活动实施	确定不同需求买家商品的促销方案和实施策略
	店铺装修实施	确定不同季节和营销活动需求装修风格的变化要素
	店铺广告投放实施	确定店铺广告投放平台,并确定投放商品的关键词与定价等
评估方案	分析通过哪些方面对这次优化进行评估	
教师点评		

综合评价

表4-16 综合评价表

任务编号	020113	任务名称	方案实施与效果评估
任务完成方式	□小组协作完成 □个人独立完成		
评价点			分值
店铺推广策略的实施是否正确			40
店铺推广策略的效果监控是否正确			30
店铺推广策略的效果分析是否得当			30
本主题学习单元成绩			
自我评价(20%)	小组评价(20%)	教师评价(60%)	
存在的主要问题			

拓展任务

学生在教师的带领下在班级内讨论店铺推广策略实施方法和监控效果评估的核心点。

学习单元五　微博数据化营销

能力目标
- N1.1 能够独立分析企业微博用户；
- N1.2 能够建立微博账号；
- N1.3 掌握微博数据分析的三大数据；
- N1.4 能够制定微博运营优化方案。

知识内容
- Z1.1 掌握微博运营的基本方法；
- Z1.2 搜集微博数据分析的基本数据；
- Z1.3 掌握微博营销推广的基本方法。

本项目包含4个学习任务,具体为:
任务一　项目背景和业务分析；
任务二　账号实施方案制定；
任务三　微博数据分析；
任务四　微博营销优化。
在理解微博运营的基础上,从数据化分析的角度研究与分析企业特点,明确企业资源优势,对企业微博推广进行策划,并根据企业特点制定相关的优化方案。

任务一　项目背景和业务分析

 任务引导

在当前信息化高度发达的时代,信息创造价值的观念已经深入人心,商品的营销离不开信息技术的支持。作为一种新兴的信息媒体渠道,微博在最近几年里发展得越来越快,其在社会中的影响力也日渐加深。小章是新任的末运营编辑,他充分地认识到微博能够快速发掘和传播消息,收集各类人群的基本数据,通过对微博数据的统计分析,商家可以清楚地了解潜在客户的生活习惯、消费习惯、兴趣爱好,并以此作为出发点,挖掘潜在客户的真实需求。为此,他在末原有的运营基础上,对末的微博运营做出了新的调整。通过信息收集方式,利用微博平台,将产品信息进行更大范围的宣传,并深入挖掘潜在客户。在新时期,这种宣传模式必将成为一种高效的营销方式。因此,小章将数据化分析与微博营销的特点优势相结合,并逐步实现将二者结合起来的微博数据化营销运作方式。

任务分析

- 分析业务需求。
- 分析用户需求。

任务实施

微博是一个信息交流的平台,也是新型的网络营销方式之一。随着微博用户数量的急剧增加,其也开始备受各大企业商家的关注,致使企业与商家将宣传的重点放在了微博上,这也就是微博营销产生的重要原因。其次,微博营销可以极大地加快产品信息传播,让更多的消费者了解自身的产品。但是,盲目单方面地在微博中直接进行产品发布、宣传是见不到成效的。微博在营销中最大的价值在于用户基数与结构的庞大,所以从产品营销角度来看,直接客户远远少于潜在客户群体,如何开发、刺激潜在客户群体,是商家和企业成功营销必须思考的问题,这就需要结合有效的数据来规划完成。有了初步的数据化概念后,小章决定先从业务和用户两个方面着手分析。

步骤1:业务分析

面对互联网日新月异的发展和变化,对小章所在的公司而言,当下的首要任务就是与时俱进,稳中求进。对此,公司领导针对公司发展的总体战略,要求小章对公司核心业务进行详细的分析,并且更进一步明确公司的发展方向。

末作为上海农享信息技术有限公司,即国内知名的农村互联网门户服务机构及安全农产品资源整合商旗下的中国知名农产品分类信息网站,其涵盖了全国所有村子,是中国农民朋友最喜欢的农产品供求信息发布平台。其在发展过程中一直谨遵食品安全的原则,以中国农业部制定的绿色产品标准来筛选站内的农业产品,要求站内农产品"从土地到餐桌"全程质量控制。符合绿色食品在生产、加工、包装、储运过程中,严密监测、控制和标准化生产,并且科学合理地使用农药、肥料、兽药、添加剂等投入品,严格防范有毒、有害物质对农产品及食品加工各个环节的污染,确保环境和产品安全的规则。为此,末的产品来源均选自自然环境优良、无污染地区的农村,主要将农户的安全农产品直接提供给消费者,让消费者不再为食品安全而担忧,也提高了农民在农产品流通环节的直接收入。

同时,随着时代的进步和健康潮流的推动,"绿色、天然、健康"的食物越来越受到消费者的青睐,而互联网的发展也使人们可以通过网购的方式满足自身的需求。

图 5－1 为小章从淘宝搜集的近一个月内，农业类粮油作物的搜索排行榜数据，从数据图中可以看出，天然健康的粮油作物所占的市场比例是不可忽视的，绿色食品作为现代人们对健康的追求，每种相应的天然农作物都保持在上升和热门搜索的程度上。针对这一契机，末结合自身，提出了农产品电子商务概念“城市对接农村”。并且，末也清晰地认识到网购市场的强大，所以其也在淘宝开设了自身的品牌网店。

粮油作物 上升榜

关键词	搜索趋势	搜索指数
1 金牛区苦荞干杂店	338%	59
2 供应红高粱	280%	44
3 英国红	200%	117
4 饭豆价格	189%	215
5 燕麦仁	169%	117
6 油料花生米	168%	128
7 现磨五谷豆浆烘焙原料	167%	111
8 东北高粱	166%	277
9 红薯批发	161%	181
10 麻豌豆	156%	134

粮油作物 热搜榜

关键词	搜索指数	全站商品数
1 小米	5630	155807
2 玉米	3935	481781
3 五谷杂粮	3159	22854
4 黄豆	2306	20413
5 绿豆	2236	19739
6 红豆	2139	29997
7 饲料玉米	1674	53324
8 芝麻	1645	69573
9 红薯	1586	21281
10 杂粮	1577	79940

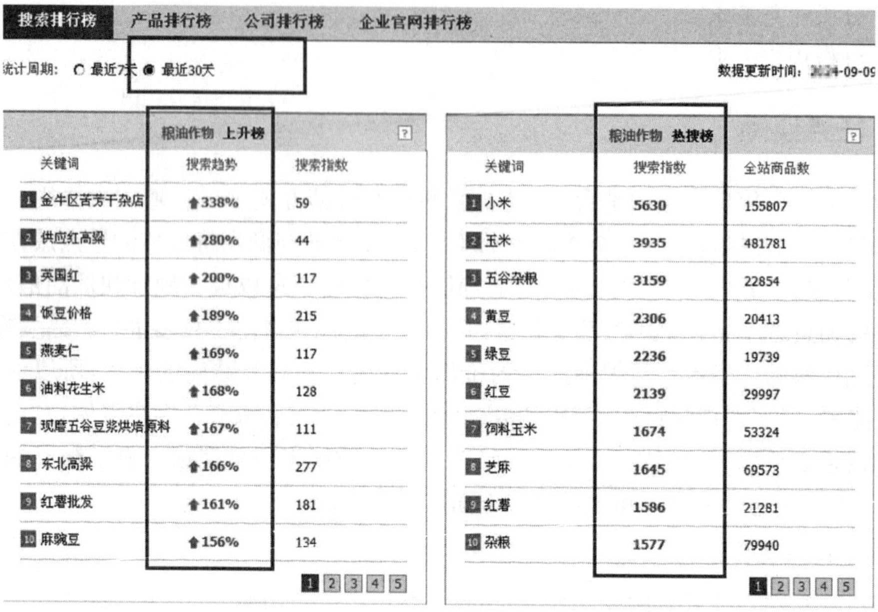

图 5－1　近一个月内淘宝农业类粮油作物的搜索排行榜

不但如此，小章根据公司的产品定位，将店铺的主要目标人群锁定为追求健康绿色生活的都市人群，其将网店的主推产品从两大方面着重推广，一方面是末合作基地，如店铺主推的广西桂圆、新疆灰枣、四川银耳、湖南红莲子、桂林干八角、昆仑雪菊、山东临沂杂粮等多个原场地合作基地的农产品，如图 5－2 所示。

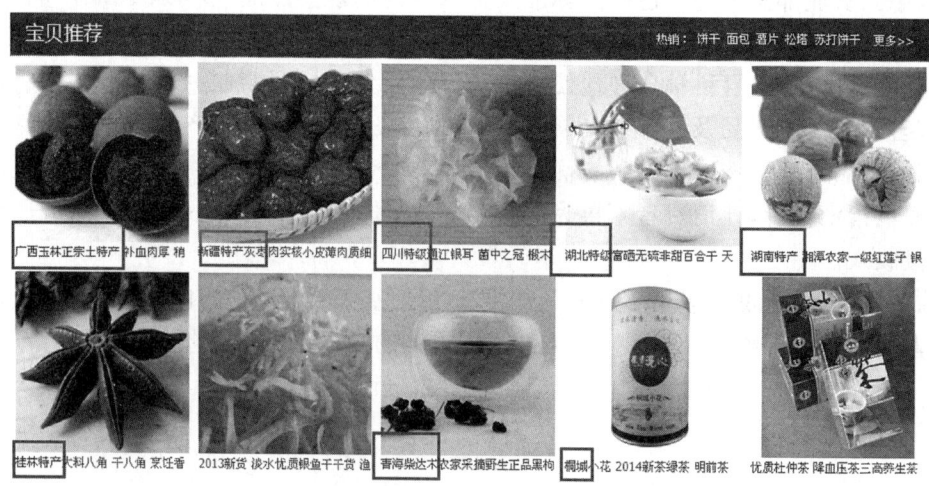

图 5－2　合作基地的农产品

另一方面,来自优质农家直供,如图5-3所示。

图5-3 农家直供农产品

对于末来说,网店的开设无疑是业务的进一步拓展,通过以上的业务分析,小章对末的现状做出了一个初步的判断,也确定了末将持续为消费者提供天然健康的绿色食品的发展方向。接下来,小章需要从发展的方向中提炼出准确的目标用户。

步骤2:用户分析

基于末的网站定位与发展方向可以得出,追求健康或拥有健康理念的都市人群会是其最大的用户群体。但出于长远的发展考虑,小章还需要从网站的用户层面,根据用户访问行为特征将用户细分成各种类型。因为用户行为各异,行为统计指标各异,分析的角度各异,所以如果要对用户做细分,可以从很多角度根据各种规则实现,而实现的前提是确定分析目的,明确业务层面的需求。

小章以指导内容层面的调整为导向,通过比较各用户细分群体对内容需求的差异,优化内容运营,将优质的产品或者符合用户偏好的产品推荐给相应的用户。小章从流失用户与留存用户、新用户与老用户、单次购买用户和二次购买用户三类用户细分规则出发,对每个分类的用户购买的商品进行比较分析,明确哪些产品更加符合用户的预期。

1. 流失用户和留存用户比较

以末淘宝店铺为例,其淘宝店铺的内容就是天然的农产品,小章通过分析工具,得到基于每个产品计算购买这些产品的用户中购买后造成流失的用户比例,如图5-4所示。

商品	购买后流失的用户数	购买总用户数	流失用户比例	与总体比较
A	379	652	58.13%	3.80%
B	195	368	52.99%	-5.38%
C	197	312	63.14%	12.75%
D	131	254	51.57%	-7.90%
E	111	200	55.50%	-0.89%
F	69	176	39.20%	-29.99%

图5-4 流失用户与留存用户数据比对

现假设 A、B、C、D、E、F 商品分别代表店铺中的昆仑山雪菊、新疆大枣、自产蜂蜜、四川银耳、安徽铁观音、农家香菇。在图表中,每个商品的流失用户比例应该是购买该商品后流失的用户数在所有购买该商品的用户中的占比。假如只知道每个商品的流失用户比例,是无法评价这个商品是否对用户保留有促进作用,或者在一定程度上造成了用户的流失的,只有通过与总体水平的比较才能得出相应的结论。所以小章在这里需要重点分析的是"与总体比较"这个数值是如何得到的。首先,小章假设总体用户流失率为 56%,那么以 A 商品昆仑山雪菊为例,与总体比较的结果是:(58.13%－56%)/56%＝3.80%。使用同样的计算方法也可以得到其他商品与总体比较的差异幅度。所以,图表中的百分比不是直接相减的结果,而是一个差异幅度的体现。

其次,小章根据上图表中的分析结果对运营调整给出了直接的指导性结论:促进用户保留。所以小章要做的就是将有利于用户留存的商品推荐给用户,而将那些可能导致用户流失的商品进行优化或者下架。

2. 新用户和老用户比较

同样,小章使用上面的方法也可以区分不同用户群的购买偏向。新老用户的细分是最常见的用户细分方法,小章使用类似的方法来比对新老用户对商品的不同喜好,从分析工具中提取的数据表如图 5-5 所示。

商品	购买新用户数	购买总用户数	新用户比例	与总体比较
A	182	536	33.96%	-2.99%
B	156	439	35.54%	1.53%
C	142	411	34.55%	-1.29%
D	83	286	29.02%	-17.08%
E	59	177	33.33%	-4.76%
F	37	101	36.63%	4.67%

图 5-5 新老用户数据比对

从上图可以清楚地看出,购买 D 商品的用户中新用户的比例明显偏低,也许新用户根本就不喜欢这个商品,而 B 商品和 F 商品显然更加符合新用户的口味。另外,小章也需要考虑到一点,比如,这个数据呈现的特征可能跟商品的推广渠道有一定的关系,比如上图中 D 商品比较多地使用了老用户比较集中的推广渠道,自然购买用户中老用户的比例会偏高;或者把某些商品放在新用户注意力比较集中的区域展示,那么购买该商品的新用户比例也显然会偏高。所以,在做诸如此类的分析时需要注意推广渠道的差异。小章决定具体问题具体分析,并采取新老用户区分的定向推广方式以提升更大的转化率。

3. 单次购买用户和二次购买用户比较

对于淘宝店铺而言,用户的首次购物体验非常重要,这将会直接影响用户是否会产生再次或者之后的多次购买,或者是否能够成为店铺的忠诚客户。小章作为末的运营编辑,自然非常明白用户关系管理的重要性,所以,他决定恰当运用用户关系管理,通过分析原有用户中的单次购买和二次购买的用户明细来达到运营的目的。从分析工具中所得数据表如图 5-6 所示。

商品	促成二次购买的用户数	首次购买用户数	二次购买用户比例	与总体比较
A	310	594	52.19%	8.73%
B	156	357	43.70%	-8.96%
C	168	338	49.70%	3.55%
D	131	236	55.51%	15.64%
E	111	192	57.81%	20.44%
F	73	171	42.69%	-11.06%

图 5-6 单次购买用户和二次购买用户数据对比

首先,小章需要注意的是这里的基础用户群设定在了每个商品的首次购买用户而不是所有用户,所以其要分析的是在将该商品作为首次购买商品的情况下,用户是否还会发起之后的再次甚至多次购买行为,从而评价商品对于首次购买体验的影响好坏。从上表数据可以看出,B商品和F商品在促成二次购买方面表现不佳,其原因有可能是商品的口感或其他一些问题影响了用户的满意度,阻碍了用户再次购买的脚步。所以根据分析结果,小章尤其需要对那些二次购买率比总体水平低的商品进行重点关注;同时也需要根据商品的特征进行分析,有些商品比较容易促成二次购买的原因,可能是存在交叉销售和向上营销的情况。

  支撑知识

1. 微博营销特点

(1) 立体化:微博可以借助多种多媒体技术手段,以文字、图片、视频等展现形式对产品进行描述,从而使潜在消费者更形象直接地接收信息。

(2) 高速度:微博最显著的特征就是传播迅速。一条热度高的微博在各种互联网平台上发布后短时间内转发就可以抵达微博世界的每一个角落。

(3) 便捷性:微博营销优于传统推广,无须严格审批,从而节约了大量的时间和成本。

(4) 广泛性:通过粉丝形式进行病毒式传播,同时名人效应能使事件传播呈几何级放大。

2. 微博营销的目的/效果

(1) 有效实现品牌建立和传播——官方微博。

(2) 树立行业影响力和号召力,引导行业良性发展,传播企业价值观——领导人。

(3) 产品曝光和市场推广——市场。

(4) 发现目标客户,精准互动营销,完成客户转化和订单销售,全面分析营销效果——客户。

(5) 无处不在的主动客服,服务真实客户——客服。

(6) 对企业的口碑实时监测,确保危机公关——公关。

  同步训练

从身边熟悉的企业入手调查,对其业务进行详细了解,并收集与其相关的运营数据,根据数据分析其业务状况和受众群体的特点,总结出其用户的需求。结合情景要求完成下表:

表 5-1　企业项目分析表

业务定位	营销的品牌或核心要素	
业务发展目的	促进产品销售,提升品牌知名度,提高站点访问量等	
1. 业务营销方式选择		
营销方式	实施原因	是否可行性
微博推广		
微信推广		
2. 用户分析		
用户细分类型	用户特点	用户需求
总　结		

综合评价

表 5-2　综合评价表

任务编号	020114	任务名称	项目分析
任务完成方式	□小组协作完成　　□个人独立完成		
评价点			分值
对企业背景的分析是否完善			40
对企业业务的分析是否合理			40
对用户的分析是否妥当			20
本主题学习单元成绩			
自我 评价(20%)		小组 评价(20%)	教师 评价(60%)
存在的主要问题			

拓展任务

以小组为单位,寻找身边的一些企业,详细了解企业的运营现状,分析并了解其受众及企业背景。

思政园地

社会主义核心价值观是中国精神的集中体现,凝结着全体人民共同的价值追求。它倡导富强、民主、文明、和谐,作为国家层面的价值目标,引领着中国特色社会主义事业不断向前发展,旨在实现国家的繁荣富强、人民的当家作主、社会的全面进步以及人与自然的和谐共生。在社会层面,自由、平等、公正、法治的价值取向,为我们构建了一个公平正义的社会框架。它提醒我们,在追求个人自由的同时,也要尊重他人的权利,维护社会的和谐稳定。平等不仅意味着机会的均等,更在于消除偏见,让每个人都能在阳光下公平竞争。公正与法治则是社会正义的基石,它们保障了每个人的合法权益,让社会更加有序、和谐。在个人层面,爱国、敬业、诚信、友善的价值观,是我们每个人应当内化于心、外化于行的行为准则。爱国,是对这片土地的深情厚谊,是民族复兴的责任感;敬业,是对工作的热爱与专注,是追求卓越的精神;诚信,是人际交往的基石,是社会信任的源泉;友善,则是人与人之间温暖的桥梁,是构建和谐社会的润滑剂。在进行数据化运营的过程中,更应该诠释社会主义核心价值观,强调诚信经营的重要性,遵守相关法律法规,确保数据的合法合规使用,维护用户隐私和权益。此外,还应倡导平等、公正的原则,在数据分析和决策过程中,不偏不倚,客观公正,确保数据结果的准确性和公正性。为推动社会进步和经济发展贡献力量。

任务二 账号实施方案制定

任务引导

小章在掌握了末的业务和用户需求后,为了使末进一步提高用户体验,其将以数据说话的方式,对末在微博营销状况、策略等方面存在的问题做出分析与调整。

任务分析

- ◆ 建立账号方案。
- ◆ 内容运营策划方案的制定。
- ◆ 宣传推广策划的制定。
- ◆ 活动策划方案的制定。
- ◆ 建立粉丝管理方案。

任务实施

步骤1:制定账号建立方案

微博从诞生到如今,以惊人的速度发展着,其庞大的用户群自然也吸引着企业的目光。根据调查数据可得,如图5-7所示,多数微博用户的初衷是放松心情,打发时间,86.36%的用户是为学习知识与开阔眼界。同时微博,作为社交网络,结交朋友自然是其中一大目的,微博的媒体属性满足了用户随时随地获取咨询的需求,所以77.27%的用户是为了结交与联系朋友。不但如此,自微博2012年全面开启商业化进程以来,其吸引了越来越多的企业微博入驻。随着各大企业媒体等开通官方微博,微博也成了一个新闻来源,信息动态了解之处,所以59.09%的用户是为了知晓新闻,了解最新信息。

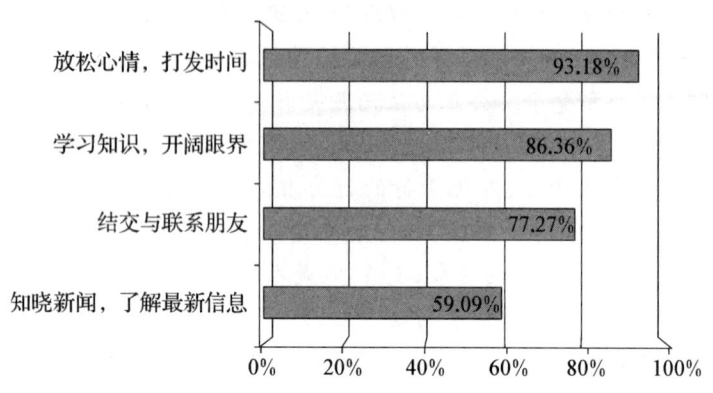

图5-7 微博用户使用原因调查

继之,大数据时代的到来,企业更可以通过微博来实现内容和广告的精准投放,投其所好。同时,企业通过微博平台,也可以让更多的人了解企业产品及文化,增强网友对企业的认知度和美誉度,甚至是提升互动性。

为此,末无论是立足于微博发展的宏观环境,还是从自身拓展的角度出发,如何灵活运营好自身微博账号,都将是其当下微博营销的一大要点。

掌握了企业需求后,小章第一步决定从制定账号建立方案入手。

首先,企业想要实施微博营销,运营者需要对微博有深刻的了解,从而确定企业进入微博的目的,进而有针对性地根据企业本身能利用的资源进行深入的了解和分析,确定出微博的营销目标和制定出全局性的方案。

末作为一个农产品分类信息网站,其一直坚持以为人们提供纯天然绿色无公害的食品为宗旨,所以其微博账号制定方案中一定要充分考虑如何突出自身的亮点与优势。在把一系列的资料准备好后,小章便着手在选择好的新浪平台上注册微博,微博的注册流程中,需要强调的是微博名称和个性域名的选择。若是企业微博,可在填写昵称和微博名称时,将企业名称或需要推广的产品品牌注明;个性域名可选择为品牌名称的全拼。这样的操作一方面从用户角度考虑,可让来访者一目了然地看到自身的品牌名称;另一方面从搜索引擎角度考虑,对搜索引擎友好,搜索品牌关键词排名靠前。为此,小章和公司领导沟通过后,决定用nx28的个性域名定义其微博,使之与末网站nx28.com形成呼应,从而提升二者的统一性与"互惠互利"。

其次,在完成微博的注册后,小章将对微博进行设置。微博设置是注册微博重要的一个环节。比如需要设置个人资料、隐私设置、个性设置等,如图5-8所示。

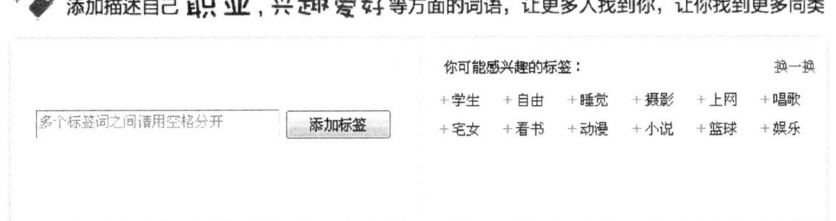

图 5-8 微博信息设置

在设置中需要说明的是个人标签的设置,这里可选择描述自身职业或个人兴趣爱好方面的词语,如电子商务、互联网等。在贴上标签的同时,微博就会为你推荐贴同样标签的用户,以此扩大个人社交圈,如图 5-9 所示。

图 5-9 微博标签设置

不但如此,由于微博介绍会在首页显示,是帮助其他人了解这个微博的入口,因而这里的文字就显得弥足珍贵。若是做产品推广可视为营销点,可以将产品描述以精简话语放置于此。所以,小章采取了一针见血的描述方法,既说明了微博和网站的关系,也说明了末的业务模块,如图 5-10、图 5-11 所示。

图 5-10 末微博介绍

图 5-11 城市对接农村微博介绍

小章明白微博的运营是从营销的角度出发的,所以,想要把微博营销做好,不论个人还是企业,一定需要将微博进行实名认证。因为这样不仅能够提升微博的权威性和知名度,能够带来意想不到的"粉丝收益",还能更好地跟名人产生互动。微博认证提供了针对个人、企业、媒体、网站的多种认证方式,可按照要求完成认证过程。

小章考虑到末网站的身份,决定将末微博申请为网站机构认证,并按照微博对网站认证的要求完成如下步骤:

(1) 提交网站认证申请;

(2) 下载、上传检测文件,验证网站真实性。

很快,末微博的认证就获得了批复,认证后的微博较之未认证的微博,运营提升速度相对更快。

最后,在微博装修方面,小章结合之前的运营要素来凸显末的特色,如表5-3所示。

表5-3 末微博特色

要素名称	要素内容	末的执行
微博昵称	简洁,易记,以公司名称、品牌为宜	
个性域名	以公司、品牌的中英文为宜	
头像	以产品或企业Logo为宜	
背景	简洁、清晰为主,根据微博尺寸合理设计,充分利用其广告价值	

续 表

要素名称	要素内容	末的执行
标签	根据公司、产品或人群定位设置关键词,便于潜在用户搜索	健康、农副产品、蜂蜜、特产、互联网、电子商务(标签)

另外,企业微博营销要有灵活的微博账号的运维体系,企业启动微博营销之时,账号资源如果只凭单一的企业的官方微博账号是不足的,真正的微博营销账号在资源上需要形成一个微矩阵,这些矩阵里,根据企业的账号资源可以是十几个甚至是几十个。这些账号主要包括以下几个方面:

(1) 企业的官方微博账号:企业官方账号一般只用一个,也有多个。比如一些企业,主站有一个,各个分公司也都有一个。

(2) 企业高管账号:企业的总经理、CEO之类的微博,利用本身的影响力推广公司的品牌。

(3) 企业员工的账号:根据每个企业的规模不同,一些企业有上百甚至上千个员工,那么他们的微博对企业做微博营销来说也是不可小视的力量。

(4) 企业的草根账号:企业私下大力培养的一些草根账号,这部分账号聚集了大量的粉丝。在企业做宣传或其他活动的时候就派上用场了,可以转发和评论企业官方主账号的活动内容。

为此,小章在微博账号设置方面,遵从以企业领导人的微博账号——农业博士为主,以农村对接城市与末官网微博为辅,彼此形成互动,如图5-12~图5-14所示。之所以选择以企业领导人的微博账号为主,是因为其在微博发展初期就进驻微博平台,积累了丰厚的粉丝和用户群体,对于平台及产品后续的销售有着极其有效的作用。一切的微博营销,都是以账号的粉丝为基础,在这基础上做好互动并且结合相应的微博资源推广,才是营销之道。同时,也只有每一个微博账号都建立并维护好了,才算是微博营销的真正开始。

图5-12 农业博士微博账号

图5-13 末官方微博账号

图 5-14 城市对接农村微博账号

步骤 2：制定内容运营策划方案

微博营销在建立完备的账号后，下一步就需要吸引目标用户的主动关注。

但要在上亿微博用户中吸引到有"价值"的粉丝并不容易。这就要求运营者把握"内容为王"的原则。

微博的内容不像博客那样可以长篇大论，如何运用有限的字数，达到营销的效果，这就考验运营者的文笔了。小章将微博的内容归为两类：原创类和转发类。

1. 原创类

小章通过浏览以往末的微博，发现末微博中的内容绝大多数为原创性质，并且每一条都以微博营销的需要为主线，从农民需求的角度出发切实解决农村的实际问题，同时又对末和农享淘宝店铺进行了恰到好处的营销。

原创类型一：独立型——解决农户产品销路问题。

如图 5-15 所示，该微博内容是末微博常规原创内容之一。通过内容可以得出末希望通过微博平台的强大传播力帮助农民朋友解决滞销问题，微博内容有真实的姓名和联系方式，并且有图有真相。通过微博，看到图中新鲜的萝卜和焦虑的农户，各路人士都愿意伸出援手，团结互助共渡难关。从营销角度出发，这条微博以力求帮助农户解决产品销路问题为内容焦点，共获得了 108 次转发和 29 条评论。在解决了农民朋友的燃眉之急的同时，还间接为自身带来了流量和关注（见图 5-16），潜移默化地将末的品牌植入微博用户心中。

原创类型二：扩散型——解决农户产品销路问题。

如图 5-17 所示，此为末微博发布的另一条内容，微博的内容也是为了解决农户农产品销路问题，但较第一种原创内容，这次的微博内容有了更强的扩散性。

为了一探究竟，小章从营销角度分析当中的差异性：

（1）双#的使用能够让内容在话题模块中增加被展示的机会，让更多的用户发现本条微博，所以此条微博的内容使用了微博的话题功能，为内容的传播创造了更多的渠道——#河南省酥梨求救#，也让微博得到了更大范围的传播。

学习单元五 微博数据化营销

图 5-15 末微博内容之一

图 5-16 微博内容的转发与评论

图 5-17 末微博内容之二

（2）积极运用微博的@功能扩大微博影响力。在公益事业面前，人人都乐于参与，其中不乏名人明星。名人愿意参与其中主要可以归结为四个因素：

① 末从解决农民困难的公益角度出发，所发布的信息都经过了仔细筛选和审核，能够确保信息的准确度和信任度。

② 许多名人愿意通过公益来实现对人生奉献的更高追求，他的评论＋转发也代表了人心向善的情怀。

③ 通过微博的@功能，在一定程度上，可以拉近普通大众与名人之间的距离。对名人而言，通过简单的评论＋转发就能促成一件公益事件，帮助到有需要的人群，何乐而不为呢？

④ 末坚持以实事求是的原则来为中国最广大的农民朋友提供真切的帮助，拒绝一切不实的虚名，以宣扬正能量为主旨，这也是末能够立足至今的根基。

因此，经过上述分析，小章对此条微博获得的成果进行了总结，如图 5-18 所示。如图 5-19、图 5-20 所示也是利用微博扩大营销影响力的例子。

图 5-18 本条微博的评论与转发

首先,本条微博获得到 846 次转发和 306 条评论。其次,微博能取得如此可观的转发和评论,不可否认当中添加了安以轩的支持。在微博发布段时间内,安以轩就转发了本条微博。他的转发不仅带动他粉丝对本条微博的关注,也促进了更多名人的跟进。图 5-18 展现的便是安以轩拉动名人参与此次公益的带@的转发。未通过微博积极与评论或转发的用户进行互动,使得用户意识到交流的快乐,促成了本条微博的成功,也切实帮助农户解决了酥梨销路问题,推进了未知名度的提升,改善了网站自身流量问题。

黄渤出镜引"助农"共鸣！京东「丰收节」大片微博掀热议

营销新说Openday
看微博如何解读营销

又是一年"中国农民丰收节"，华夏大地处处五谷丰登、瓜果飘香，广大农民共庆丰年、分享喜悦。

欢庆的人潮中，首届"京东农特产购物节"惊艳亮相。本届京东农特产购物节累计上线30万款高质量农产品，国家地理标志产品超12万个，覆盖全国2 336个农特产地及产业带。

除了实实在在地拉动农特产品交易增长之外，京东还以一支别开生"面"的短片，配合矩阵式话题传播，在微博平台围绕"农特产购物节"撬动超15亿阅读量与60余万次讨论，真正实现了让优质原产地好物被看见，交出一份品效兼顾、相得益彰的精彩答卷。

图 5-19 微博的营销

导语：京东携手黄渤，为中国农民丰收节献礼，祝咱中国每个丰收季都金黄灿烂，一片蓬勃！9.7-9.25京东农特产购物节，咱们一起挣个大面子回来！

图 5-20 微博的营销

如图5-19所示,微博短片整体基调昂扬向上、催人奋进,以最简单的"面子"串联起华夏大地的丰饶物产,幽默而振奋的内容也为后续的话题传播奠定基础。围绕短片衍生出三大话题#一起给家乡挣个面子#、商业话题#看黄渤如何挣个面子#、微博IP#知识振兴乡村#均引发热议。

原创类型三:营销型——解决农户产品销路问题。

作为末的官方微博,小章与公司领导进一步沟通后,按照末的两个业务分支将微博营销向两个方向不停深入。前面的微博案例主要是末通过解决农户产品销路问题带动末作为支持农业发展、解决农民问题的互联网平台的价值和作用,而作为末的另一业务——"城市对接农村",即通过淘宝平台将来自农村的一手农业产品销售给千家万户,也是其关注的要点。

出于不同的营销目标,末为这项业务专门开辟了"城市对接农村"的业务微博,从而形成了微博营销中的"双子星"模式,不仅能够经纬分明地区分两个业务分支,也可以形成相互交汇,通过相互转发、评论等功能促进两个微博共同提升的目的。

如图5-21所示,这是业务微博的内容之一,简单明了,图文并茂,对农产品进行介绍之后给出购买链接,导向末淘宝店铺,直接促成交易,如图5-22所示。

特别推荐!柴达木农家采摘野生正品黑枸杞:格尔木地处青藏高原腹地,90%的土地属于荒漠、半荒漠的戈壁滩,自然条件恶劣,每年的风沙天气有近180天,在这样艰苦的自然条件下,生长着一种黑色植物。一粒粒颗黑晶亮,更以较高的营养价值、药用价值,被誉为健康"软黄金"。购买地址:http://t.cn/zYFUb2j

9月12日 13:47 来自微博 weibo.com　　👍(6) | 转发(28) | 收藏 | 评论(7)

图5-21　城市对接农村业务微博内容之一

数据营销

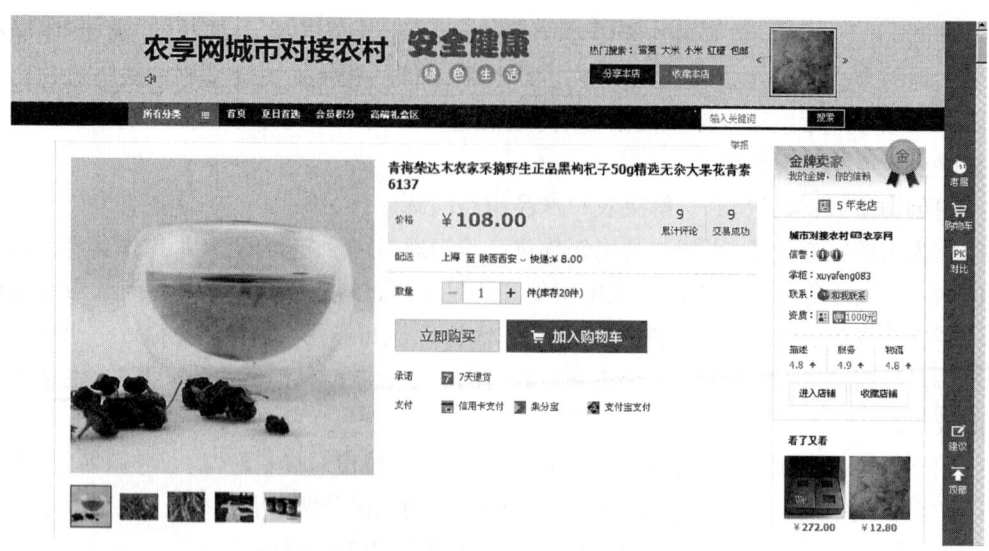

图 5-22　微博指向的末淘宝店宝贝详情页

接着,末官方对此微博进行评论＋转发,将业务微博内容进一步扩散,如图 5-23 所示。

两个微博的交互,不但促进了淘宝店铺的销售,还提升了两个微博的传播力,同时,解决了农民的农产品销路问题,并取得了良好的效果,如图 5-24 所示。城市对接农村的微博在得到转发＋评论的同时,不但以微博作为营销渠道,还将此作为客户服务平台,积极与用户交流。

图 5-23　末对业务微博内容的评论＋转发

图 5-24 与用户形成交流

此外,对淘宝店铺而言,经过微博的传播,一方面,帮助农户解决了产品销路;另一方面,带动了店铺的业绩的增长,达成不错的月成交数量并收获100%好评,如图5-25所示。

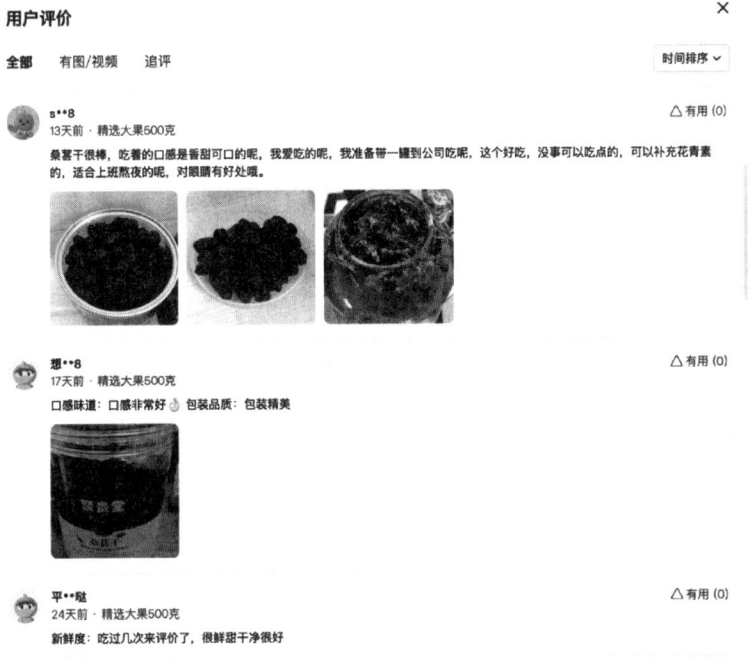

图 5-25 末淘宝店铺宝贝评价与销售

2. 转发类

末在对待转发类微博时,首先确保内容与微博、网站的主题是一致性的,均是与农村、农业和农民相关的内容。另外,末绝大多数的转发内容是对自身微博的再加工,通过评论＋转发的形式产生"新内容",不仅极大地丰富了微博的内容,同时也与微博参与评论的用户形成交互,使得用户真切感受到微博背后来自末经营者的认真与用心。在末的运营下,微博不再是一个工具,而是对接城市与农村的桥梁,如图5-26所示。

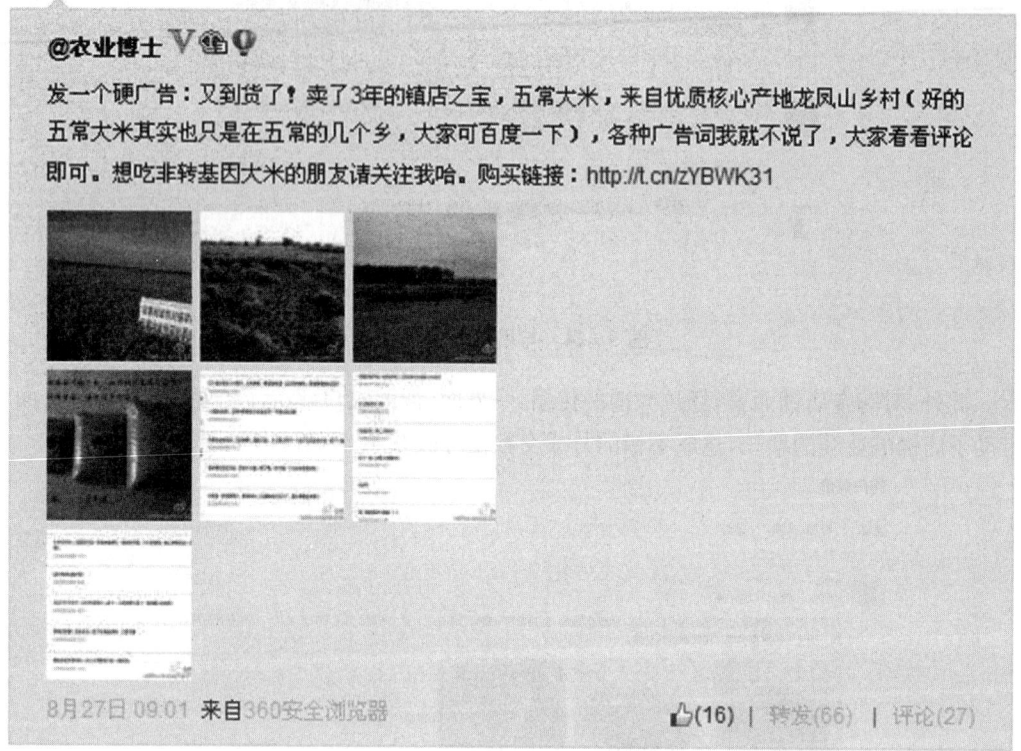

图5-26 末的内容再加工

此外,利用转发功能,末不仅将官方微博和业务微博形成交错发展,还与微博平台中的其他农业相关微博形成传播联系,共同为农业创造价值。

步骤3:制定宣传推广策划

有了好的微博内容,这时就需要更好的对外推广,如果没有跟随者,那么再好的内容也无法得到有效的传播。小章深知宣传推广对企业的重要性,所以他决定从以下几个方面去制定适合末的宣传推广策划。

1. 开展有奖活动

微博有奖活动是提供免费奖品鼓励的一种营销模式,同时也是一种宣传推广手段,大多数微博用户都乐于参与到这种有奖品的推广中,并且这种方式可以在短期内获得一定的用户。图 5-27 所示为末的有奖活动,以奖品形式呼吁转发此微博——收购高品质的农产品,从另一方面来说,也是在告知广大用户,末对农产品的要求严格,末的产品完全可以满足消费者对天然无公害的绿色产品的需求。

图 5-27 末微博推广活动

2. 特价或打折信息

提供限时内的商品打折活动,也是一种有效的宣传推广方法,末通常定时发布一些结合节假日或时节推广的农产品,如图 5-28 所示,并且在微博内容中附上相关商品的链接,直接将有意向的用户导入淘宝店铺中。在达到宣传效果的同时,还为淘宝店铺带来了相当的流量。这种一举两得的方法可以带来不错的传播效果。

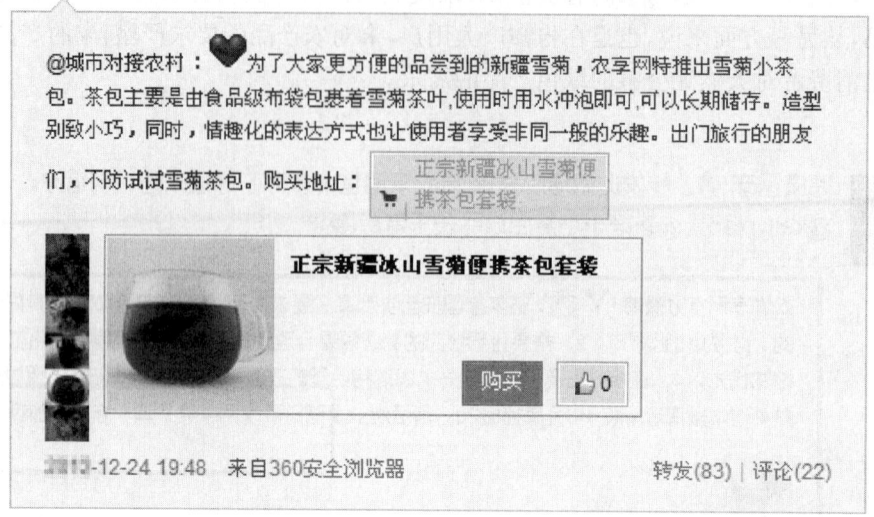

图 5-28 末优惠活动

3. 关键词推广

在发布的微博内容当中,增加关键词,如♯80后♯,采用两个"♯"标注起来,这个关键词出现的频率高,微博内容也更容易曝光,其他博友在搜索的时候,微博内容也更容易被搜索到。在发布内容、转发评论其他博文的时候尽量"@"其他博友,一次多@几个人,这样发布的内容或者评论的内容,被@的人也会收到,他们一般都会去看看发布或者评论的内容,增加了推广的概率。如图 5-29 所示,末注重的是绿色优质农产品,所以,在关键词推广中,也遵循这一初衷,选择的是以♯只卖好米♯这类突出农产品特色的关键词,再结合@农业博士,通过农业博士的号召力将宣传推广发挥到最大值。

4. 名人推广

微博上聚集着大量名人,而名人通常也是微博上的焦点,通过名人发布微博或者转发微博,可以得到较高的点击率和转发率,从而产生大量的流量。末通过自身与名人的接触沟通,建立起共同的情感联系,促成名人推广的宣传效应,如图 5-30 所示。

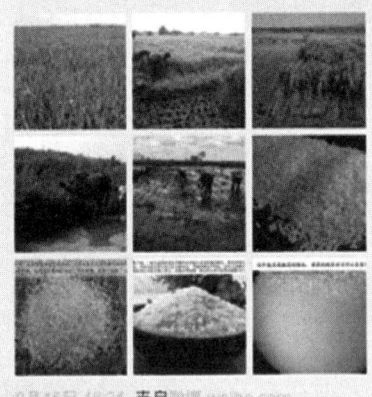

图 5-29　某微博关键词推广

图 5-30　某名人推广

5. 话题推广

新浪每天都会在微博上发布一些热门话题，而这部分热门话题的参与者很多，通过参与这些话题，可以与广大用户进行交流，增加企业微博的曝光率，从而吸引更多的用户来关注企业微博。图5-31所示为末就自身发起的话题推广，通过话题拉近与用户间的距离，促进与用户的交流，同时将更全面的自己推介给更广大的用户。

图5-31 末话题推广

6. 广告宣传

另外，广告的力量也不可忽视。小章在与公司领导商量过后，认为除了着重微博宣传外，还应结合在一些门户类网站、Google、百度推广等平台发布企业微博的广告和新闻，以此来增加普通网民的关注度，如图5-32所示。

图5-32 末广告宣传

步骤 4：制定活动策划方案

微博活动是很多营销人的重要营销选择，小章也非常明白这一点，所以，他决定从末的实际出发，为末制定出一套合理的活动方案。但活动在实践中如何良好操作，又有哪些关键营销节点需要把控，这将是小章在策划中需要考虑的首要问题。

企业做微博活动的目的可以分为两点：一是吸引新粉丝；二是增强粉丝互动，增加活性，传递品牌价值。特别是在企业微博粉丝增长期，活动更是吸引粉丝最行之有效的法宝。因此，企业开展活动营销，首先设置合理的营销目标，然后进行不同话题的时效性和趣味性等可参与指标的初步确定，把活动主题与企业产品或者服务的主要特质和特征进行结合，提炼出若干个小话题，通过不断关注分析参与的情况进行控制，最终实现优质粉丝的沉淀，实现活动预设目标。

一般来说，微博活动策划的常规方法和手段有四种。

1. 有奖转发

有奖转发也是目前采用的最多的活动形式，只要转发＋评论或＋@好友就有机会中奖，这也是最简单的，几乎不用动什么脑筋。但目前有奖转发也提高了门槛，比如除了转发外，还需要评论或@好友（@的数量现在普遍要求 10 个或者更多）。

2. 有奖征集

有奖征集就是通过征集某一问题解决方法吸引用户参与，常见的有奖征集主题有广告语、段子、祝福语、创意点子等。调动用户的兴趣，并通过获得奖品可能性的系列性"诱导"，吸引用户参与。

小章从末的本身出发，选择第二种有奖征集的方式来作为此次活动策划的主要形式，末这次活动策划的主题为征集全国安全农产品，如图 5-33 所示。

3. 有奖竞猜

有奖竞猜是揭晓谜底或答案，最后抽奖。这里面包括猜图，还有猜文字、猜结果、猜价格等方式。有奖竞猜这种方式目前用得也不太多，但是策划得好还是很有互动性的，并且将环节设计得越具趣味性越好，可以促进用户自动转发。

4. 有奖调查

有奖调查这种方式目前应用得也不多，主要用于收集用户的反馈意见，一般不是直接以宣传或销售为目的。要求粉丝回答问题，并转发和回复微博后就可以有机会参与抽奖。

80％的官方微博活动规则都太复杂，要想使活动取得最大的效果，一定不要让参加微博活动的用户去读长长的一段介绍文字，应尽可能简单描述。活动规则简单才能吸引更多的用户参与，最大限度地提高品牌曝光率。因此，活动官方规则介绍文字控制在 100 字以内，并配以活动介绍插图。插图一定要设计得美观、清晰并且图片尺寸适度。所以，小章在策划活动规则时，尽量地简明扼要，为了让用户更好地区分活动要求，在每条要求前面都标上了序号，以方便用户阅读，如图 5-34 所示。

数据营销

图 5-33 末微博活动

征集全国安全农产品，要求：1、可以无化肥农药而良好生长的，必须0化肥农药；2、需要化肥农药的，必须是合理使用；3、生态环境好无化工污染地域优先。4、直接农民及村干部优先，我们将给予较高的采购价格。转发@三个网友，并关注本微博者，将于8月底抽出20名幸运观众，赠送农享网精美茶具一套，包邮哦

图 5-34 序号标明

不但如此，要让活动真正活起来，只有满足了用户的某项需求，激发了他们内心深处的欲望，用户才会积极踊跃地参加活动。激发欲望最好的方式就是微博活动的奖励机制，这里面包括一次性奖励和阶段性奖励。所以官方微博活动奖品的选择很讲究，一要有新意，二要有吸引力，三要成本不能太高。如果微博活动奖品是印有官方 Logo 的纪念品之类的也很有趣，如末就选择了印有自身 Logo 的纪念品作为奖品，如图5-35所示。

图 5-35 末活动奖品

同时,小章认为微博活动初期是最关键的,如果没有足够的人参与,很难形成病毒式营销效应。所以他通过内部渠道和外部渠道两种方式解决,内部渠道就是初期的时候呼吁企业自己的员工参加活动,并且邀请自己的亲朋好友参加。初期积累了一定的参加人数,才会形成马太效应。外部渠道就是一定要主动去联系那些有影响力的微博账号,通过灵活掌握合作和激励的形式来达到预期成效。

不但如此,微博活动在文案策划的起始阶段就要考虑到如何沉淀优质粉丝传播的问题,同时鼓励用户去@好友,@好友的数量也有讲究,如果@太多的话,会导致普通用户遭受@骚扰。在@好友的数量方面,末此次活动的数量要求取值在三名,如图 5-36 所示。另外,通过关联话题引入新的激发点,带动用户自身的人际圈来增加品牌的曝光率,促进后续的多次传播。

征集全国安全农产品,要求:1、可以无化肥农药而良好生长的,必须0化肥农药;2、需要化肥农药的,必须是合理使用;3、生态环境好无化工污染地域优先。4、直接农民及村干部优先,我们将给予较高的采购价格,转发@三个网友,并关注本微博者,将于8月底抽出20名幸运观众,赠送农享网精美茶具一套,包邮哦

图 5-36 @功能的运用

小章的此次活动策划为末带来了 1 542 次转发和 1 279 条评论,就这些数据来看,此次的活动不但调动了末的粉丝的积极性,还为微博增加了一定程度上的流量,所以总的来说此次的活动是成功的。

步骤 5:粉丝价值评估方案

微博最主要的部分就是粉丝,而高质量的粉丝其营销价值对于企业来说尤为重要。如今微博用户数量众多,而且在年龄、职业、个人喜好、消费需求及能力上呈现多层次化的特点,要想分析成千上万个微博用户的价值,还得关注微博用户群的细分。考虑到这一方面问题,小章首先想到的就是从分析微博用户的构成入手,通过对比用户上网的年龄、地域、兴趣爱好等对用户进行有效的管理。因此,小章将用户细分为以下类别,如图 5-37 所示。

小章认为,微博粉丝分析应该从运营平台和注册用户两个角度去分析,因为两者关注的内容是不同的,从运营平台方面来看,其更关注其平台下注册用户数、用户使用频次、活跃度等宏观指标。而从注册用户角度来看,其更关注自己微博的粉丝数量、粉丝质量、受关注度等微观指标。正是由于所处角度不同,用户价值也就各异,企业的管理方式也应该有所不同。

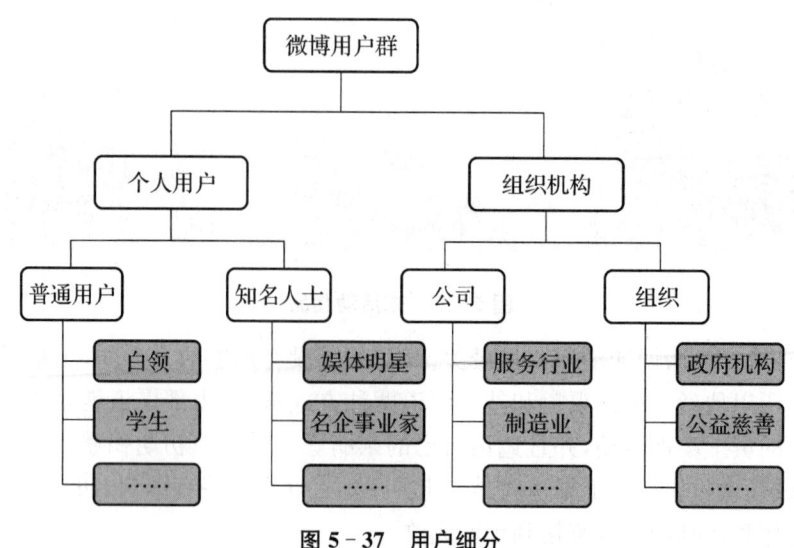

图 5-37　用户细分

小章立足于末的微博属性,决定从注册用户的角度去分析总结粉丝价值评估方案。末作为注册用户,要想获得好的运营效果,就要作为一个信息源来制造信息。只有这样,才会具备真正的黏性和有价值的粉丝。

就数据分析而言,主要有粉丝数量、粉丝质量、主动参与量、被动参与量,这也是衡量一个微博用户价值高低的关键指标,如图 5-38 所示。

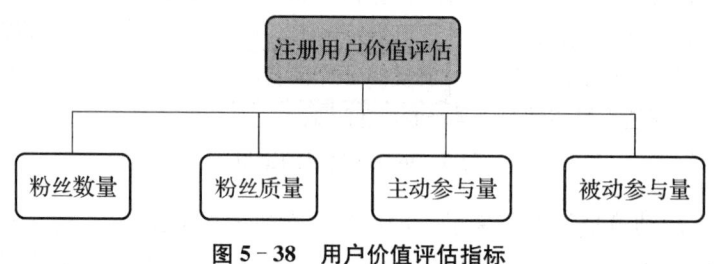

图 5-38　用户价值评估指标

粉丝数量是衡量该用户微博受关注度高低的主要因素之一,直接决定其广播影响面,是体现用户价值的重点指标。粉丝量可以方便直接提取数据。但是粉丝分为三种:铁杆粉丝、普通粉丝、僵尸粉。粉丝质量是另一个关键因素。现在有种不好的现象,就是涌现大量"僵尸粉",使得有些新注册账号发一两条内容粉丝就成千上万,这些粉丝都没什么意义,粉丝量也就只是一个数字而已。小章认为可以从其粉丝的互粉率、活跃度、在网时长、信息完整程度来看,看这些大批量粉丝是否注册于相近的时点,在网时长是否都不太长,信息完整度是否都很低,甚至可以看看该用户的粉丝的粉丝量以及互粉率,从而衡量一个微博用户的价值高低。主动参与量主要指的就是博主的原创广播量和转播评论量,是衡量微博用户主动参与度的指标之一,也是直观数据,便于提取。被动参与量主要指的其博文被转博和被评论量,主要是衡量该用户发表的博文的品质高低以及受关注度的高低。当然,受关注度越高价值也就越高。通过主动参与量和被动参与量的测衡,能判断该用户属于"放音机"还是"收音机",从而为评估用户价值提供参考。

 **支撑知识**

1. 微博内容建设

(1) 官方微博/微媒体：企业的微博必须是官方的，传播的内容也必须是官方的，内容较为正式，可以在第一时间发布企业最新动态，对外展示企业品牌形象，成为一个低成本的媒体。

(2) 企业领袖微播：领袖微博是以企业高管的个人名义注册，具有个性化的微博，其最终目标是成为所在行业的"意见领袖"，能够影响目标用户的观念，在整个行业中的发言具有一定号召力。

(3) 客服微博/微服务：与企业的客户进行实时沟通和互动、深度的交流，让客户在互动中提供产品服务的品质，缩短了企业对客户需求的响应时间。

(4) 产品微博/微公关：对危机能实时监测和预警，出现负面信息后能快速处理，及时发现消费者对企业及产品的不满并在短时间内快速应对。如遇到企业危机事件，可通过微博客对负面口碑进行及时的正面引导。

(5) 市场微博/微营销：通过微博组织市场活动，打破地域、人数的限制，实现互动营销。

2. 企业微博营销技巧

(1) 注重价值的传递。

截至 2023 年，微博数量已经以十亿计算，只有那些能对浏览者创造价值的微博自身才有价值，此时企业微博才可能达到期望的商业目的。企业只有认清了这个因果关系，才可能从企业微博中受益。

(2) 注重微博个性化。

微博的特点是"关系""互动"，因此，虽然是企业微博，但也切忌仅是一个官方发布消息的窗口那种冷冰冰的模式，要给人感觉像一个人，有感情，有思考，有回应，有自己的特点与个性。

浏览者觉得你的微博和其他微博差不多，或是别的微博可以替代你，这样的微博都是不成功的。这和品牌与商品的定位一样，必须塑造个性。拥有个性的微博具有很高的黏性，可以持续积累粉丝与专注，因为此时你有了不可替代性与独特的魅力。

(3) 注重发布的连续性。

微博就像一本随时更新的电子杂志，要注重定时、定量、定向发布内容，让大家养成观看习惯。当其登录微博后，能够想着看看你的微博有什么新动态，这无疑是成功的最高境界，虽很难达到，但我们需要尽可能出现在他们面前，先成为他们思想中的一个习惯。

(4) 注重加强互动性。

微博的魅力在于互动，拥有一群不说话的粉丝是很危险的，因为他们慢慢会变成不看你内容的粉丝，最后更可能离开。因此，互动性是使微博持续发展的关键。第一个应该注意的问题就是，企业宣传信息不能超过微博信息的 10%，最佳比例是 3%～5%。更多的信息应该融入粉丝感兴趣的内容之中。

"活动内容＋奖品＋关注(转发/评论)"的活动形式一直是微博互动的主要方式,但实质上奖品比企业所想宣传的内容更吸引粉丝的眼球。相较赠送奖品,你在微博能认真回复留言,用心感受粉丝的思想,更能换取情感的认同。如果情感与"利益"(奖品)共存,那就更完美了。

(5) 注重系统性布局。

任何一个营销活动,想要取得持续而巨大的成功,都不能脱离系统性,单纯地当作一个点子来运作,很难持续取得成功。微博营销看起来很简单,对大多企业来说效果也很有限,因而被很多企业当作可有可无的网络营销小玩意儿。其实,微博这种互动形式,发挥出的作用很小的原因是你本身投入的精力与重视程度本就不高。企业想要微博发挥更大的效果就要将其纳入整体营销规划中来,这样微博才有机会发挥更多作用。

(6) 注重准确的定位。

微博粉丝众多当然是好事儿,但是,对于企业微博来说,"粉丝"质量更重要。因为企业微博最终的商业价值,或许就需要这些有价值的粉丝来实现。这涉及微博定位的问题,很多企业抱怨:微博人数都过万了,可转载、留言的人很少,宣传效果不明显。这其中一个很重要的原因就是定位不准确。假设自己从事的为玩具行业,那么就围绕一些产品目标顾客关注的相关信息来发布,吸引目标顾客的关注,而非只考虑吸引眼球,导致吸引来的都不是潜在消费群体。在这个起步阶段,很多企业博客陷入这个误区当中,完全以吸引大量粉丝为目的,却忽视了粉丝是不是目标消费群体这个重要问题。

(7) 企业微博专业化。

企业微博定位专一很重要,但是专业更重要。同场竞技,只有专业才可能超越对手,持续吸引关注目光。专业是一个企业微博重要的竞争力指标。

微博不是企业的装饰品,如果不能做到专业,只是流于平庸,倒不如不去建设企业微博,因为,作为一个"零距离"接触的交流平台,负面的信息与不良的用户体验很容易迅速传播开,并为企业带来不利的影响。

(8) 注重控制的有效性。

微博不会飞,但是传播的速度却快得惊人,极快的传播速度结合极大的传递规模,所创造出的惊人的力量有可能是正面的,也有可能是负面的。因此,必须有效管控企业微博这把"双刃剑"。

(9) 注重方法与技巧。

很多人把微博定位成短信,然后随笔、闲聊。但是,对于一个企业微博来说,就不能如此。我们不是明星大牌,也不是普通百姓,我们开设微博不是为了消遣娱乐,创造企业价值是己任。

想把企业微博变得有声有色,持续发展,单纯在内容上传递价值还不够,必须讲求一些技巧与方法。比如,微博话题的设定,表达方法就很重要。如果你的博文是提问性的,或是带有悬念的,引导粉丝思考与参与,那么浏览和回复的人自然就多,也容易给人留下印象。反之,新闻稿一样的博文,会让粉丝想参与都无从下手。

(10)注重模式创新。

微博营销在一些企业已经取得了较为显著的成效,我们应该多参考借鉴这些成功案例,而后结合企业自身特点与客观环境进行创新。

同步训练

注册微博账号并设计一份账号实施方案,要求方案的制定体现以下内容:对微博营销目的以及受众群体进行微博营销策划,确定微博营销的相关主题、内容及其表现形式,同时确定合适的微博营销平台,熟悉主流微博平台的功能。

表5-4 账号实施方案表

营销目的	实施微博营销的目的		
实施原因	实施微博营销的原因		
目标受众群体	营销针对人群		
微博资料	微博签名、标签等资料		
1. 注册微博			
微博名称	微博域名	相关属性设置	
2. 微博内容制定方案			
内容类型	内容编辑要点	内容编写技巧	
3. 微博宣传方案制定			
宣传推广类型	特点	主要任务	具体内容
4. 活动方案制定			
活动类型	活动定位	活动实施原因	活动目标
5. 粉丝价值评估			
粉丝数量	粉丝质量	主动参与量	被动参与量

综合评价

表 5-5 综合评价表

任务编号	020115	任务名称	账号实施方案制定
任务完成方式	□小组协作完成　□个人独立完成		
评价点			分值
是否能独立完成微博注册			20
微博内容运营是否合理			25
微博宣传推广策略是否全面			20
活动策划的丰富度			20
粉丝价值评估是否全面			15
本主题学习单元成绩			
自我评价(20%)	小组评价(20%)	教师评价(60%)	
存在的主要问题			

拓展任务

以小组为单位,寻找身边的一些企业,详细了解企业的微博运营现状,分析其微博,查看其内容组成占比以及话题类型。

职场直通车

某企业运营岗位职责:

(1) 分析数据,掌握行业现状、市场需求和淘系商家对 B2B 市场购买行为的规律和趋势;

(2) 分析电商 IT 类和全渠道 IT 类发展方向,制定并执行品类规划;

(3) 做好类目营销计划、展示陈列计划、运营计划,追踪、分析、总结各项计划的执行效果,用市场化的手段充分发挥平台的杠杆作用;

(4) 与产品、技术等团队协作,通过产品开发和运营落地,持续改善服务市场用户体验;

(5) 与营销团队密切协作,持续推出市场化、个性化的品牌营销活动,并不断优化流程规范;

(6) 与服务商进行密切沟通与协作,快速推动服务商在平台的发展。

任务三 微博数据分析

 任务引导

微博自身涉及的数据大致有微博信息数、粉丝数、关注数、转发数等多种指标,其中微博的粉丝数、关注数、转发数是微博数据分析中常运用的数据分析指标。在进行了一系列的制定后,小章下一步将要从微博数据分析角度规划运营方向。

 任务分析

- ◆ 收集相关运营数据。
- ◆ 与其他微博进行优缺分析。
- ◆ 分析用户粉丝。

 任务实施

步骤1:数据收集

在小章对末运营一段时间后,为了查看这段时间的运营是否对末有所帮助,小章决定对微博进行数据收集和分析,以便更好地规划后期的运营。经过考究,小章了解到应该从以下几个方面进行数据的收集。

1. 粉丝数据收集

从微博营销角度来看,粉丝数量多自然能引起用户的注意并且可以反映出微博的关注度,如图5-39所示。图5-39为末近期内粉丝增长数据,从图中可以看出,末的净增粉丝数保持在稳定的增长中,新关注粉丝数也有明显提高,可以看出,末的初期运营基础非常牢固,后期的粉丝增长还可以随着运营者策略的执行有更广阔的增长空间。

2. 内容数据收集

末的微博可以分为原创和转发两大类型。而博主每天发内容的频率如何,内容的来源有哪些,这些情况都可以直接影响微博的运营。因为微博内容非常重要,高质量的内容能引来非常多的访问者,其中一部分会成为你的粉丝,时间长了就会是黏度高的粉丝。例如,末的微博内容多是原创的产品资讯,通过微博内容,粉丝可以获得自身需求的行业信息,并且这些信息都具有一定的专业性和参考价值,因此微博就会受到粉丝的重视。如图5-40所示,末为用户提供最新鲜、最纯正的农产品,让用户不再为找不到绿色产品而发愁。其次,如果内容多是各类的分享,运营者可以利用具有趣味性的内容来吸引用户的关注。

图 5-39　末近期粉丝增长数据

图 5-40　内容分析

3. 转发率数据收集

从微博转发数据,可以发现什么类型的微博转发率高,该微博转发数有多少,为什么转发高,在转发的同时评论的人多不多等一系列问题。针对这些问题,具体分析。图 5-41 所示为农享网近期内的转发量,从图中的数据可以得到这样的结论,转发多而且评论多的首先直观说明这条微博内容质量好,非常受关注。转发越多,传播的范围就越广,微博的知名度也会随之提升。一般来说,活动类的微博通常转发率都比较高,主要是活动奖品吸引人。

图 5-41 转发数据

4. 关注点分析

关注点分析,主要是通过关注来了解运营者都关注了什么人,什么行业,是否是同业,在关注的人里,加 V 认证的人是不是多数。从这些关注的点上,可得这样的结论:如果说运营者关注的人中大部分都是同行,并且多是加 V 认证的人,那么该微博就能更快地获知本行业的最新消息,或者能在第一时间知道同行的发展动态。如图 5-42 所示,末的关注点都集中在与农业相关的微博名人身上,如土豆姐姐冯小燕、陕西魏延安等,在信息时代,实时获知最新发展动态对企业来说是非常重要的。

图 5-42 末的微博关注点

步骤 2：对比其他微博

1. 自身微博分析

在收集完数据后,小章将如何考量微博营销的成效呢?小章抽取末4月与5月的微博情况运用表格形式整理出具体数据统计表,如表5-6所示。

表5-6 末4月、5月微博数据

时间	粉丝增长		微博数量	转发		评论		搜索结果数	
	数量	增长率		转发总数	平均转发	评论总数	平均评论数	增长	增长率
4月	5 545个	37%	208条	2 196条	10.6条	909条	4.4条	4 035条	18%
5月	5 461个	27%	284条	4 093条	14.4条	1 429条	5条	3 658条	12%

从这个表中可以看到4月、5月的粉丝增量差不多,5月份微博信息数量增加36%,转发总数也增长近一倍,评论增长了57%,搜索结果数也增加了。此外,针对具体指标来进一步分析,从粉丝数量数据来说,4月、5月活动数量相当,每日自然增长粉丝也差不多,所以总体增量基本持平。平均转发/评论,5月份微博数量增加了36%,而转发总数和评论总数均增加了近一倍,平均转发评论有直接提高,说明内容受粉丝的欢迎,粉丝活跃度有所提高,其中明细,小章经过调查4月份的用户属性之后发现,相比起4月份的内容策划,5月份的内容策划更加贴近粉丝需求。

而对于搜索结果数,这个指标有很重要的意义,其可以直接反映企业在微博上被提及和讨论的程度,如果粉丝数量与搜索结果数差距太大,只能说明两点:

(1) 僵尸粉较多,或有效粉丝太少;

(2) 粉丝活跃度很低,用户不自主讨论企业,需要企业做合理的引导激发。

通过4月、5月的数据分析,小章总结了末的微博整体情况,通过分析平均转发/评论可以得出末微博内容策略基本符合自身定位,粉丝活跃度保持平稳的阶段,波动不大。搜索结果数的分析则反映了末在微博上被曝光提及的程度处于中等。对于微博来说,好的微博营销就是要激发引导用户口碑传播。但微博营销的考核仅仅以粉丝增量或转发数来评判是不足的,还必须整体综合各项数据来考量,这将是小章后期需要深化考虑的事情。

2. 与其他微博对比

在明确自身情况后,下一步,小章将末微博与同行微博进行对比,借此来分析出自身的优缺。但究竟如何来比较呢?是直接以粉丝数来衡量,还是以转发数、销量订单数来衡量?面对这些问题,小章优先考虑到,要想微博经营成效持久,就不应盲目追求高数量,而应该注重高质量。所以在相互比较之前一定要清楚彼此的目标群体规模、知名度影响,甚至行业局限性,避免盲目对比。

因此,小章选取了两个活跃度与末相似的同行微博,与之进行对比,同时,为了方便数据分析,其将以字母代替企业名称,如表5-7所示,A为末,B和C均为同行微博。

表 5-7 对比其他微博数据

名称	粉丝数量	发布数量	平均转发	平均回复数	内容形式	活动话题
A	2.6万个	10~12条/天	15次/条	5次/条	图片、文字	2~3次/月
B	30万个	15~20条/天	20~45次/条	10~15次/条	图片、文字、视频	5~10次/月
C	10万个	20条/天	10~20次/条	5次/条	图片、文字	5次/月

从表 5-7 中可以看出，在粉丝量上，B 约是 A 的 10 倍，C 约是 A 的 4 倍，而平均转发数和回复数假设以粉丝数为基础，理论上，应该 B 是 A 的 10 倍，C 是 A 的 4 倍，可情况并不如此。由数据可知，B 只有 A 的 3 倍，C 与 A 基本一样，这样的数据情况让小章感到很奇怪。如果单凭表面来判断 A 的运营比 B 和 C 运营得要好，是不够全面的。为了明了其中原因，小章决定从三者粉丝的粉丝比例来着手二次分析，小章选择粉丝的粉丝数量在 10~500 个的比例，如表 5-8 所示。在正常情况下，用户粉丝的关注粉丝低于 50 的，可将其归类为僵尸粉和无效粉。

表 5-8 微博粉丝自身数据分析对比

A 的 100~500 个比例为 72.36%		
10~49 个	864	══ 17.28%
50~99 个	1 440	══ 28.8%
100~199 个	694	══ 13.88%
200~499 个	620	══ 12.40%
B 的 100~500 个比例为 62.94%		
10~49 个	1 294	══ 25.88%
50~99 个	737	══ 14.74%
100~199 个	654	══ 13.08%
200~499 个	462	══ 9.24%
C 的 100~500 个比例为 45.04%		
10~49 个	989	══ 19.78%
50~99 个	454	══ 9.08%
100~199 个	527	══ 10.54
200~499 个	282	═ 5.64%

从表 5-8 中可以看到，A 的无效粉丝数占 17.28%，而 B 和 C 企业的粉丝总量，虽然比 A 的粉丝数量多，但两者的无效粉丝数分别占了 25.88% 和 19.78%。由此，出现上述情况就有源可溯了。

此外，小章通过研究发现，企业微博真正的价值重心，并不在那些粉丝成千上万的明星红人或是微博达人的身上，而是微博的普通用户，如图 5-43 所示。根据调查，普通人在微博上正常社交范围内,粉丝数应该在 50~500 个,而且这些用户才是大部分企业的中坚力量。这就是俗称的有效群体,或是"中间多两头少"的粉丝分布原理。

图 5-43 粉丝属性分析

通过对比分析,小章明白了比较微博之间运营成功与否的标准是多维度的,粉丝数、粉丝活跃度、粉丝构成比例、平均转发等都应该考虑进去,并且在运营中应该更多考虑目标用户中的活跃用户。

步骤 3:用户粉丝分析

在现代的经营活动中,掌握数据就掌握了一切,因为它对你把握经营现状、预测经营趋势都有重要的参考作用。数据是微博营销活动的命脉,良好的数据管理规划是微博营销策划的核心,这些数据应该可以更详细地描述消费者的心理及行为特征。企业通过这些数据可以有针对性地将资源分类,从而满足不同的用户需求。末的微博运营主要有两个方面的导向性,一个是帮助农民解决滞销问题,一个是将优质的农产品带给用户。

根据这两个导向性,小章对末的粉丝做了详细的数据调查,发现不同的微博内容,粉丝的关注热度也有所不同,这也从侧面表现了不同性质的粉丝的需求和关注点是不同的。

图 5-44 为末为帮助农民朋友解决滞销问题所发布的原创微博。通过对这条微博的数据分析,可以看出,关注这条微博的粉丝男女比例存在一定的差异,如图 5-45 所示。

[爱心传递 ♥香瓜滞销寻出路 爱心微传递】近日,敦化市黄泥河镇团山村一社78岁老人沈县良家一筹莫展,7亩地的香瓜眼看就要烂在地里了就是没人去收。孙子因车祸还躺在医院里急需用钱。让我们共同传递正能量,帮帮他们吧。您可以拨打 1365-4331701 与 大田 联系。

9月17日 20:40 来自iPhone客户端   阅读(3.0万) 推广 | 👍(3) | 转发(119) | 收藏 | 评论(8)

图 5-44 末解决滞销问题微博内容

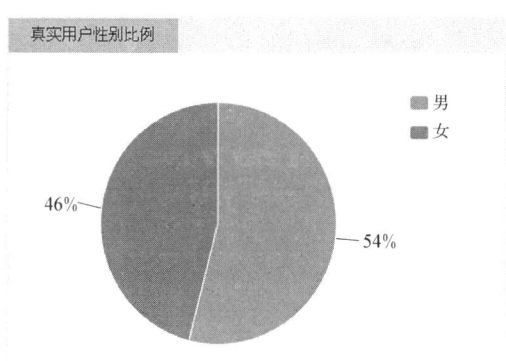

图 5-45 用户性别比例

从图中可以清晰地看出,女性占 46%,男性占 54%,这就说明在涉及民生实事的内容面前,男性粉丝比女性粉丝拥有更多的热忱。此外,在用户地域分布方面,南方的用户比北方的用户关注度要更高一些。

图 5-46 为末为了将优质的农产品带给用户所转发+评论的微博内容,通过这条微博,再结合数据,可以很明显地看到,粉丝群的倾向发生了新的变化,如图 5-47 所示。

图 5-46 末优质农产品推广微博内容

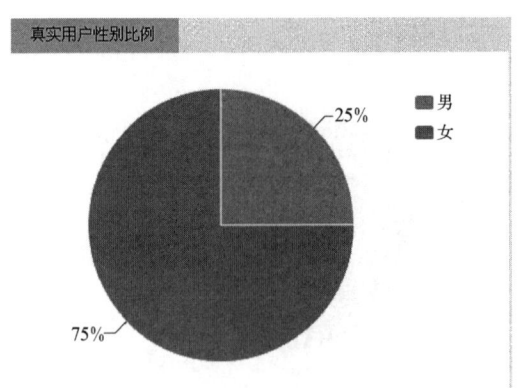

图 5-47 用户男女性别比率

从图中可以明显地看到,女性占 75%,男性占 25%,这就说明在关于农产品购买类信息的内容面前,相较于男性粉丝,女性粉丝更容易被吸引。另外,在地域用户方面也有很明显的差异,出现这种情况的原因是南北农业差异问题。因此,结合上述数据分析,小章对末的粉丝的需求以及关注点的比例有了大致的了解。

 支撑知识

微博的三个基本数据:

(1) 关注数。

关注数是运营者所关注的微博 ID 的数量。这个数值所表示的基本含义是博主订阅了多少个微博 ID,订阅后,这些微博 ID 所发布的内容将显示在运营者微博的主页。从一般意义来说,关注数,往往代表了这个 ID 的主动参与度。主动参与的动机,则可能是多种多样的。如果一个微博 ID 的关注数较多,且能保持持续或较均衡的增长,这可能意味着本 ID 在当前(统计周期内)的主动参与性较强,也就是说这个用户可能是活跃用户。而看一个用户是否活跃,尤其是否能在一段较长的时间内保持活跃,基本可以帮助运营者判断这个 ID 的某些重要性格特征。在微博运营中,找到主动性高的活跃用户是一个基础,也是其后期运营判断的前提。

(2) 粉丝数。

粉丝数是博主被多少微博 ID 关注的数量。这个数值的基本含义是有多少微博 ID 订阅了运营者自身的微博。也就是,运营者的每一条微博都会被订阅者看到。与关注数反映运营者的主动性相反,粉丝数是运营者被动得到的。从普通意义上来说,粉丝数越高,往往意味着运营者的交际能力强,或者是,运营者拥有的权威度较高。如果忽略那些买粉丝的 ID(个人用户买粉丝的也不多),也不拿某些明星、名人的粉丝数来比较,那么,粉丝数反映一个 ID 的交际能力和权威度就应该是比较准确的。但运营者在考察权威度的时候,需要设置统计周期,因为任何短期的监测,都不具有代表性。因为权威度在营销和传播上意味着运营者对订阅其微博的 ID 具有一定的影响力。还有更重要的,博主声音的传播率也可能是非常高的。粉丝数高的人,很可能是话题制造者,可能是人气热点,有时候,他们就是引发口碑传播的关键人物。这样的人物,是运营者必须从众多 ID 中挑选出来的。但需要记住的是,不要跟明星名人类的 ID 比较,要跟普通用户比较,不要看粉丝数的绝对数,而是需要考量相对数。

(3) 微博数。

微博数是博主发布微博的总数。这个数值的含义有点复杂,它可能隐含了很多意思,至少从表面看,它可能隐含着博主的在线率、开放度(是否愿意分享)、个人表现欲、创作能力、互动性等方面的内容。微博数基本上与上述几点是成正比的。如果想了解更多,还可以通过抽查一些微博的内容了解到博主的性格、态度、学识、偏好,甚至价值观等重要信息。但这里有一个问题要注意,微博的绝对数值本身可能藏着一些虚假成分,所以,运营者抽查内容的时候,要适当关注一下,过于自言自语的、内容空泛的,或者干脆话痨型的,需要慎重选择。运营者应该选择微博的数量与质量基本相符的 ID 来监测,这样的用户才是对自身的营销推广有价值的。

寻找两个或三个相同性质的企业微博,从数据的角度分析他们的运营方式与用户管理方式,总结归纳出微博数据化分析的技巧。

表 5-9　微博数据分析表

企业微博选择		
企业名称	概　要	用户粉丝分析
	粉丝数	
	粉丝属性	
	转化数	
	回复/评论数	
总结如何用数据的方式分析运营成效		

表 5-10　综合评价表

任务编号	020116	任务名称	账号实施方案制定
任务完成方式	□小组协作完成　□个人独立完成		
评价点			分值
是否能独立完成不同企业间的微博对比			20
微博粉丝数的分析是否合理			20
微博粉丝属性的分析是否合理			20

续 表

评价点	分值
微博转化率分析是否全面	20
微博回复/评论分析是否合理	20
本主题学习单元成绩	
自我评价(20%)	小组评价(20%)	教师评价(60%)
存在的主要问题	

 拓展任务

以小组为单位,寻找身边的多个企业,通过对比不同企业的微博运营优缺,总结出企业微博用户粉丝的分析技巧。

 职场直通车

某企业运营岗位职责:
(1) 根据客户、市场判定产品归属类目,制定类目规则、流程、标准等;
(2) 根据业务部门的需求,负责执行增加、拆分、合并、关闭类目的需求分析和判断,最后进行操作,并监控调整后的效果;
(3) 负责倾听、收集、整理用户需求和反馈,发现类目属性存在的问题,制定相应的解决方案;
(4) 监控和分析类目数据,同时收集评估外部同行类目相关情况,提交类目分析及报告;
(5) 对类目属性相关优化及创新产品进行运营和推广,对数据进行处理和分析,通过分析类目数据,不断完善类目运营。

任务四　微博营销优化

 任务引导

在微博运营过程中,数据分析有助于针对运营现状对营销方案做出及时调整和优化,也有助于观测未来的发展趋势。小章在完成数据分析后,需要注意的是,在瞬息万变的新媒体环境下,仅根据历史数据采取"事后所见"的方式来决定营销思路是不够的,而是需要利用实时的资料分析做出迅速的判断,不断地根据实际情况对其进行优化。

任务分析

◆ 微博运营方案的制定。
◆ 微博推广方案的制定。

任务实施

步骤1：制定微博运营优化方案

在采取上述措施运营一段时间后，小章发现末相较之前，虽然有了明显的改进，但总体来说还欠缺了些整体性的提高，因此，小章决定通过总结前面的运营优缺来优化微博的运营。

微博的运营靠的就是坚持"内容为王"的原则，所以内容优化将是小章微博运营优化的核心。好的内容建设能赋予微博独特而生动的个性，让微博用户感觉是一个真实的人在跟他们交流，而不是冷冰冰的程序，这种情感上的互动更有利于关系建设。因此，末官方微博的内容优化策略是将贴合企业个性和品牌定位的元素等融入内容运营中，使其满足用户需求的同时还能抓住用户的关注点。

小章回顾近期末的微博内容，将需要优化内容的部分总结为以下几点。

1. 文字优化

日常内容是企业微博每天定时定刻需要发布的内容，为企业微博固定板块。日常内容可原创，也可引用他人的精华内容，但无论是哪一种微博内容，最终目的都是吸引到更多的用户，实现内容的价值。图文结合是微博内容最常见的方式之一，也是末常用的微博内容表现手段。即便是常用手段也需要把握好其中的要素才能将其价值发挥到最大化。图5-48是末在8月28日的一条微博内容，虽然以转发的内容展现在用户的面前，但从相关数据图可以看出（见图5-49），当日的微博运营效果并不理想。出现这种情况的原因，小章通过分析可得，这条微博内容只有单纯的转发，过于"惜字如金"，不但没有表明企业自身转发这条微博的意向，而且没有对用户表达清楚这条转发微博内容的导向，所以无法引起用户的注意。

因此，为了避免再次出现这种情况，在后续的微博运营中，小章意识到应该注意文字的优化，微博的文字发布，不但需要遵循图文结合，并且在转发本条微博内容时，要注意带给用户导向感。另外，图文结合一定要紧密，不要出现二者无关的情况，并且文字和图片的内容要贴近微博的定位；不要发图过于频繁，以免引起用户的厌烦情绪。

另外，在发布微博时，还可以结合"三段式时间"。人们每天上网看新鲜事物的时间通常比较趋向于几个集中的时间段：上午9:30～12:00，下午3:30～5:30，晚上8:30～11:30。这几个时间段就是发微博的黄金时段。按照在线用户的活跃程度来排序，一般是晚上活跃用户最多，上午其次，下午稍微少一些。

数据营销

图 5-48 末微博内容

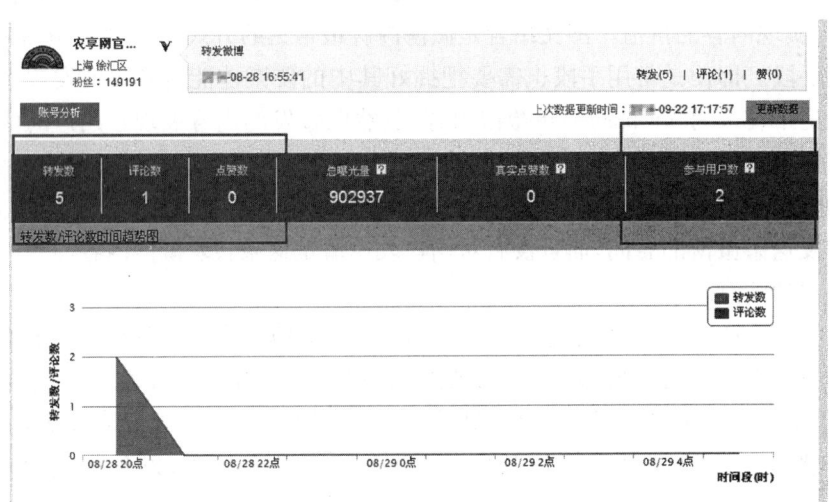

图 5-49 末微博数据分析

2. 焦点区内容优化

另外,微博焦点区是提供给企业放置焦点图片或焦点视频的模块,位于企业主页左侧栏微博上方,焦点区展示的信息更容易在用户浏览企业主页时被用户看见,图片及视频的形式也更容易吸引用户关注,可用于发布企业重推信息,如企业介绍、活动等。其设置的方式一般为:在管理中心-设置中心-资料管理-展示设置中进行编辑和管理,如图5-50所示。

图 5-50 焦点区内容设置

其中需要注意的是,该焦点区的图片尺寸为560像素×260像素,最多能添加6张焦点图、1个焦点视频,均需增加链接地址;焦点图片默认按发布时间排序,可以通过拖曳调整顺序;可通过右上角的显示/隐藏按钮选择焦点区是否在主页显示。末在微博焦点区,选择了图片和视频结合的方式,如图5-51所示。

但末的焦点区没能带来理想的效果,小章在经过分析后了解到出现这种情况的原因有两个方面:第一,图片的设置没有突出末自身品牌的定位,意图含糊不清,并且图片单一、缺乏新意。第二,视频内容不够严谨,中心不明确,没有详细的产品介绍,难以触发用户的共鸣。因此,小章决定,将对焦点区的内容做出新的调整优化方案:

(1)定期修改图片。这样做就相当于把网站首页的幻灯片搬到了微博上,可以促进产品的传播。

(2)优化视频质量。这样做可以让消费者对这个品牌及这个产品有一个比较形象化的认识。

(3)微博功能优化。不但如此,微博功能的灵活运用,也是微博运营成功的要素之一。

焦点区

图 5-51　末微博焦点区内容

其中，微博的标签是一个好工具。一般每个微博有加 10 个标签的上限，这些标签怎么加也是有讲究的。标签有两个作用：第一，它起着为微博博主素描的作用，让进入微博主页的人识别博主的类别，从而判断博主大概会是哪样的人，最后决定是否去关注他；第二个作用是在标签搜索结果的列表中出现，以被对这类标签感兴趣的人关注。

既然如此，小章应该如何善用标签呢？

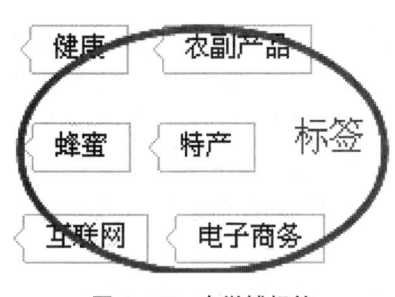

图 5-52　末微博标签

首先，要让标签凸显微博内容的专注点。图 5-52 所示为末微博的标签，从标签的内容中，用户就可以了解末的内容方向。♯健康♯、♯农副产品♯、♯蜂蜜♯、♯特产♯等，这些凸显了末经营微博的基本定位：健康和天然。这对很多追求健康、绿色食品的目标人群就会产生吸引力。

其次，不要使用过于热门或过于冷门的标签。如果企业的标签太热门，比如♯吃货♯、♯美食♯等，那么很有可能在前几十页的搜索结果中都找不到自身的标签，影响微博的曝光；如果企业的标签非常冷门或者偏门，像♯自家蔬果♯、♯自营农产品♯等，因为几乎没有人搜索这些标签，所以失去了标签的作用。尽管使用微博标签不能够最终决定企业粉丝的增长,但是不容否认的是,经过优化的标签的确能够让自身的微博更加专业,从而获得更多的用户关注。

步骤2:制定微博推广优化方案

有了微博运营优化方案,小章下一步将对微博的推广做出进一步的优化以配合运营方案的实施。

既然是做微博推广,首先要知道推广的重点在哪里。末的宗旨是为消费者提供绿色健康的农产品,所以小章根据末的运营重点,明确了其微博推广的三个目标,分别是增加粉丝数量、品牌推广宣传和产品宣传促成消费。而微博推广通常是以活动来实现的,微博上开展的活动形式一般分为两种,一种是有奖参与,一种是友情参与。有奖参与形式是指有奖关注、有奖评论、有奖转发、有奖互粉、回答问题赢奖品等;友情参与形式是指投票、加关注、评论等形式。

有奖参与的形式,是末运营中用的较多的方式,但根据小章的分析,并不是每次推广都能达到理想的效果。为此,小章结合以往活动效果,对推广优化方案进行了优化调整。

1. 加强互动

活动推广能否成功,效果取决于粉丝的热情,所以企业在做微博活动的时候,一定要注意与粉丝之间的互动。互动是增加粉丝黏性的一个重要的方法,保持与活动参与者的互动能够最大限度地激发他们参加活动的积极性,以及增加他们的好感度,让网站推广更上一层楼。更为重要的是,与获奖者保持沟通确保奖品的自然流入,增加活动的深入性以及彻底性。这里除了及时回复参与者的评论,还要从中有选择性地进行一定的互粉。

2. 保持活动的全线跟踪,做好数据统计

活动做得好不好,需不需要再进一步地推广以及网络营销,要靠数据说话。通过数据的整理以及分析,我们能得出活动进展的状况,尤其是企业网站,在做微博推广的时候,要对评论、转发、粉丝数等各个细节做好监测,充分掌握活动进展的状态,即使是活动结束了也要对总体进行一个概括,总结活动的效果,以便下次进行相关活动的推广。

3. 保证活动的透明性以及公平性

有时候,活动各方面都规划得很全面,但在执行时往往会遇到粉丝热情不高的情况。面对这种情况,小章整理分析后发现,用户在不确定这个活动真实性之前是不会参加活动的,这种谨慎心理直接影响了活动的运营效果。针对这种情况,末决定在后期的推广活动中及时公布活动的进展情况,把用户参与的情况以表格的形式展现出来,对于中奖的用户给以真实的奖励,并且鼓励用户在微博上晒晒自己的奖品,以此增加活动的透明度以及公平性。

4. 增加推广的渠道,做好微博宣传的补位

微博推广有效,但是流量毕竟过于单一,还会存在无法挖掘没有玩微博却对企业有很大价值的人群的情况,所以企业网站在微博上进行推广的时候,一定要及时地在论坛、贴吧等会员众多的平台发布一些促进推广的信息,软文、广告帖、弹窗等,以让更多的人知道企业的这个活动。只有让越来越多的人知道活动的存在,企业才能将活动的影响力打造到最高峰。例如,末有自身的官网,其可以利用官网与微博结合的方式,在

官网的边栏放置微博的二维码,只要用户扫描二维码即可关注官网微博,了解官网的最新动向。不但如此,还可以积极运用"双子星"微博模式,将企业官网账号与农业博士或城市对接农村的淘宝店铺微博相互结合,导入更多的流量与扩大活动的影响力。

此外,微信平台也可积极与微博互动,实现多方位的推广,获取更多的关注。但归根到底,企业微博营销的核心是,针对不同群体,不断调整所发布的内容,同时要根据实际情况做出合理优化,并且持之以恒。

 支撑知识

微博营销涉及的数据大致有微博信息数、粉丝数、关注数、转发数、回复数、平均转发数、平均评论数,涉及的指标有粉丝活跃度、粉丝质量、微博活跃度。有些数据大家一看就知道,不做具体解释。这里对部分数据做一个说明。微博信息数:每日发布的微博数量,单位为条/天。平均转发数:每条信息的转发数之和/信息总数量,一般计算日平均转发数或月平均转发数,单位为次/条。平均转发数(评论数)与粉丝总数和微博内容质量相关,粉丝总数越高,微博内容越符合用户需求,转发数和评论数就会越高。所以这个数据可以反映粉丝总数、微博内容和粉丝质量的好坏。粉丝基数越大,理论上转发数会提高;内容越契合用户,或者粉丝中你的目标人群越多,这个数据都会上升。粉丝活跃度:这是一个综合数据,一般可以通过平均转发数或回复数来衡量。微博的活跃度:一般用于竞品微博或其他微博之间的比较。

 同步训练

从微博运营角度出发,收集两到三个微博的数据,并根据数据所得情况制定相关的微博运营优化以及推广优化方案。

表5-11 微博运营推广优化方案表

企业微博选择		
企业名称	运营优化方向选择	推广优化方向选择
1. 运营优化策略选择		
2. 推广优化策略选择		
总结如何用数据的方式分析运营成效		

综合评价

表 5-12 综合评价表

任务编号	020117	任务名称	网站开发与运营
任务完成方式	□小组协作完成　□个人独立完成		
评价点			分值
微博运营优化是否合理			50
微博推广优化是否涉及全面			50
本主题学习单元成绩			
自我评价(20%)	小组评价(20%)	教师评价(60%)	
存在的主要问题			

拓展任务

以小组为单位,寻找身边的多个企业,分析企业在微博营销中存在的问题,根据问题制定相关的微博运营以及推广方案。

学习单元六 微信数据化营销

能力目标
- N1.1 能使用公众号进行微信营销；
- N1.2 能对微信营销的数据做出正确的分析；
- N1.3 能独立完成微信认证。

知识内容
- Z1.1 把握微信营销的各种方法；
- Z1.2 了解服务号与订阅号的区别；
- Z1.3 知道微信统计中各项指标的意义。

本项目包含4个学习任务，具体为：
任务一　项目背景和业务分析；
任务二　账号实施方案制定；
任务三　微信数据分析；
任务四　微信营销优化。
要求学生根据任务引导进行任务的学习，通过本章的学习明确微信公众平台的各项操作，并能利用平台统计数据对公众号进行针对性优化。

任务一　项目背景和业务分析

 任务引导

小王就业于一家在线教育企业，企业主营项目为以大学生实习、就业为出发点，糅合线上学习讨论、线下实训、就业服务，为大学生提供各种帮助并专注于提升大学生就业能力的学习成长型互动网络平台——某网站一直以PC端网站的形式运营，为了适应移动端互联网服务的发展，决定使用微信朋友圈、公众号等功能对某网站进行微信营销，并合理利用微信为企业用户所提供的数据统计功能对移动端平台未来运营方向加以规划。

任务分析

- 提出业务分析需要。
- 用户分析。

 任务实施

步骤1：提出业务分析需要

移动互联网时代的发展让越来越多的人成为"低头一族"，也让广告主和网络营销策划人员把注意力投向了手机这个营销渠道。截至2023年，微信已拥有超过13亿的庞大用户群体。某网站作为大学生实践创新训练平台，迫切需要贴合用户使用习惯对平台进行有效的营销计划。在大学生智能手机使用普遍环境下，为推进某网站的微信营销的实施，推出以"某网站小助手"为名的公众号，以满足大学生对某网站的应用需求。

步骤2：用户分析

某网站平台受众主要包含学生/个人、院校、教师、企业及行业专家五种角色。

（1）就学生或者个人而言，分为两个层面：全国各本科院校、职业院校在校学生；已毕业进入工作的社会个人与工作团体；

（2）某网站所面向的院校用户可以分为全国各本科院校和职业院校；

（3）某网站的教师用户群体包含全国各本科院校、职业院校专业教师、实训教师；

（4）某网站所面对的企业用户是愿意依托某网站平台分摊部分工作内容及愿意发现并接收应届人才的各类企业；

（5）应用某网站的专家用户群体中，主要包含某网站相关培养方向下的各行业专家，如电子商务方向、职场应用方向等。

 支撑知识

1. 微信

微信，是腾讯旗下的一款语音产品，是当前比较火爆的手机通信软件，支持发送语音短信、视频、图片和文字，可以群聊。

2. 微信营销

微信营销主要体现在以安卓系统、苹果系统、Windowsphone 8.1系统的手机或者平板电脑中的移动客户端进行的区域定位营销，商家通过微信公众平台对接微信会员云营销系统，展示商家微官网、微会员、微推送、微支付、微活动、微CRM、微统计、微库存、微提成、微提醒等，已经形成了一种主流的线上线下微信互动营销方式。

微信营销是网络经济时代企业营销模式的一种创新，是伴随着微信的火热而兴起的一种网络营销方式。微信不存在距离的限制，用户注册微信后，可与周围同样注册的"朋友"形成一种联系,用户订阅自己所需的信息,商家通过提供用户需要的信息,推广自己的产品,从而实现点对点的营销。

微信营销,包括微信平台基础内容搭建、微官网开发、营销功能扩展;另外还有微信会员卡以及针对不同行业的微餐饮、微外卖、微房产、微汽车、微电商、微婚庆、微酒店、微服务等个性化功能开发。

3. 微信公众平台

微信公众平台是腾讯公司在微信的基础上新增的功能模块,通过这一平台,个人和企业都可以打造一个公众号,并实现和特定群体的文字、图片、语音的全方位沟通、互动。

不同于微博的微信,作为纯粹的沟通工具,商家、媒体和明星与用户之间的对话是私密性的,不需要公之于众的,所以亲密度更高,完全可以做一些真正满足需求和个性化的内容推送。

随着腾讯推出微信公众平台,那么微信的营销又将怎样变化呢?

在具体说明之前,我们应该看看微信营销到底有怎样的逻辑基础。

不建议企业将微信作为销售平台,不缺渠道,开个网店再容易不过了。企业缺的是品牌,缺的是信任,如果用户不接受你的品牌,不信任你,你的销售只会让用户反感。

企业应该将微信作为品牌的根据地,要吸引更多人成为关注你的普通粉丝,再通过内容和沟通将普通粉丝转化为忠实粉丝,当粉丝认可品牌,建立信任,他自然会成为你的顾客。

营销上有一个著名的"鱼塘理论",微信公众平台就相当于这个鱼塘。

4. 微信账号类型

微信账号分为个人微信号、公众号和小程序,每种类型都针对不同的用户群体和使用场景。个人微信号是每个用户注册微信时自动生成的或由用户自行设置的唯一识别码。公众号是微信为媒体、企业、政府或其他组织提供的与用户进行互动和沟通的平台。公众号分为订阅号、服务号和企业微信(原企业号)三种,其中订阅号为媒体和个人提供一种新的信息传播方式,主要用于给用户传达资讯;服务号主要偏向服务类交互,为企业和组织提供更强大的业务服务与用户管理能力;企业微信是微信为企业客户提供的移动应用入口,旨在简化管理流程,提升组织协同工作效率。小程序是一种新的开放能力,开发者可以快速地开发一个小程序并在微信内被便捷地获取和传播。由此可见,微信账号每种类型都有其独特的功能与特点,共同构成了微信这一庞大而复杂的生态系统。

同步训练

学生需要根据教师要求,对目标企业进行微信营销前的业务分析和项目背景分析,并完成下表。

表6-1 微信营销业务分析表

微信营销业务分析		
企业名称		
概　要	主营业务	(分析企业业务方向)
	目标项目	(分析企业所运营的项目)
总　结		

 **综合评价**

表6-2 综合评价表

任务编号	020118	任务名称	前期分析
任务完成方式	□小组协作完成　□个人独立完成		
评价点			分值
对企业业务范围的分析是否正确			30
对企业经营项目的分析是否明晰			30
对企业产品目标用户的分析是否正确			40
本主题学习单元成绩			
自我 评价(20%)	小组 评价(20%)		教师 评价(60%)
存在的主要问题			

 拓展任务

以小组为单位,寻找身边的一些企业,详细了解企业业务范围、产品信息与目标用户群体。

思政园地

职业道德是随着社会分工的发展，在出现相对固定的职业集团时产生的。人们的职业生活实践是职业道德产生的基础。在原始社会末期，随着生产和交换的发展，出现了农业、手工业、畜牧业等职业分工，职业道德开始萌芽。进入阶级社会以后，又出现了商业、政治、军事、教育、医疗等职业。在一定社会的经济关系基础上，这些特定的职业不但要求人们具备特定的知识和技能，而且要求人们具备特定的道德观念、情感和品质。各种职业集团，为了维护职业利益和信誉，适应社会的需要，在职业实践中，根据一般社会道德的基本要求，逐渐形成了职业道德规范。在古代文献中，早有关于职业道德规范的记载。公元前6世纪的中国古代兵书《孙子兵法·计》中，就有"将者，智、信、仁、勇、严也"的记载。"智、信、仁、勇、严"这五德被中国古代兵家称为将之德。明代兵部尚书于清端提出的封建官吏道德修养的六条标准，被称为"亲民官自省六戒"，其内容有"勤抚恤、慎刑法、绝贿赂、杜私派、严征收、崇节俭"。中国古代的医生，在长期的医疗实践中形成了优良的医德传统。"疾小不可云大，事易不可云难，贫富用心皆一，贵贱使药无别"，是医界长期流传的医德格言。在封建社会，自给自足的自然经济和封建等级制度不但限制了职业之间的交往，而且阻碍了职业道德的发展，只是在某些工业、商业的行会条规以及从事医疗、教育、政治、军事等业的著名人物的言行和著作中包含有职业道德的内容。在这些社会的行业中，也出现过具有高超技艺和高尚品德的人物，他们的职业道德行为和品质受到广大群众的称颂，并世代相袭，逐渐形成优良的职业道德传统。中国特色社会主义核心价值观："倡导富强、民主、文明、和谐，倡导自由、平等、公正、法治，倡导爱国、敬业、诚信、友善，积极培育社会主义核心价值观。"这是社会发展不可脱离的核心体系。

任务二　账号实施方案制定

 任务引导

确定了微信营销的项目背景和用户资料，接下来就要准备微信营销的账号了。进行微信营销的第一步就是先拥有一个微信账号，小王决定开始对要使用的微信账号进行设计。

 任务分析

- ◆ 公众号的设计。
- ◆ 内容发布方案。
- ◆ 制定宣传推广方案。
- ◆ 制定活动策划方案。

任务实施

步骤 1：公众号的设计

1. 头像设置

就像每个使用微信的个人用户一样，公众号也需要一个代表企业或公众形象的标志，公众号头像会让用户在第一眼了解公众号。由于公众号常常可以给用户起到客服的作用，一些公众号会使用客服的卡通人物形象作为头像，并与标志性标识相结合，非常醒目可爱，如招商银行信用卡的公众号（见图 6-1）。

大多数公众号会使用企业的 Logo 作为头像，由于企业在线下的知名度与影响力，可以让企业的用户在公众平台很快进行识别，另一方面，在公众平台的运营过程中也会让企业 Logo 为客户熟知。小王在选择某网站的公众号头像时，决定采用某网站 Logo（见图 6-2），某网站的 Logo 由橘黄色的背景和灯泡的形象组成，远看为一个大写"C"的字母，灯泡代表某网站的口号"发现你的光芒"，字母"C"迎合某网站的 China、Change、Chance、Clilurful 理念，代表某网站的整体形象。

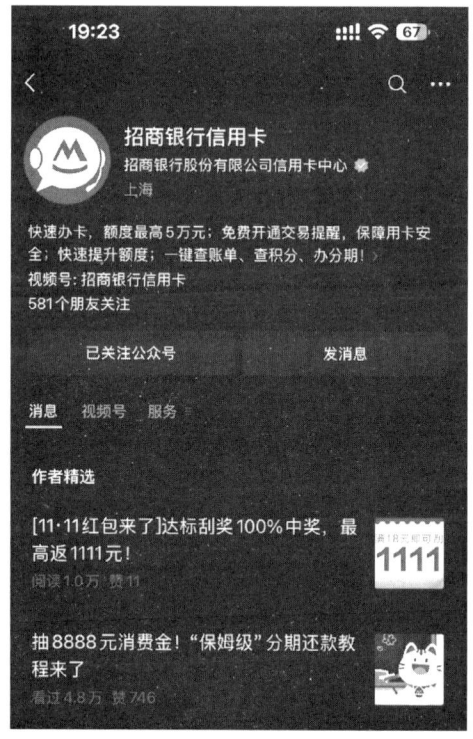

图 6-1　招商银行信用卡公众号头像　　图 6-2　某网站 Logo

设置公众号头像，首先要登录腾讯微信官方主页，在浏览器的地址栏中输入公众平台的官方网站(mp.weixin.qq.com)，在网站中的登录页面输入公众号的账号和密码，然后点击"登录"按钮登录公众平台（见图 6-3）。

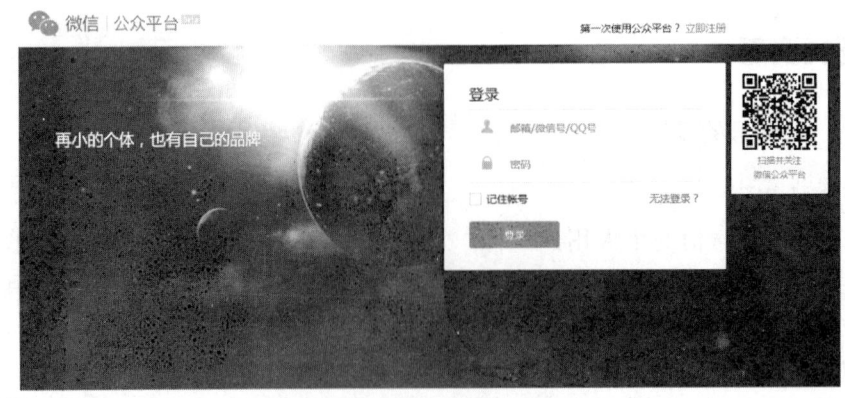

图6-3　登录微信公众平台

登录微信公众平台后,就可以看到公众号的操作后台,选择页面左下方"设置"栏目的"公众号设置"(见图6-4)。

打开公众号设置页面,就可以看到头像修改栏目,选择头像修改,阅读修改协议并根据提示进入下一步(见图6-5)。

图6-4　公众号设置　　　　　图6-5　头像修改协议

在打开的对话框中选择头像图片,然后点击"上传"按钮(见图6-6)。上传完成后即可显示头像。

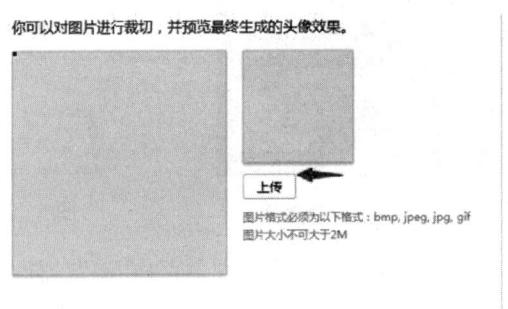

图6-6　头像上传

可以适当调整头像显示以达到最佳效果,然后点击"下一步"按钮。根据提示上传头像,这里要特别注意的是,公众号头像每个月只能修改一次(见图6-7),所以公众号与微信个人账号的区别之一就是不能随时修改头像。

图6-7 公众号修改头像

微信头像设置完成后,用户在移动端看到的公众号信息如图6-8所示。

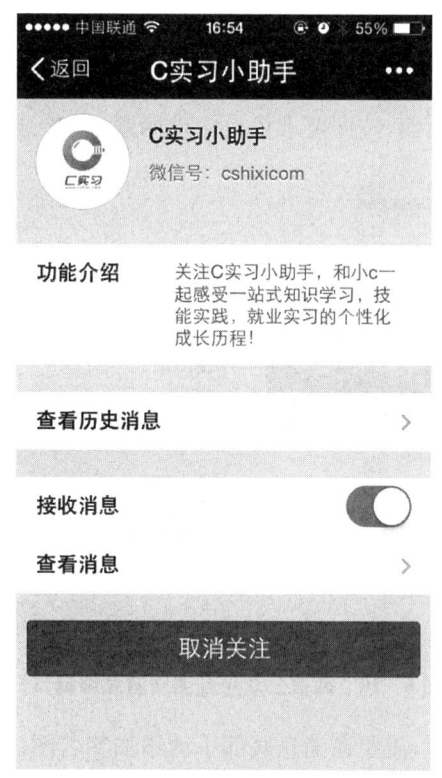

图6-8 移动端公众号

2. 微信签名设置

现阶段的公众平台没有为公众号特别提供微信签名设置栏目,但是大部分公众号为了让自己从公众平台发出去的信息比较工整,也为了加强对自己品牌的宣传,通常会在公众平台编写微信消息的时候在消息顶端或底端上传一个统一的图片或发布同样一段文字作为微信签名。

怎么进行微信签名的设置呢？在推送微信消息的时候，事先确定一幅图片或一段话，登录公众号，进入微信发布后台，选择管理→素材管理，就可以看到如图6-9所示页面，素材分为图文消息、图片、语音、视频四类，选择图文消息中的单图文消息。

图6-9 微信公众平台素材管理

打开单图文消息编辑页面，按照要求依次输入标题、作者、封面图片（见图6-10）。

图6-10 微信公众平台图文消息编辑(1)

在消息内容编辑完成后，需要在消息底部手动添加签名图片，这个时候可以选择编辑器里的图片上传图标 ▨ 进行图片的添加（见图6-11）。

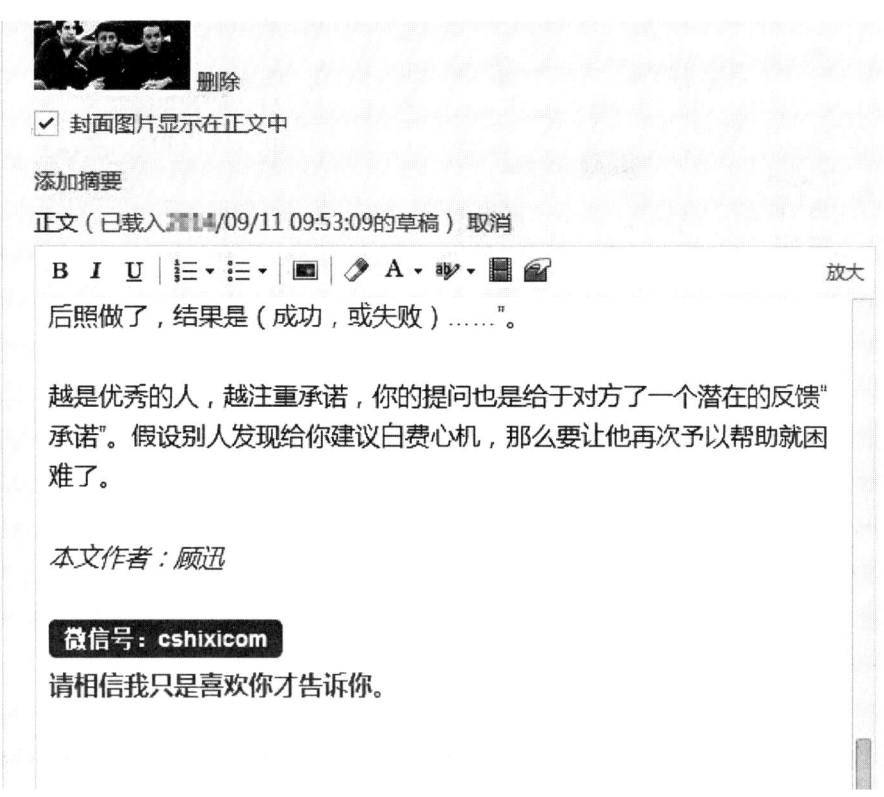

图 6-11　微信公众平台图文消息编辑(2)

点击图片上传图标,会出现微信公众平台的图片上传界面(见图 6-12)。

图 6-12　图片上传(1)

点击"添加图片"按钮(见图 6-13)。

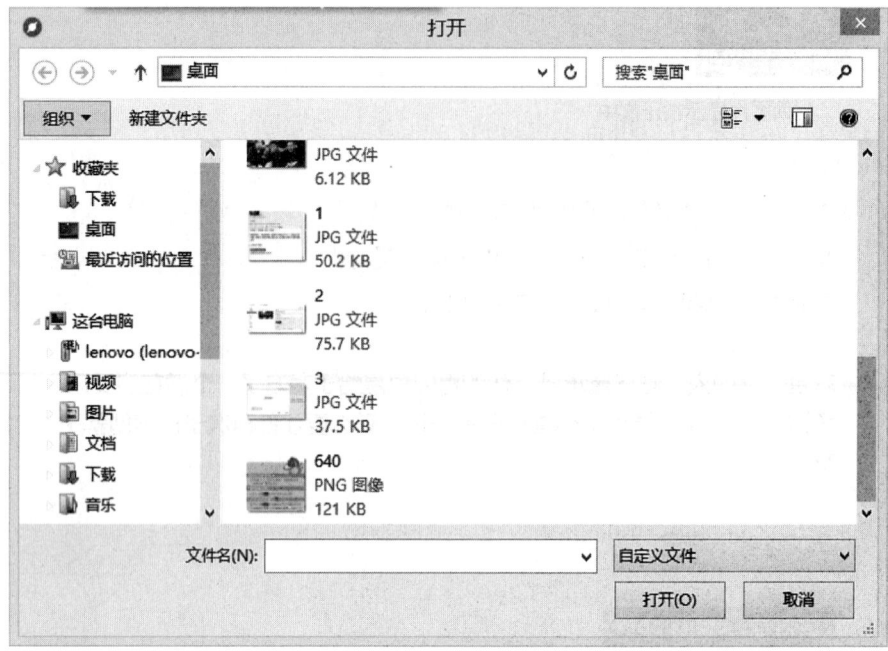

图 6-13 图片上传(2)

选择需要上传的图片以及图片的对齐方式,点击"开始上传"按钮(见图 6-14)。

图 6-14 图片上传(3)

图片上传成功后,就会看到,我们想作为签名的图片已经位于正在编辑的文字内容的底部(见图 6-15)。

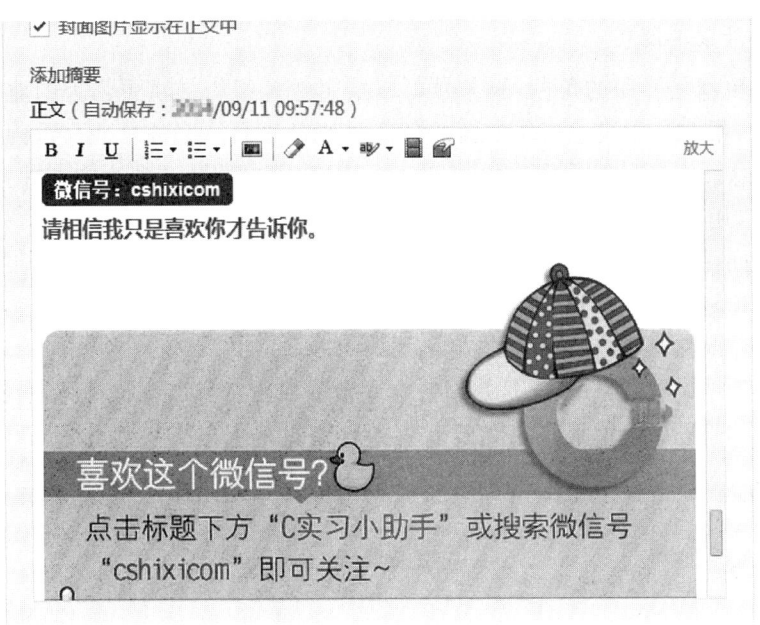

图 6-15　图片上传(4)

这个时候图片签名就已经可以说是设置完成了。在用户浏览手机端的消息时，就会出现如图 6-16 所示的样子。

图 6-16　手机端显示的消息签名

3.服务号菜单设置

服务号更像是客服的角色,服务号可以给企业和组织提供更强大的业务服务与用户管理功能,帮助企业快速实现全新的公众号服务平台。服务号一个月内仅可以发送4条群发消息。服务号发给用户的消息,会显示在用户的聊天列表中。并且,在发送消息给用户时,用户将收到即时的消息提醒。

另一方面,服务号相对于订阅号的不同之处在于服务号可以设置微信端的菜单,用户可以根据菜单进行自主信息了解与自主业务办理。小王所在公司官方公众号采用的是服务号。服务号既然具备自主菜单的功能,那如何进行自主菜单的设置?

要进行菜单设置,第一步还是登录公众平台的后台,可以看到与订阅号不同的是,服务号在后台的管理中新增了"自定义菜单"项目(见图6-17)。

图6-17 微信服务号自定义菜单

选择自定义菜单,在自定义菜单页面就可以看到"菜单管理"和"设置动作",二者分别代表出现在手机端微信服务号底部的菜单名称和对应回应,菜单管理旁的"＋"图标是用来新增菜单的,每个服务号最多可以设置三个一级菜单,每个一级菜单下可以设置五个二级菜单(见图6-18)。

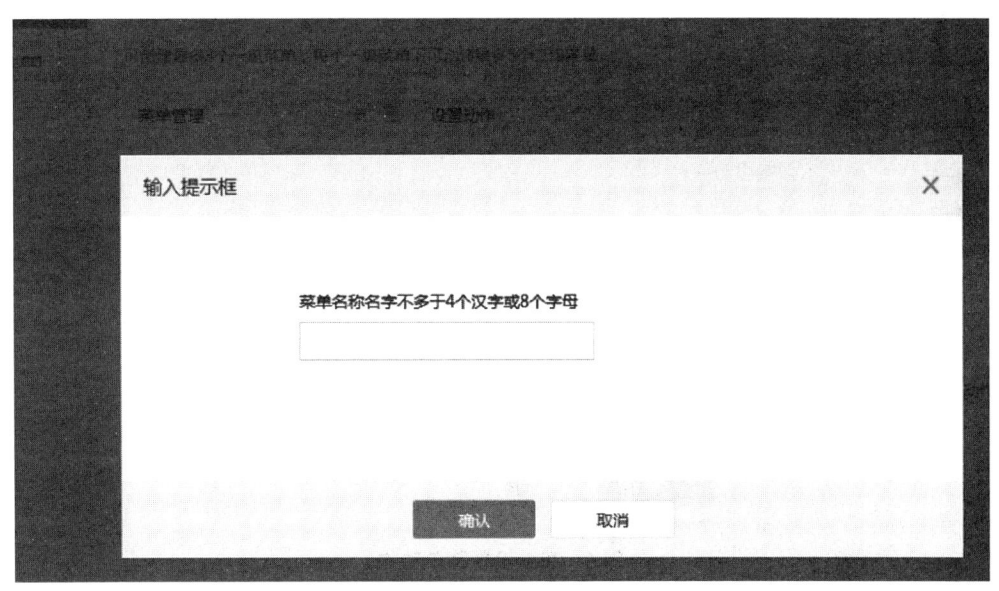

图6-18 设置菜单名称

菜单名称设置完成后,可以根据每个菜单设置菜单给予用户的回应,点击设置好的一级菜单或二级菜单,就可以看到在右边的"设置动作"栏目下出现的回应动作选项(见图6-19)。

图6-19 设置菜单动作

服务号可以设置的菜单动作分为两类,即发送消息和跳转到网页,分别可以给予用户消息的回应或者跳转的回应(将用户的微信界面直接跳转到某一个网址上),只需要选择相关的回应动作,进行设置即可,如图6-20所示。

图6-20 设置菜单动作

服务号的菜单设置完成后,在移动端的用户看到的界面如图6-21所示。

图6-21 服务号菜单

步骤2:内容发布方案

对企业而言,使用公众号的目的就是可以实时对企业产品用户进行内容营销。那么,如何才能对企业产品进行有效的内容营销呢?企业对用户进行内容传播,首要原则就是与企业自身经营的产品和所在行业有一定关联性;另一方面,需要结合时事热点,利用公众对时事热点的关注提升公众对企业的关注。

对企业公众号来说,首先是增加曝光度,其次是引导用户对企业的关注,最后形成转化。一个企业的公众号需要定位明确,这样才能源源不断地吸引潜在用户去阅读企业发布的内容。

某网站小助手运营团队经过会议讨论,认为某网站面向的校园群体,通常会对校园话题和实习经验有很大的兴趣,所以前期的推送消息内容应该为与电子商务行业或者计算机行业课程相关的内容(见图6-22),于是某网站小助手的第一期内容就为粉丝推送了一篇关于Photoshop的技巧内容(见图6-23)。

学习单元六 微信数据化营销

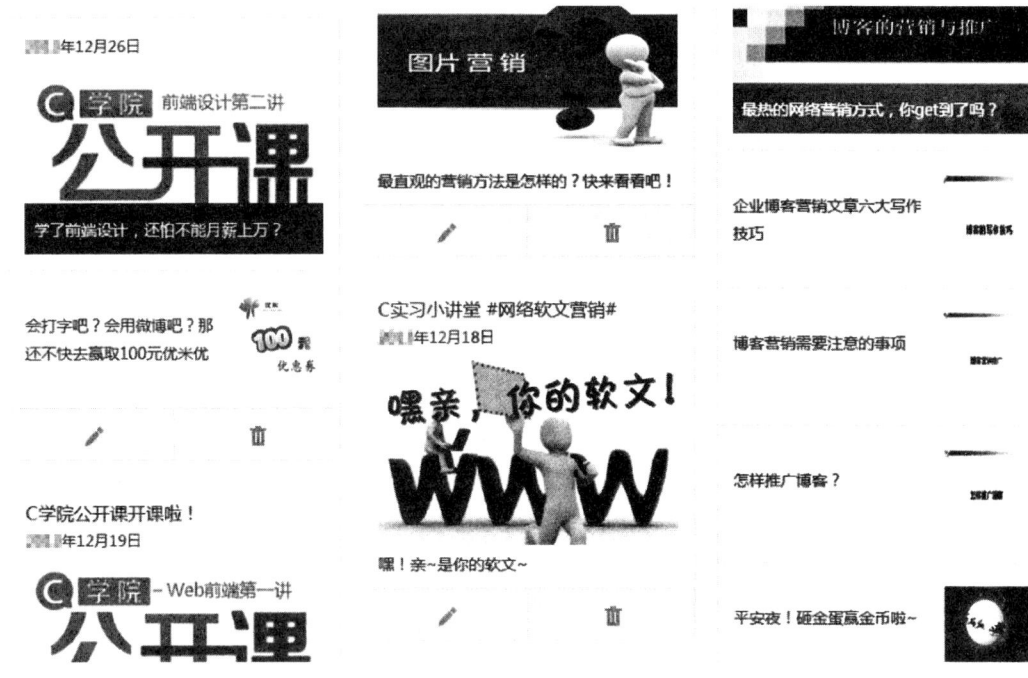

图 6‑22 某网站小助手前期推送内容

图 6‑23 某网站小助手消息内容

步骤 3：制定宣传推广方案

拥有一个微信账号和确定好精彩的内容，这仅仅是微信营销的第一步。微信营销之所以称为"营销"，是因为在运营公众号的时候，起到了一个宣传与推广的作用。那么，怎么样才能通过微信达到合理的宣传和推广效果呢？

微信有一个二维码功能，进行微信宣传要注意线上与线下的结合，企业在线下的活动中打出二维码，并利用一定的奖励措施让用户方便地扫描二维码关注企业的公众平台，这样就会涌现大量微信用户，在将来的消息推送中也会有更加广阔的覆盖面。

某网站小助手上线初期正值年底，某网站平台准备举办一系列年底活动，所以在活动页面添加上某网站小助手微信二维码（见图 6-24），参加年底活动的学生用户可以直接通过扫描二维码关注某网站微信。同时在活动结束后，将这个二维码长期挂在某网站官方网站底部，方便学生在使用时随时添加，这样就得到了某网站小助手的首批用户。

图 6-24　某网站将微信二维码放在主页底部

凡事有计划才有经营的依据，微信运营也是如此。在进行公众号运营时，合理计划微信的运营策略是非常重要的。企业运营微信时要善于利用微信平台的 LBS 功能，LBS 功能是微动力开发的一个微信精确定位的营销软件，它可以以任意一个点为中心，方圆十公里内只要有使用微信"附近的人"功能的微信用户，都可以通过微信打招呼推送自己的信息。LBS 功能具有 100% 到达率，不会被微信封号。每个微信号可以打 200 次招呼，一天可以设置 60～500 个微信号，这样就很容易产生直观的营销效果了。

另一方面，某网站在线下经常有学校的宣传和演讲活动，可利用线下活动进行公众号的宣传。某年 4 月 10 日，某网站走进学校进行了一次校园演讲活动，并在演讲课堂上以某网站小助手为例讲解了公众号的运营。根据后台统计数据，在某年 4 月 10 日这天新增的关注用户达到 64 人，如图 6-25 所示，所以这次活动达到了预期的宣传效果。

最后，成功的微信平台运营离不开企业的支持。对企业而言，微信平台是一个企业宣传渠道，只要企业领导层对微信平台加以重视，微信运营团队对公众号合理运营、适时互动，微信一定会为企业的知名度与商品销售起到非常积极的作用。

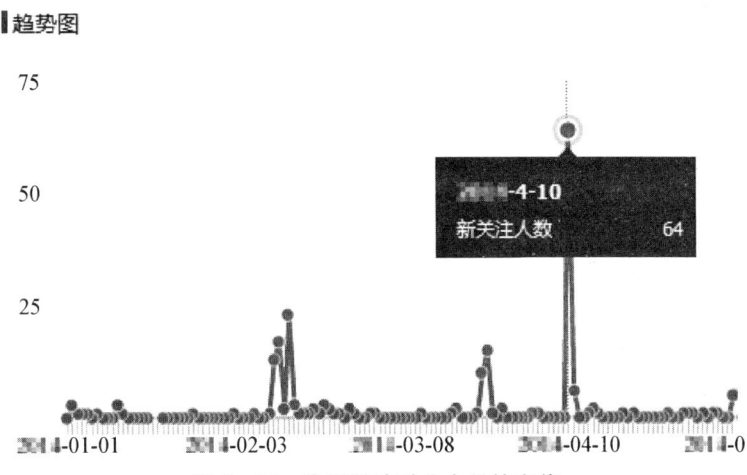

图 6-25 线下活动对公众号的宣传

步骤 4：制定活动策划方案

首先，合理利用活动。我们一般接触到的公众号推送的消息大多是一些文章，其实在微信内容中穿插一些活动宣传也是微信宣传的一个好方法。微信的用户活跃度日益降低，说明微信对用户的吸引力在下降，所以隔三差五的一个微信营销活动能够利用活动奖励拉动用户对公众号的关注。

其次，活动周期合理。一次微信活动推送出去后，阅读率大约只能维持在 30%，所以在选择微信活动的时间上要做充分的考虑，尽量让登录不频繁的用户三五天后看到的时候，微信活动还没有过期，用户还可以参与进去。

最后，活动的推送时间是关键。推送微信消息要看微信面向人群的使用习惯，以及粉丝数量的多少，信息发送时间选择最好选在午饭后、睡觉前，因为微信消息有声音提醒，有些人还不知道如何取消声音提醒。

 支撑知识

1. 微信内容营销 8 个小技巧

（1）账号定位明确，对自己可以做的内容类型归类，明确自己的账号可以提供哪几类的文章，围绕"企业是做什么的，用户需要什么"，它们的交集，就是你能做的。

① 产品/行业有深度的内容；
② 结合热点的软文；
③ 活动类文章（娱乐性、互动性最佳）；
④ 用户日常会关注的周边内容。

如果定位明确，那么愿意关注你的用户基本上是你的潜在目标用户。

（2）关注行业竞争对手的 10 个账号和 3 个网站。

研究它们的内容风格、发布时间段、发布消息类型和数量。对它们的内容和动态保持一定的敏感性。

(3) 素材选取方面：创作/整合优质内容，对于多数企业订阅号而言，最好每天发布一条含 4 篇文章的多图文。

4 篇文章的选材结合第一条要求，最好是有两种以上不同类型的文章，展示出自己的风格。

(4) 内容编辑工作：段落整齐、格式统一、有特点、配图合适、清晰。

(5) 标题党。

读者第一眼看到的是标题，它会决定用户会不会点进去阅读，甚至决定用户朋友圈好友看到后是否会关注、二次传播这篇文章。

(6) 关注、分享的引导。

标题、原文作者、文章正文、底部原文链接，处处留心皆可做文章。

(7) 关键词自动回复引导工作。

可以通过设置关键词回复，引导用户阅读文章或互动，进一步了解账号。最好做出特色，给人留下深刻的第一印象。

(8) 及时互动。

用户的问题最好能够及时给予答复，或者做出引导，给出能够满足用户，或者让用户能够找到答案的方法。

确定了目标，明确了账号定位，以及选材、编辑的细节之后，最后要确定的是编辑的文字风格。

2. 内容营销注意事项

内容营销，首先要确保所提供的内容具有优质性，尽可能引导用户对企业发布的内容进行分享和扩散，这样才能达到传播效果。对微信内容的引导可以从两方面出发：

(1) 在发布时要注意，所发布的文章要具有内在的驱动性，满足"内容驱动"的要求；所采用的文章精彩、独到。同样也可以采用公众喜闻乐见类型的文章，让用户看到文章就有分享的冲动。这类文章通常有两类，一类是心灵鸡汤和健康百科类文章，另一类是行业或产品相关类文章。

(2) 结合时事热点的与产品或行业相关的文章。这类文章最好是与消费者日益贴合的快消品、生活用品、日用品等相关的文章，一些冷门企业，如加工制造、化工业、工业设备、建材等行业不易令大多数公众产生兴趣，只能让业内人士进行圈内分享。

如果产品本身没有太多的文章可以做，不能很好地引发消费者对公众号的关注和对文章内容的兴趣，这类公众号可以从两方面进行内容设计：

一是进行延伸内容广度的工作，从周边或者整个大行业做文章进行内容编辑。

二是从自己行业内入手，进行口碑营销，让用户产生内容。举例来说，凡客、小米等都是具有一定影响力的企业，关于它们的产品并没有太多的软文发布和内容营销，它们善于利用企业公众号进行活动宣传、制造话题，做口碑营销。当然，并非让运营人员完全模仿，只有深度挖掘，做出自己的特色，才能让用户真正参与进来。

内容规划非常重要，每一个月都要把下一个月的内容规划好，这样就能每一天都有内容推送给读者。所以最好的方法就是集中时间，把公众号 1~3 个月要推送的内容都准备好,甚至可以把一年的内容都准备好,这样经营公众号就会很轻松。

同步训练

学生按照教师要求,利用实训软件模拟环境对公众号的申请和设置进行训练,要求学生懂得通过微信主页申请公众号,并进行一定设计;掌握公众号内容发布、宣传推广、活动策划的具体方法。

1. 确定公众号信息

根据情景设置,确定公众号名称、头像、签名等信息,并确定公众号类型(服务号/订阅号/企业微信)。

表6-3 确定公众号

公众号名称		账号类型	订阅号/服务号/企业微信
头像规范	(使用企业Logo或其他)		
签名设计	(签名文字)		

2. 确定内容发布方案

学生根据教师提供的素材,对公众号推送的消息内容进行规划,包括图片消息、图文消息、推送区间、推送时间等。

表6-4 确认内容发布

消息性质	图片消息、图文消息
推送区间	每天推还是每周推
推送时间	主要是推送时间段,早上、中午、下午+时间点
推送规格要求	文字、图片、Flash、视频等大小的要求
每次推送数量	每次推送一条或不定
其他	

3. 指定宣传推广方案与活动策划方案

根据微信内容和推送区间,指定宣传推广方案,对微信前期宣传推广进行设计,同时利用实训软件和教师指导进行微信运营前期的活动方案策划。

4. 班级内部互评

学生可将方案提交至"博星卓越网络营销实训"共享平台,相互查看班级内各同学对公众号内容的设计与推广活动方案的制定,并对其他人的微信运营状况进行评价。

综合评价

表 6-5 综合评价表

任务编号	020119	任务名称	账号设计与宣传
任务完成方式	□小组协作完成　□个人独立完成		
评价点			分值
对公众号的类型是否明晰			20
对公众号的设计是否合理			20
对消息的推送内容、推送时间是否设计合理			20
对账号的宣传推广方案策划是否合理			20
对微信账号的活动设计是否吸引人			20
本主题学习单元成绩			
自我评价(20%)		小组评价(20%)	教师评价(60%)
存在的主要问题			

拓展任务

学生在教师的指导下,利用电脑和手机完成一个公众号的运营流程,并总结微信客户端常见的公众号应该如何运营。

思政园地

营销道德是用来判定市场营销活动正确与否的道德标准,即判断企业营销活动是否符合消费者及社会的利益,能否给广大消费者及社会带来最大福祉。市场营销道德是市场经济的伴生物。在市场经济条件下,现代企业在开展营销活动中必须遵循营销道德,实施诚信营销。营销道德是调整企业与所有利益相关者之间的关系的行为规范的总和,是客观经济规律及法制以外制约企业行为的另一要素。遵循营销道德的营销行为,使营销人员个人、企业和顾客利益保持一致,有利于实现企业的经济效益和社会效益。违背营销道德的营销行为,使企业的利益与顾客的利益相悖,虽使企业一时受益,但不利于企业的长远发展,更有损社会公众的利益。因此,使营销行为沿着营销道德的轨道进行,对企业和社会双方都是大有裨益的。当今世界,营销可以说是无处不在,无时不在。营销已成为企业最重要的一项职能之一,营销从业人员越来越多,营销手段五花八门,营销活动对公众和社会的影响日益加深。然而,在人们享受有益营销活动所带来的好处的同时,营销活动也受到了越来越多的非议。特别是每年的"3·15"晚会,揭露了许多企业在营销活动中的不道德行为,引发了全社会的信任危机。因此,现代营销必须讲求道德,实施诚信营销,使企业在消费者心目中树立起良好的形象,企业才能够可持续发展。

任务三　微信数据分析

任务引导

微信运营数据对微信运营具有很大的参考价值,小王发现,在公众平台的后台,微信为公众号的用户推出了"数据统计"功能,能够为公众号运营人员提供基础的用户分析,包括用户分析、图文分析、消息分析三大板块,对运营人员的数据统计和日后的运营计划制订提供了非常大的帮助。

任务分析

- 图文数据收集。
- 消息分析。
- 用户分析。

任务实施

步骤1:图文数据收集

微信平台为用户提供图文数据统计分析,让微信不用特别开放用户接口就可以实现自身统计功能。

图文分析是微信提供的一个可视化统计与分析的功能,它可以从直观的角度为运营人员提供传播转化的漏斗模型图,包括对"送达人数""图文页阅读人数""原文页阅读人数""分享转发人数"四项指标的详细统计和分析。微信消息的图文转化率对图文信息的标题和内容都提出了严格的要求,一篇好的图文信息,首先要吸引粉丝在手机上打开阅读,成为图文阅读的转化;之后,如果图文信息内容十分有吸引力,将触动粉丝点击原文,访问目标网页。

1. 图文群发查看方法

图文群发包括所有图文查看和图文对比两个项目。所有图文查看,可以通过选定时间内的图文或者按照标题进行图文搜索,栏目会显示对应的图文指标;图文对比,可以将一个或者多个图文选定,通过多个图文对比得出数据差异,如图6-26所示。

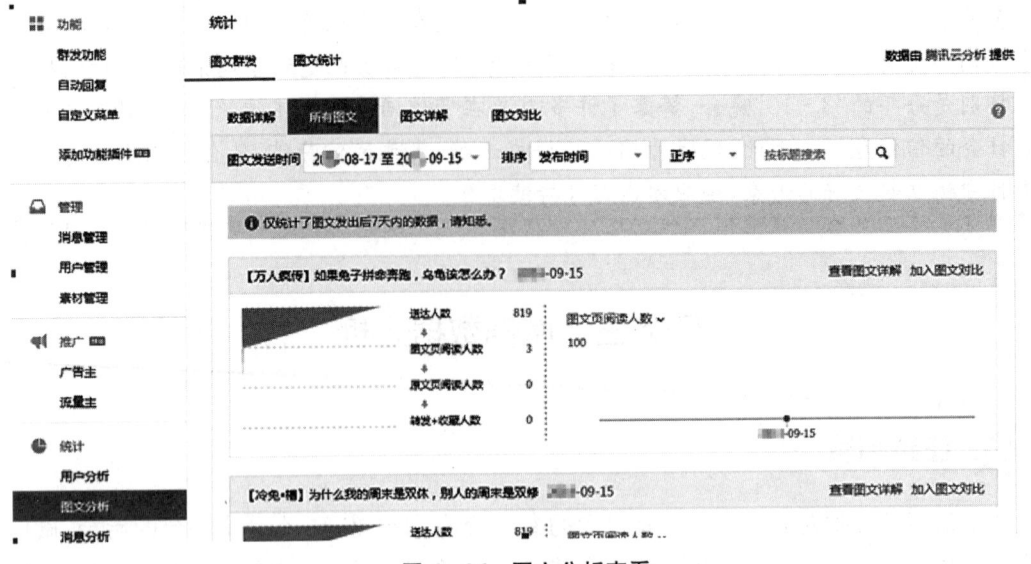

图 6-26　图文分析查看

图文群发的指标包括送达人数、图文页阅读人数、图文页阅读次数、原文页阅读人数、原文页阅读次数，同时可以计算出图文转化率和原文转化率，另外还包括分享转发的人数和次数（见图 6-27）。

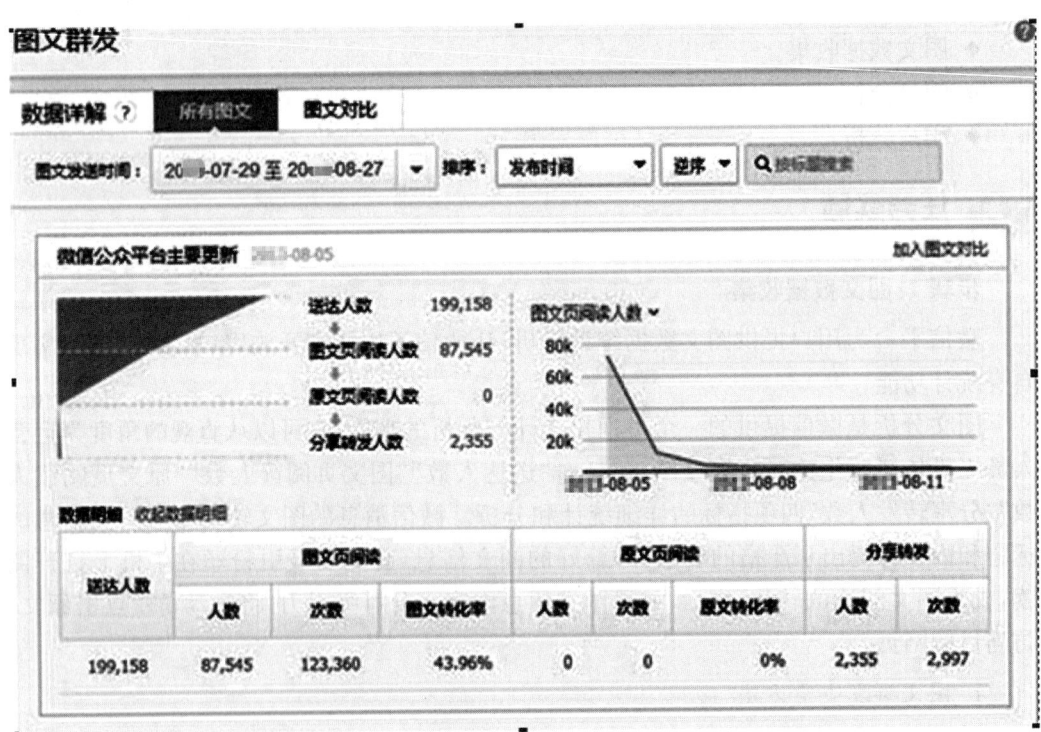

图 6-27　图文群发

2. 图文统计方法

图文统计包括昨日关键指标模块,昨日关键指标会针对昨天的图文阅读、转发、分享次数变化,并与前天、7天前、30天前进行对比,体现为日、周、月的百分比变化。

可选择 7 天、14 天、30 天或某个时间段的阅读人数、次数变化,也可以选择按时间对比,可查看图文页阅读人数、图文页阅读次数、原文页阅读人数、原文页阅读次数、分享转发人数、分享转发次数等数据,如图 6-28 所示。

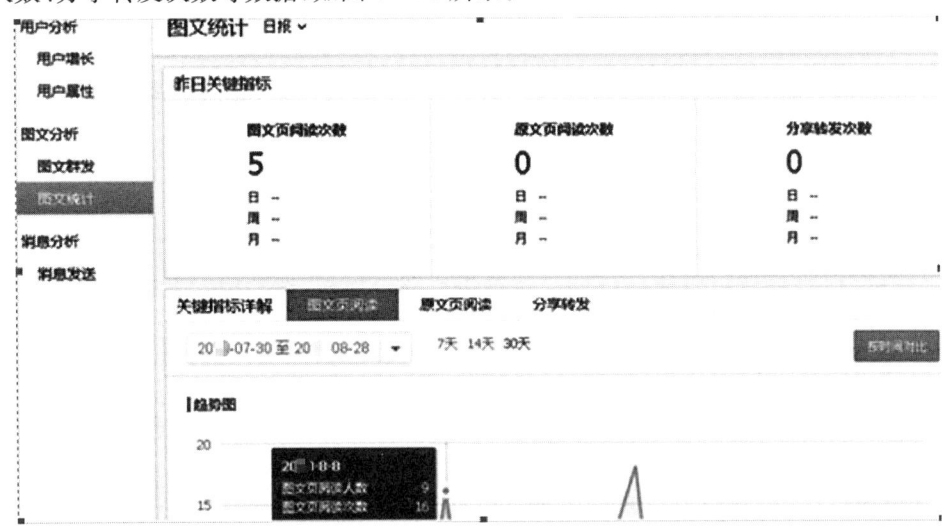

图 6-28 图文统计

3. 指标分析

在某网站小助手发出第一篇图文消息后,运营团队对图文消息的效果进行了监控,在图文消息统计中看到了如图 6-29 所示的统计:可以从图中看到,"C 实习轻松实训教程第一弹"文章送达 11 人,图文页阅读人数 5 人,原文页阅读人数只有 1 人,并且转发数为 0。

可以看到,继 16 日某网站小助手推动原创课程第一弹后,分别在 12 月 18 日、12 月 19 日推送了 C 实习小讲堂的原创课程、C 学院公开课两条消息,随着某网站公众号在某网站官方网站和某网站论坛的推广,关注人数也在上升,所以到 12 月 18 日推送时,已经有 26 个微信账号的推送量了,但是转发和收藏量依然为 0。在 12 月 24 日,某网站官网举办了一次砸金蛋赢金币活动,并通过微信进行消息推送,首次看到了 1 个收藏+转发。

步骤 2:消息分析

消息分析是针对公众号推送的图文消息进行分析,包括对一周、半个月、一个月的数据进行统计,消息分析可以对某个时间段的消息发送人数、次数变化进行统计,也可以选择按照时间对这些进行对比。由此也可以按照如下公式计算出人均发送次数:人均发送次数=消息发送总次数÷消息发送的用户人数。

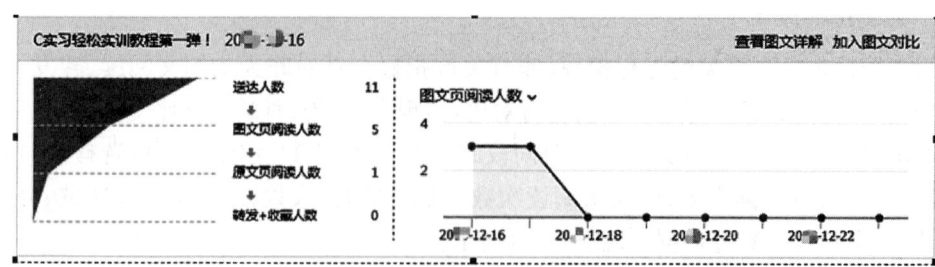

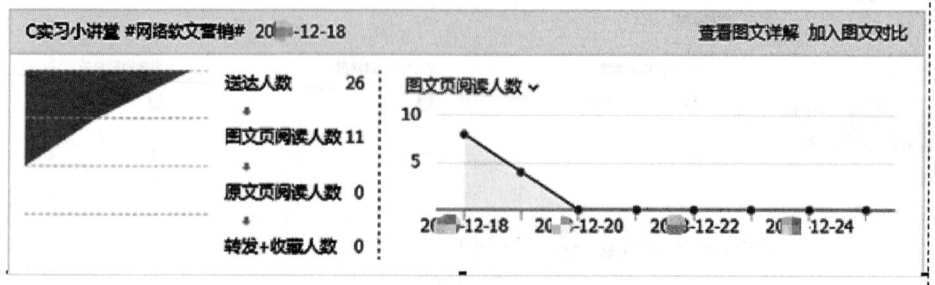

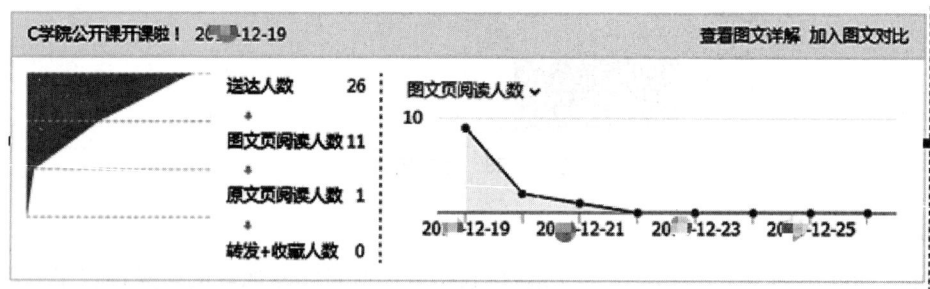

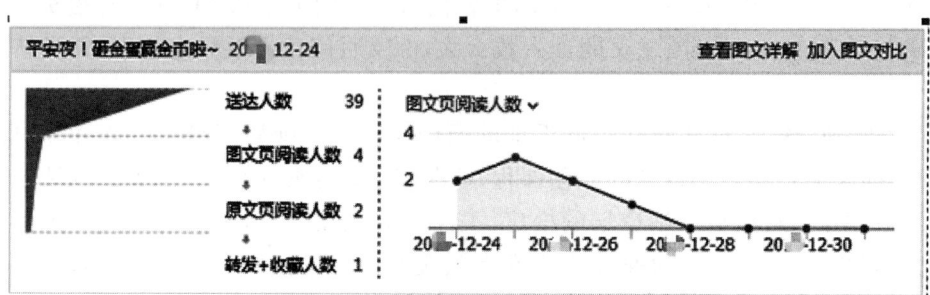

图 6-29　某网站图文消息统计

在消息分析中,可以看到由微信统计后台统计出的消息发送人数、消息发送次数以及人均发送次数,可以以每周、每半个月、每个月为周期进行统计找出消息送达的高峰点。从图 6-30 中可以看到,在 20××年 9 月 4 日,也就是新学期开学伊始,某网站小助手的消息送达人数达到了一个峰值;另外在 20××年 9 月 16 日,达到了第二个峰值。再看看这两天某网站小助手推送了什么消息(见图 6-31)。

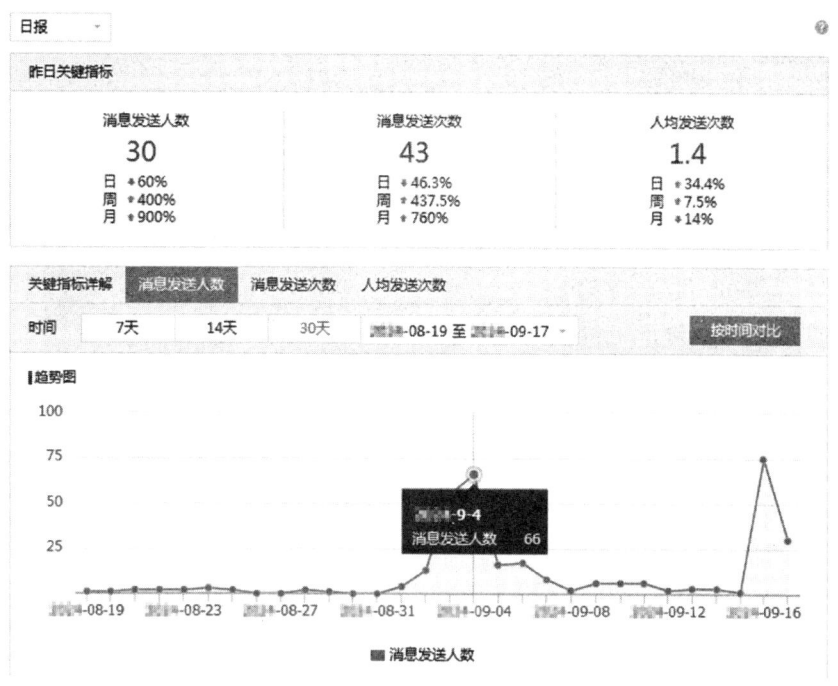

图 6-30 消息统计模块

可以看到,在微信后台的素材管理中,从 9 月 1 日开学当天起,某网站小助手就在为准备在校进行实习的同学推送关于淘宝兼职招聘的消息,有很多同学非常感兴趣,继而这几天的推送量达到了 30 天内的第一个峰值。

图 6-31 推送峰值当天的推送内容

而另一个峰值出现在 9 月 16 日,查看 9 月 16 日当天的消息发现,当天推送的消息是一个关于全国电子商务大赛技巧的消息(见图 6-32)。

图 6-32　第二个峰值的推送消息

这样就可以知道,推送与学生息息相关的内容,就会使消息推送成功率得到很大的提升。

另外,在消息分析中还有一个栏目,叫关键词分析,是帮运营者分析哪类关键词会更能引起用户兴趣的。在某网站小助手公众号微信后台可以看到,某网站小助手的关键词分析所包含的近期出现频率最多的关键词使用次数。

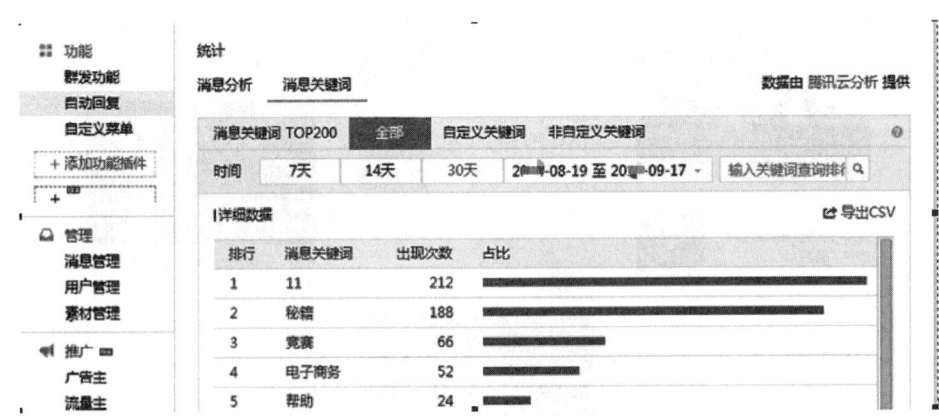

图 6-33　近期出现最多的关键词

由于某网站小助手从9月1日后开始为在校电子商务专业学生推送淘宝"双11"招聘客服兼职的消息,所以近期"11"这个关键词是出现频率最高的。其次,由于全国大学生电子商务大赛初赛正在进行中,关于比赛技巧类消息也应该会受到学生用户的关注,所以"秘籍""竞赛""电子商务""帮助"这几个词分别排在近期关键词使用频率第二到第五位。

步骤3:用户行为分析

在公众号的统计页面,可以看到微信统计中的用户分析模块,从公众号的用户层面统计给予公众号运营人员很好的参考数据。统计平台提供了粉丝增长统计与粉丝属性分析。

通过微信公众平台→数据统计→用户分析→用户增长/用户属性,即可查看粉丝人数的变化/当前公众平台粉丝的分布情况。在用户属性中可以看到昨日关键指标模块、关键指标详解趋势图,其中在各种指标中有新增关注人数、取消关注人数、净增关注人数、累积关注人数四个指标供运营者进行参考,如图6-34所示。

其中要特别注意粉丝增长统计下方的"取消关注人数"这一项,对运营人员来说有很大的价值。很多运营人员在查看微信用户统计的时候只看到粉丝的增长数量,却没有注意到先关注后取消的情况。"取消关注人数"这一项可以很清楚地观察到关注量和取消关注量。

通过对"取消关注人数趋势图"的分析,我们可以从反面角度查看所运营的公众号的用户体验。以微信后台目前所提供的服务,还无法判断用户取消对账号关注的原因,但是通过对"取消关注趋势图"的分析,可以确切知道某一个具体的日期取消关注的情况。这样对比运营中当天所做的运营工作,也是可以大致分析出用户取消关注的原因的。

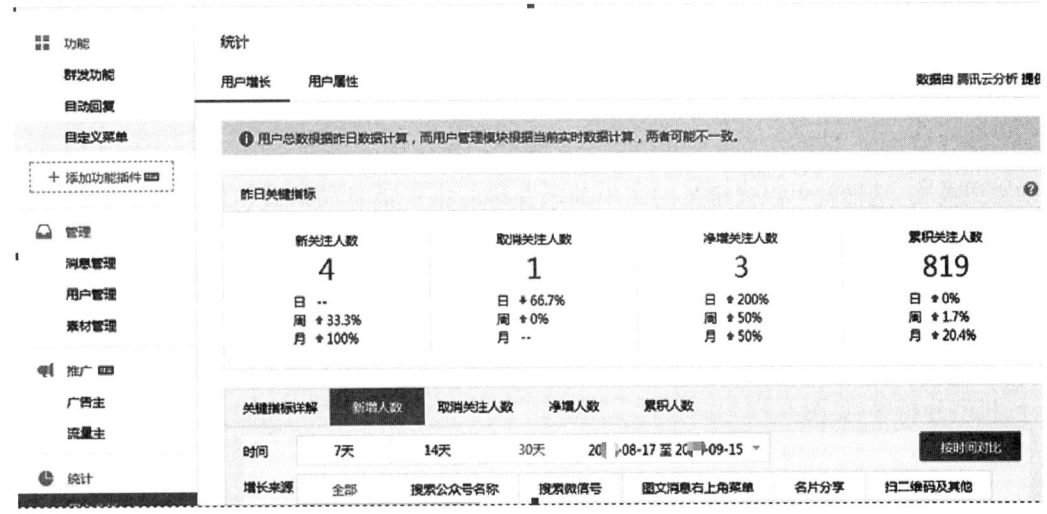

图6-34 用户分析

在用户属性分析方面,微信提供了"性别""语言""省份""城市"四个维度,由此将用户粉丝进行细分,对精准营销有一定的帮助。

性别分布:按男、女和未知分类(见图6-35)。

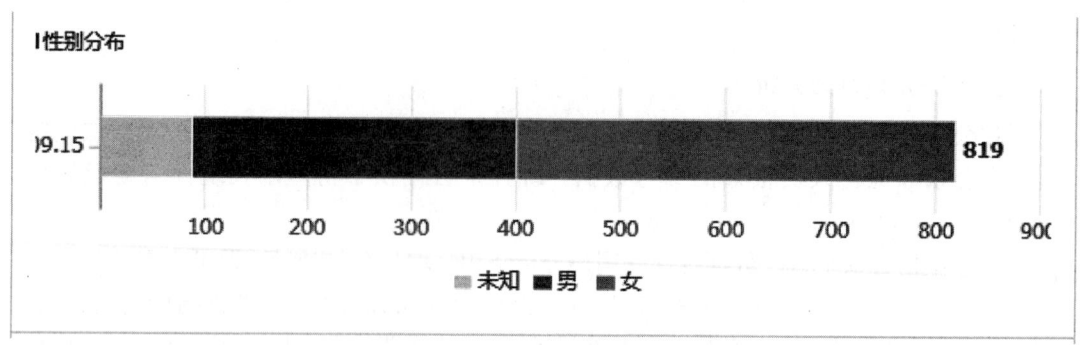

图6-35 用户属性性别分布

通过性别分布统计图可以看到,关注某网站小助手的男性和女性区别不大,男性比女性略少,还有部分用户性别未知。

语言分布:按简体中文、繁体中文、英文、未知分类(见图6-36)。

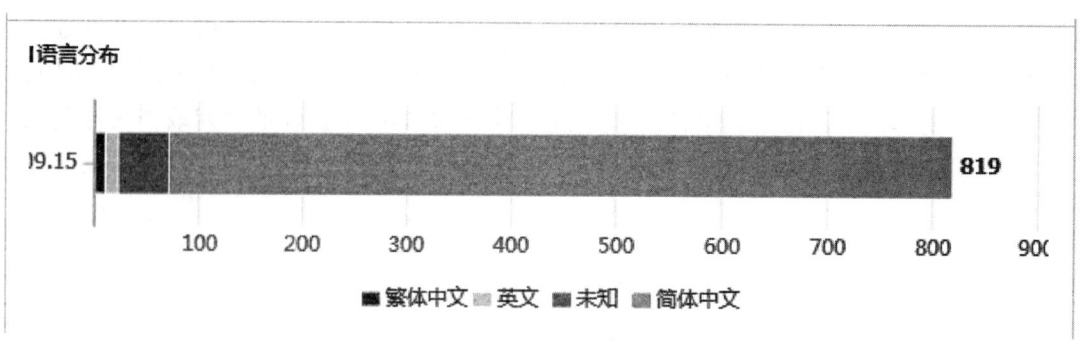

图6-36 用户属性语言分布

关注某网站小助手公众号的用户大多数使用简体中文语言,只有极少部分使用繁体中文或英文,这样就可以确定某网站小助手在平时推送消息的时候使用简体中文消息是覆盖用户使用语言最广的。

从相关数据可以看到,关注某网站小助手公众号的用户有很大一部分分布在陕西省西安市,其次是北京市,另外,沿海的广东省广州市也有不少用户关注。

另外,在微信公众平台的用户统计属性分析中,还为运营人员提供了用户终端设备统计、机型分析等(见图6-37)。

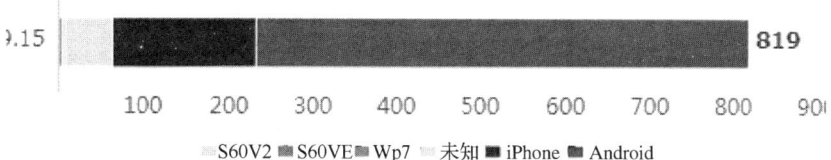

图 6-37 终端分布与机型统计

在最底部有对数据百分比的显示,运营人员可以通过选择不同的分类进行查看(见图 6-38)。

城市	用户数	占比
未知	150	18.32%
西安	141	17.22%
北京	53	6.47%
广州	30	3.66%
未知地域	27	3.3%
长沙	20	2.44%
天津	17	2.08%
成都	14	1.71%
珠海	13	1.59%
深圳	12	1.47%

图 6-38 属性分布表

支撑知识

1. 微信数据分析后台结构如图 6-39 所示。

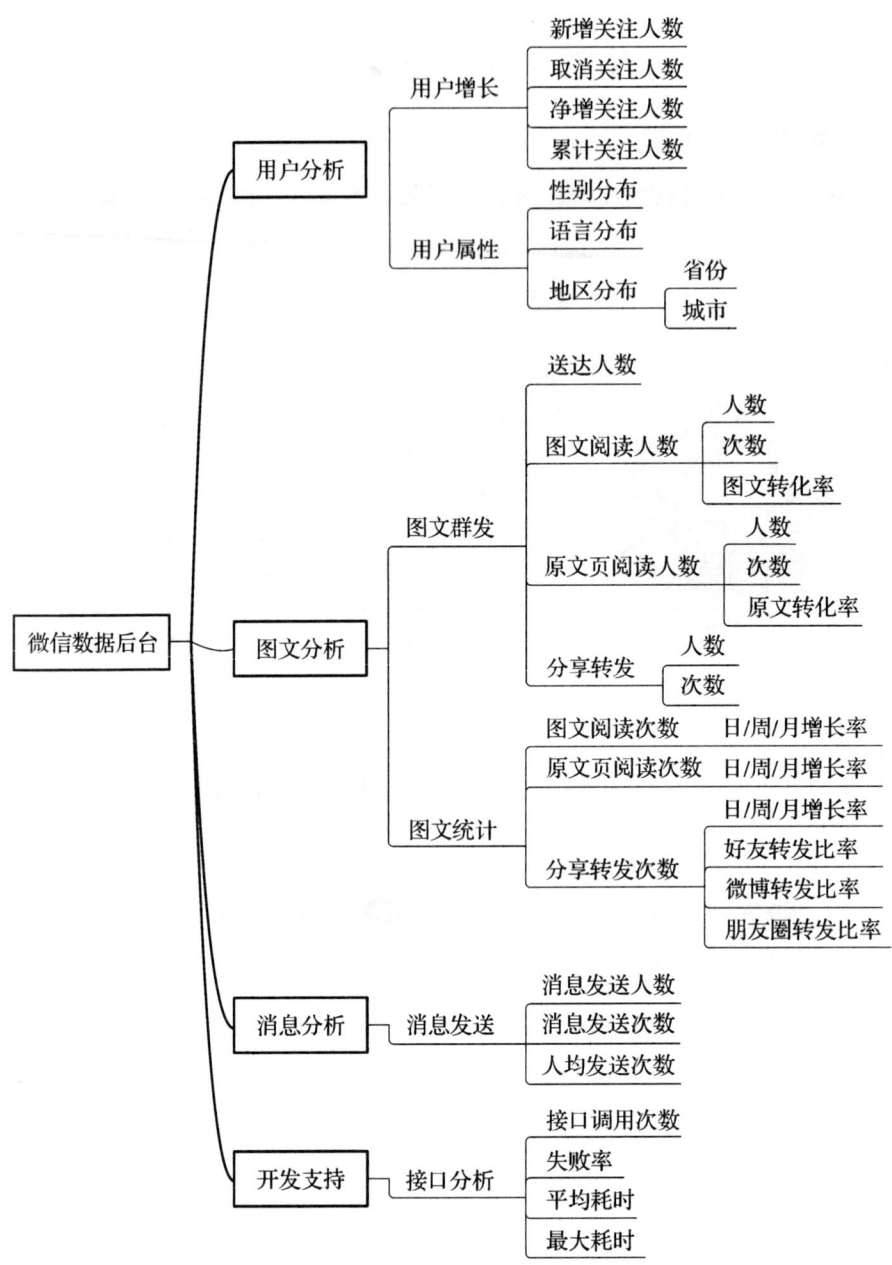

图 6-39 微信后台统计结构

2. 图文分析

图文分析包括图文群发和图文统计。图文群发包括：

(1) 所有图文：可以选择选定时间内的图文，或者指定按标题搜索，会显示图文对应指标的数据。

(2) 图文对比：将一个或者多个图文，点击"加入图文对比"，图文对比页就是把一个或多个图文排到一起方便对比查看。也可以点击"立即去图文对比"跳转到图文对比页。

(3) 指标说明：

送达人数：图文消息群发时送达的人数；

图文页阅读人数：点击图文页的人数（不包括重复点击），包括非粉丝人数；

图文页阅读次数：点击图文页的次数（同一粉丝重复点击计算在内），包括非粉丝的阅读；

图文转化率＝图文阅读人数÷送达人数；

原文页阅读人数：点击原文页的人数（不包括重复点击），包括非粉丝；

原文页阅读次数：点击原文页的次数（同一粉丝重复点击计算在内），包括非粉丝的阅读；

原文转化率＝原文页阅读人数÷图文页阅读人数；

分享转发人数：转发或分享至朋友、朋友圈、微博的用户数（不包括重复转发），包括非粉丝分享或转发；

分享转发次数：转发或分享至朋友、朋友圈、微博的总次数，包括非粉丝的分享或转发。

图文统计包括：

(1) 昨日关键指标模块：

会针对昨天的图文阅读、转发、分享次数变化，以及与前天、7 天前、30 天前进行对比，体现为日、周、月的百分比变化。

(2) 关键指标详解趋势图：

可选择 7 天、14 天、30 天或某个时间段的阅读人数、次数变化，也可以选择按时间对比，可查看图文页阅读人数、图文页阅读次数、原文页阅读人数、原文页阅读次数、分享转发人数、分享转发次数。

3. 用户分析

用户分析包括用户增长说明和用户属性说明，其中用户增长说明通过微信公众平台→数据统计→用户分析→用户增长，可查看粉丝人数变化情况。

(1) 昨日关键指标模块：

针对昨天的关注人数变化，以及与前天、7 天前、30 天前进行对比，体现为日、周、月的百分比变化。

(2) 关键指标详解趋势图：

可选择 7 天、14 天、30 天或某个时间段的关注人数变化，也可以选择按时间对比。

(3) 指标说明：

新关注人数：新关注的用户数（不包括当天重复关注用户）；

取消关注人数:取消关注的用户数(不包括当天重复取消关注用户);

净增关注人数:新关注与取消关注的用户数之差;

累积关注人数:当前关注的用户总数;

用户属性:微信公众平台所有用户会按性别、语言、省份的分布情况进行统计;

性别分布:按男、女和未知分类;

语言分布:按简体中文、繁体中文、英文、未知分类;

省份分布:按省份、未知分类。

4. 消息分析

消息分析是指对用户消息发送的分析,包括的指标主要有:

昨日关键指标模块:会针对昨天粉丝主动的消息发送人数、次数变化,以及与前天、7天前、30天前进行对比,体现为日、周、月的百分比变化;

关键指标详解趋势图:可选择7天、14天、30天或某个时间段的消息发送人数、次数变化,也可以选择按时间对比;

消息发送人数:关注者主动发送消息的用户人数;

消息发送次数:关注者主动发送消息的总次数;

人均发送次数=消息发送总次数÷消息发送的用户人数。

 同步训练

要求学生根据教师提供的微信素材,对公众号后台的统计功能进行充分理解,利用后台的数据对公众号的当前运营情况做出判断,并针对运营存在的问题给出优化解决方案。

1. 收集图文消息数据

根据情景设置,对公众号的图文消息数据进行收集。

表6-6 收集图文消息数据

送达人数	
图文页阅读人数	
原文页阅读人数	
分享转发人数	
分析结论	

2. 对消息数据进行分析

学生根据教师提供的素材,对公众号推送的消息数据进行分析。

表6-7 分析消息数据

消息发送人数	
消息发送次数	
分析结论	

3. 对用户行为进行分析

根据微信后台的统计数据，对公众号的用户行为进行分析，并完成下表。

表6-8 分析用户行为数据

新增关注人数	
取消关注人数	
净增关注人数	
累积关注人数	
分析结论	

4. 班级内部互评

学生可将方案提交至"博星卓越网络营销实训"共享平台，相互查看班级内各同学对公众号的数据分析过程，并投票选出分析最准确、最详细的一个。

综合评价

表6-9 综合评价表

任务编号	020120	任务名称	微信数据分析
任务完成方式	□小组协作完成 □个人独立完成		
评价点			分值
图文数据分析是否到位			30
消息分析是否透彻			30
用户行为分析是否正确			40
本主题学习单元成绩			
自我评价(20%)		小组评价(20%)	教师评价(60%)
存在的主要问题			

拓展任务

学生根据教师提供的其他公众号信息，自己独立分析公众号的图文信息、消息统计与用户行为。

任务四　微信营销优化

 任务引导

有了充分的准备,小王准备对公众号进行进一步的优化,以此来帮助用户对公众号产生使用习惯。小王发现,微信营销需要通过进一步的优化进行,微信营销优化可以让公众号更快地被用户接受。

 任务分析

◆ 制定微信运营优化方案。
◆ 制定微信推广优化方案。

 任务实施

步骤1：制定微信运营优化方案

如何做好微信运营,这是微信营销最关键的一步,所以小王在进行微信运营时特别留意了一下一些运营得比较好的企业的运营方法。

1. 微信名称

根据 SEO 相关知识,标题、描述、关键词是网站的核心;所以微信也一样,微信名称如何选择很关键,企业账号的名称有点受限,但不影响微信 SEO。另一方面,注册企业公众号后一定要尽快进行认证,这样有利于用户查找添加。

微信认证全过程完成后,用户将在微信中看到认证公众号特有的标志,账号资质审核认证通过后,订阅号将获得自定义菜单接口权限,服务号将获得高级功能接口中所有接口权限、多客服接口,以及可申请微信支付(见图 6-40)。

2. 微信介绍

类似于网站的描述,公众号可以给用户提供什么服务或者是带来什么价值,都要体现出来,这样有利于发展针对性用户群。图 6-41 所示为某网站小助手微信介绍。

3. 微信内容

(1) SEO 时代是内容为王,公众号也是内容为王,如果微信推送的消息大多数是在网上复制下来的,相信看的人不多,并且会导致粉丝取消关注。所以内容一定要具有一定的原创性,结合企业服务范围,根据用户喜好去发布内容信息,当然这个需要花时间去反复尝试和优化。

(2) 图文内容一定要注重图片的尺寸、质量和相关性,群发消息前一定要预览查看,在预览查看时考虑用户的体验,进行相应修改。

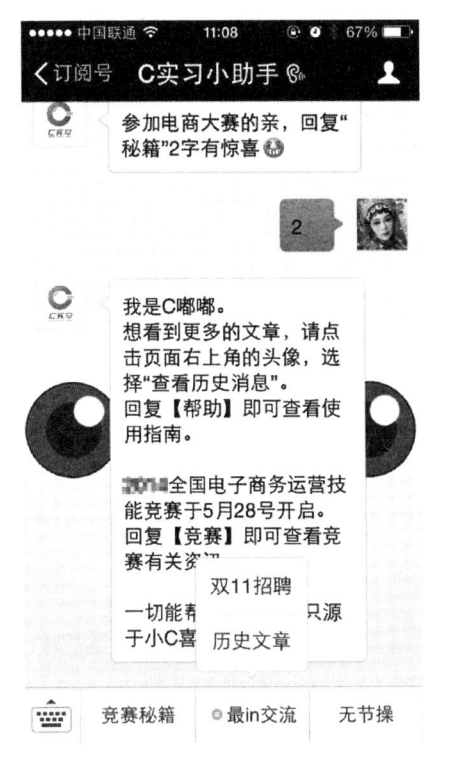

图 6-40　已认证微信订阅号

图 6-41　某网站小助手微信介绍

活动对微信用户的影响还是很大的。有用户关注活动并转发活动消息,这就成了微信图文消息编辑的一个很好的切入点。

另一方面,在参考了同类公众号后,某网站小助手决定尝试推送对毕业生和实习生更加有用的技巧类消息和轻松的图书推荐信息,发现在校学生这类用户似乎对这类消息很感兴趣,如图 6-42 所示。

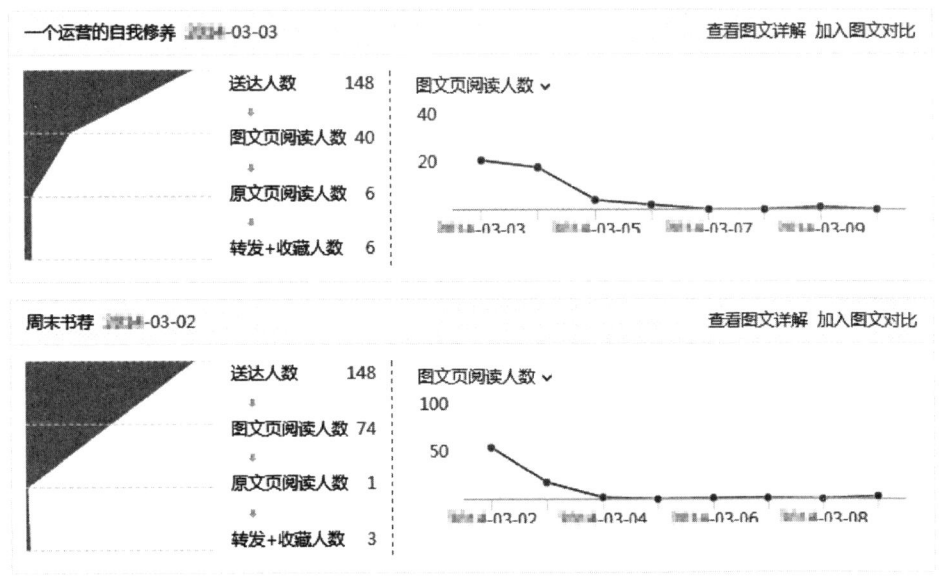

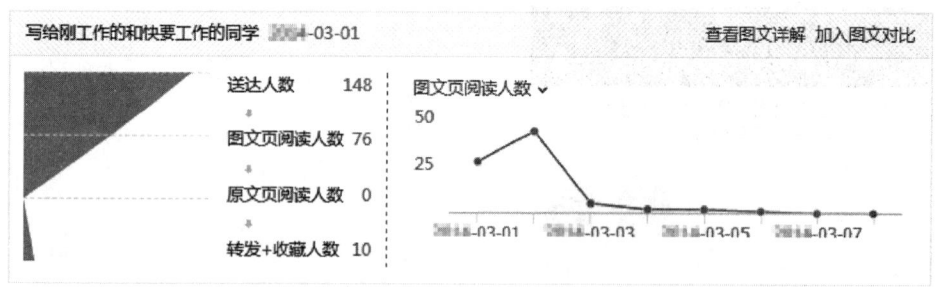

图 6‐42　尝试推送轻松和技巧类文章的数据

从数据中看到,某年新学期伊始,某网站小助手推送的技巧类信息"写给刚工作的和快要工作的同学"获得了转发＋收藏人数 10 人,图文页阅读人数占到送达人数的一半以上。

另一方面,带有"惊人内幕""深度剖析""吐槽"等关键词的消息明显受到用户的推崇,各类"标题党"关注度都非常高,如图 6‐43 所示。

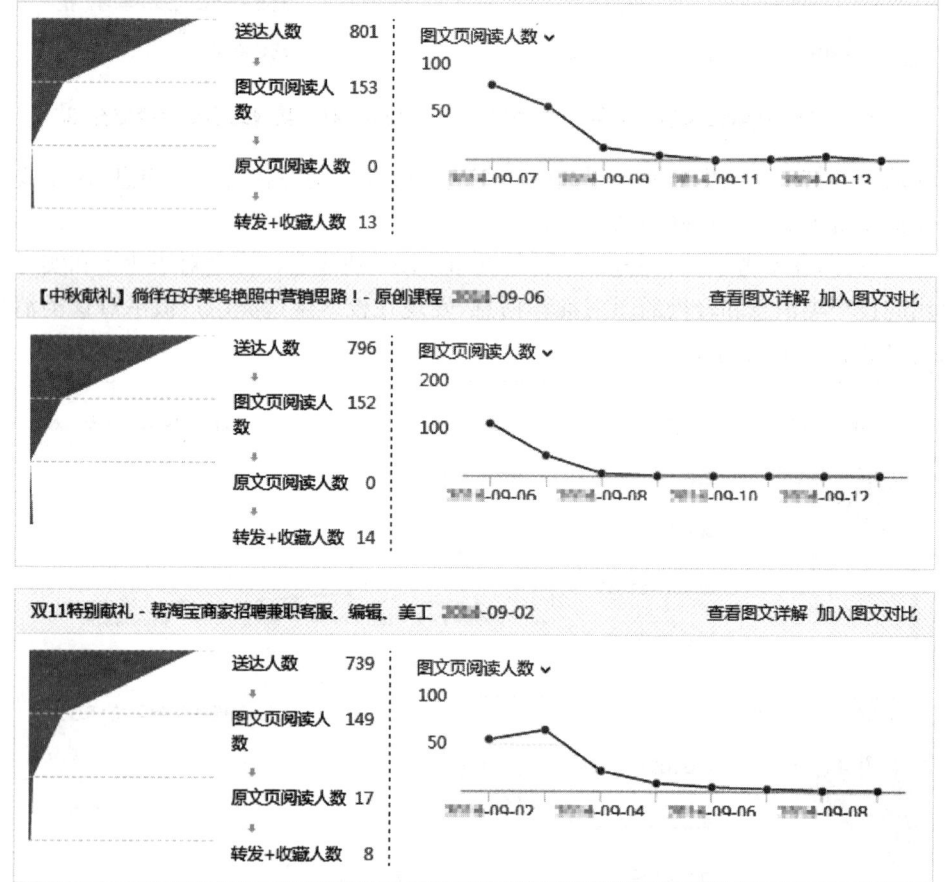

图 6‐43　标题党关注度

(3) 内容发送一定要选择好时间段,才能带来最大的效果。

从微信统计的图文趋势分析图(见图6-44)中可以采集到近期用户对推送消息的阅读时间,从统计的曲线图上来看,每天早上早饭后7点前后、中午午饭后12点前后、晚上9点是阅读的高峰期,尤其是18点到21点呈持续上升的趋势,所以在这三个时间点发微信,阅读人数应该是最多的,效率也是非常高的。

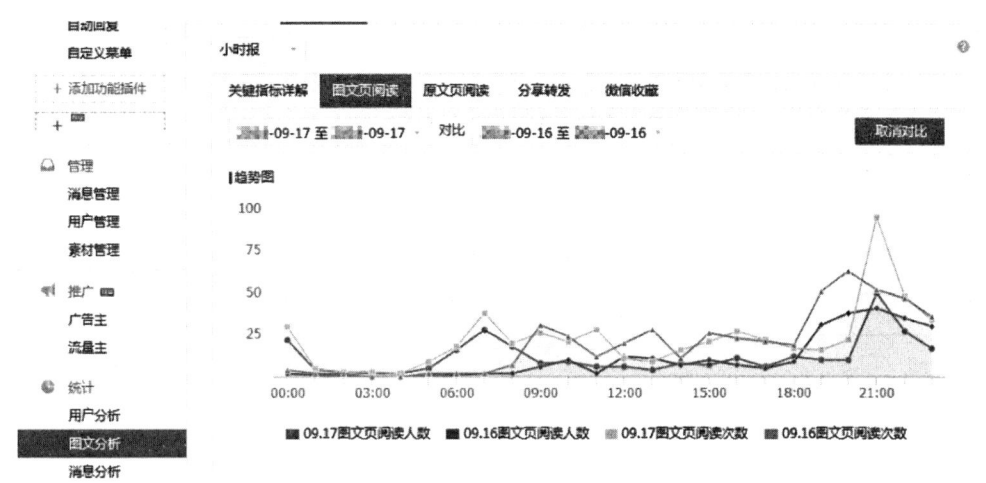

图6-44　用户阅读时间分布

4. 微信外链

微信怎么做外链?其实很简单,把分享到朋友圈当作是外链,1个朋友分享,N个朋友看到,那么1×N的话,效果就很可观了。切记,尽量不要无限地开小号去做推广,自身使用的微信号和特意开小号的效果完全不一样。

5. 利用接口,丰富微信功能

因微信公众平台的自定义规则设置相对麻烦,并且有一定的限制,所以才用接口模式,能够很好地完善官方微信的功能,增加趣味性。人生日历官方微信就采用了接口的方式,为微信用户提供一些和产品相关的信息,如天气查询、火车票查询、翻译等实用功能。

步骤2:制定微信推广优化方案

随着微信的使用越来越普及,微信推广成为人们关注的焦点。那么,怎么做才能使企业的公众号为用户所熟知呢?通常会采用以下几种方法。

1. 软文推广

软文推广是企业推广自己的公众号最常用的一种方法,也比较适合自媒体类的公众号的推广。软文推广就是将软文写好,发布到大流量的平台,如果发布出去的软文可以达到很可观的点击量,那么软文中涉及的企业微信也会引起不少粉丝的关注。软文推广的重点在于软文的质量,以及软文的发布平台。

2. 微信推荐

现在的个人微信已经禁止互相推荐了,适当地推荐公众号尚可行。但是,腾讯对微信的把控也越来越严格,推荐公众号也需要把握一个度,推荐账号数以一个为好,避免被腾讯误判而导致封号。经常关注腾讯热门公众号的用户应该可以看到,很多公众号会在发布的软文中推荐一些其他的公众号。

3. 手机通讯录推广

有不少企业或者个人拥有很多客户的手机号码资源,我们都知道,微信可以与手机通讯录进行绑定,这样就可以看到很多利用手机号码注册的微信账号,这样推广首先需要利用一个新的手机号来绑定 QQ 通讯录,然后将这个手机号码绑定到微信小号,再利用微信小号加通讯录里的好友微信,最后将私人微信的好友转化到公众号。使用过程比较麻烦,但是也能有效地获得一些资源。

4. QQ 推广

这是一个比较实用的推广方法,利用私人微信小号加 QQ 好友微信,将微信小号的好友转化为公众号粉丝,这种方法可以先加目标人群的 QQ,让客户既是 QQ 好友,又是微信粉丝。

5. 软件推广

现在互联网市场有很多软件,可以帮助微信账号自动打招呼,可是腾讯公司一旦发现有软件影响微信的正常使用,对此会进行封号处理。

6. 利用已有资源

企业一般都具有自己的产品和官方微博等渠道,可以利用这些渠道,将公众号形成的二维码印在产品包装或直接将公众号放在微博里推广,也不失为一种有效的推广方式。

7. 利用活动

活动推广非常适合企业的公众号,可以分为线上推广和线下推广,线上又可以进一步分为互联网活动和微信活动。活动的方式有很多种,可以在微博发起活动,关注有奖,也可以直接在微信中发起活动。线下活动的方式同样可以采取关注有奖或关注有折扣的方法,以一些奖品作为鼓励用户关注公众号的方法能收到很好的效果。奖品吸引的用户尤其要注意维护,维护不当很容易造成用户流失,或者用户在取得奖品或折扣后取消关注。

8. 微信小号

小号主要还是得利用朋友圈,可以分享一些知识、心情等各种有意义的东西,差不多按照微博一样做。再温柔地插入一些广告,在不知不觉中做推广,并和好友互动,这样慢慢地去影响别人。最后真的对你所推广的东西感兴趣的人自然会找上门来。欲速则不达,如果要追求速度和数量,就比较难了。小号式的推广适合很多个体商家和中小企业配合推广。可以叫员工利用自己的小号去推广。方法只是点到为止,关键还在于执行,并在执行中总结。每一种方法用到极致都是能产生意想不到的效果的。

9. 内容为王

现在很多公众号都是可以实现自然增粉的,每天增加几十个甚至上百个粉丝都是有的。如何实现自然增长呢?有如下两个方法:① 取一个好的名字,重点是名字中的关键

字,然后认证微信号,如果微信排名靠前,这样被微信用户搜索到的关注概率就比较大了;
② 把内容做好,好的内容,粉丝会主动分享到朋友圈,这样也能吸引粉丝关注。

 支撑知识

微信营销文案是微信营销落地实施的具体表现形式,产品销售页面需要具有很大说服力的文案,资讯内容需要具有深度价值的文案,网络传播更是需要具有病毒爆发力的文案。

撰写一篇好的营销文案的一个重要环节就是取一个好的标题。一个好的标题往往决定着你的营销文案是不是吸引人,是不是可以被人们记住,你的传播软文是不是可以流传得很广。

网络营销文案标题撰写的七大原则:

(1) 主题鲜明。

标题是文案内容的高度概括,要使人们看到标题就能理解文案的具体内容是什么,因此,标题必须结合文案主题且要鲜明,而不能与内容毫无关联。如果目标受众看了半天不知道内容的主题,那么读者就没有兴趣去看内文了。记住,不管是标题还是文章开头,你只有 30 秒时间留住受众。

(2) 简明扼要。

从科学家研究出的记忆规律来看,文案标题以 7~15 字为宜,虽不能做硬性规定,但还是要坚持简洁明快的原则。

(3) 远离标题党。

文案标题的内容应是具体实在的而不能含糊其词或过于抽象,或者为了追求眼球而故作离奇,那是标题党的作为,客户体验非常不好。即使吸引了大量眼球那也不是目标受众,是无效流量,标题党是网民最痛恨的行为。

(4) 个性独特。

标题具有个性,且有独到之处,才有刺激性和吸引力,因此,广告标题要有创意。

(5) 引人注目。

标题的内容只有与消费者的心理需求联系起来,诱发他们的关心、好奇、喜悦等情绪,才能够充分地发挥宣传效果。因此,标题在字体、字型和位置等各方面都应考虑视觉化和艺术化,要能引起人的注意。同时,对不同的宣传对象,标题的拟写也要有针对性,不可离题,这样才可以充分发挥文案的说服力。

(6) 契合网络文化。

网络具有自己独特的文化特性,如娱乐化、扎圈、草根、互动等。网络营销文案尤其是网络推广传播文案更需要契合网络文化和网民心理特征。

(7) 契合 SEO。

在搜索为王的网络时代,搜索引擎营销成为主流方式,而 SEO 作为免费的 SEM 手段更是重要。有时候文案主要就是为 SEO 服务的,所以就需要考虑 SEO 对于文案标题的一些标准。首先是字数不要超过 30 个字,其次是标题要含有要优化的关键字,这样才能被搜索到。当然高级技巧就需要考虑搜索引擎的中文分词技术。

营销文案标题撰写的九大技巧：

(1) 宣事式标题。

宣事式标题是如实地将广告正文的要点简要地摆明，使人一目了然，这是目前采用较多的形式。

例如，《掌中购微网店上线支持所有用户微信开店》，文章被转载了上百次。

(2) 新闻式标题。

新闻式标题是直截了当地告之消费者新近发生的某些事实。多用于介绍新上市产品或生产企业的新措施，目的在于引起大众关心而转读正文。它也是宣事式的一种。

例如，《微行天下和私享家定制酒达成网络营销顾问服务合作》，这是最典型标准的事件型新闻标题。

(3) 颂扬式标题。

这类正面、积极地称赞广告商品优点的标题，在网络中不太常见。使用时应注意以事实为根据，以第三方身份和口吻来评论，切忌夸大，否则，易招人反感。

例如，《帅！遭疯抢的超赞外套》，如果企业要用这类标题，可以从消费者角度，以消费者的身份和口吻来操作。

(4) 号召式标题。

号召式标题是用带有鼓动性的词句做标题，号召人们迅速做出购买决定。此类标题多用于鼓吹时尚流行的或即时性的广告，文字要有力量，能起暗示作用，且易于记忆，使消费者易于接受广告宣传的鼓动，产生购买行为。在文学修辞上，文字应力求婉转，以回避一般人都不愿受他人支配的心理特点。其实号召式标题有很多，尤其是做零售搞活动时。

例如，大家都知道的王老吉网络营销案例，《买光超市的王老吉，上一罐买一罐》这类帖子，就是发动式号召标题。

(5) 提问式标题。

提问式标题是通过提出问题来引起关注，从而促使目标受众发生兴趣，在思想上互动，启发他们的思考，产生共鸣，留下印象。

例如，《如何利用网络书签做网络推广和网站优化？》《如何让您的关键词出现在百度搜索结果的左侧？》，这类标题在教程式或者分享式文章里很常见。

(6) 悬念式标题。

悬念式标题是用令人感兴趣而一时又难以做出答复的话作为标题，使读者出于惊讶、猜想而去阅读正文。此类标题应具趣味性、启发性和制造悬念的特点，并能引发正文作答。

例如，《天呐！章子怡竟然爱上"恐怖墨水装"》；又如，北京晚报很久前的经典广告《晚报不晚报》系列广告，效果非常好。

(7) 对比式标题。

对比式标题是通过对同类商品的对比，突出本产品的独到之处，使消费者加深对产品的认识。但有关广告条例规定，不能直接指对方名作对比，所以，对比时采用泛比为宜。

例如,中国台湾中兴百货的平面海报广告《思想的天使,肉体的魔鬼》,用的就是这种形式,虽然不是网络文案标题,但是也给我们很大启发。

(8) 寓意式标题。

主要是利用比喻的修辞方法,使标题增加新意,加深人们的印象。这种标题形式上处处为消费者着想,容易引起消费者好感。

例如,微行天下的《中国网络营销培训七宗罪》,用西方宗教的七宗罪来隐喻中国网络营销培训现状,在业内引起骚动,被转载了几百次,至少100万曝光量。

(9) 热门式标题。

文案标题契合网络文化,联系网络热门事件和热点话题,或者借用网络流行语。但是一定要关联文章主题,否则就是标题党了。

 同步训练

根据教师要求,对微信收集到的大数据进行分析,依据分析结果对公众号总结出优化方案。

1. 制定微信运营优化方案

根据教师要求,在微信名称、微信介绍、微信内容、微信外链方面前后作对比,并提出解决方案,完成下表。

表 6-10 制定优化方案

项 目	前期问题	优化方案
微信名称		
微信介绍		
微信内容		
微信外链		
其他		

2. 制定微信推广优化方案

利用实训平台与教师提供的实训素材,对公众号的推广方案进行优化,并就优化方向做成优化方案。

3. 班级互评

教师将收集到的优化方案在班级内展示,并指导学生互相评论。

 **综合评价**

表 6-11 综合评价表

任务编号	020121	任务名称		微信优化设计	
任务完成方式	□小组协作完成 □个人独立完成				
评价点					分值
对微信运营过程的理解是否透彻					30
对微信运营问题能否明确					30
微信运营和推广优化方案是否准确可行					40
本主题学习单元成绩					
自我 评价(20%)		小组 评价(20%)		教师 评价(60%)	
存在的主要问题					

 拓展任务

学生根据教师提供的实训平台,自己注册一个公众号,完成对公众号的认证,对企业公众号运营问题进行独立的判断与优化方案制定。

职场直通车

某企业数据分析岗位要求:

(1) 负责收集业务部门数据需求,包括品牌、商品、运营、用户研究等各维度需求,并进行挖掘和分析;

(2) 通过对市场的敏锐数据分析,进行精准的市场或行业定位,从而进行数据整合,对产品、服务、营销等活动提出合理化的建议;

(3) 负责在庞大的用户行为数据中整理出头绪,为产品改进提供切实有效的建议;通过用户特征、行为数据等对业务进行挖掘和分析,数据的统计建模分析;

(4) 提交周/月/季度分析报表,对相关行业的情况进行数据汇总,以及对主要竞品的市场数据调研;

(5) 利用数据分析工具从各类数据源中总结规律,得到有价值的信息,为产品迭代提供决策依据;

(6) SEM/SEO 搜索引擎优化策略规划、方案执行和与第三方团队沟通。

参考文献

［1］彭英.大数据营销［M］.北京:清华大学出版社,2023.

［2］王晓玉,任立中.大数据营销［M］.广州:华南理工大学出版社,2022.

［3］王鑫,张晓红.数字营销基础［M］.北京:高等教育出版社,2022.

［4］陈国胜,陈凌云.数字营销［M］.2版.大连:东北财经大学出版社,2024.

［5］郦瞻.网络营销［M］.3版.北京:清华大学出版社,2023.

［6］李晓,刘正刚,等.数字化运营管理［M］.2版.北京:清华大学出版社,2024.

［7］郑雪玲,陈薇.新媒体营销［M］.大连:大连理工大学出版社,2022.

［8］许慧珍.网店运营与推广［M］.北京:北京邮电大学出版社,2024.

［9］卢彰诚,邱丽萍,朱留栓.网店数据化运营与管理［M］.北京:清华大学出版社,2023.

［10］李志芳,赵跃民,安刚.电子商务数据分析:大数据营销 数据化运营 流量转化(微课版)［M］.3版.北京:人民邮电出版社,2023.

［11］https://blog.csdn.net/TWenYuan/article/details/124837102.

［12］http://www.gambxh.com/hyfl/1c4c49061b9e5055.html.

［13］https://www.163.com/dy/article/GQ3BKB5R0511CSHM.html.